Sissy — Schwarzer Diamant der Krone

MARIELUISE VON INGENHEIM

Sissy

Schwarzer Diamant der Krone

BREITSCHOPF
WIEN - STUTTGART

CIP — Kurztitelaufnahme der Deutschen Bibliothek

Ingenheim, Marieluise von:
Sissy — Schwarzer Diamant der Krone/Marieluise von Ingenheim
Wien; Stuttgart: Breitschopf 1987
ISBN 3-7004-0111-6

Titelillustration: Atelier Moser-Brandsch

ISBN 3-7004-0111-6

Erster Teil

1. Ein schwieriger Patient

Man schrieb das Jahr 1894. Es war Frühsommer in den Schweizer Bergen. Spät, aber doch war in diesem Jahr die Macht des Winters gebrochen worden. Hoch oben, auf den Almen grünte es. Und wer seinen Blick von der Terrasse des Sanatoriums auf der Mendel über die Umgebung schweifen ließ, mochte allein schon durch den friedvoll-idyllischen Anblick Kraft und innere Ruhe gewinnen.

Das Sanatorium war eine Heilstätte für Lungenleidende, die aus aller Welt hierherkamen. Zur Zeit aber beherbergte es — obwohl die „Saison" im Gange war — nur einen einzigen Patienten. Der hatte noch dazu seinen eigenen Chefarzt mitgebracht, ein etwas ungewöhnlicher Fall, den das Personal erst einmal verkraften mußte.

Denn dieser Patient war auch in anderen Dingen ein recht eigenwilliger Mensch. Die einen hielten ihn für überheblich, die anderen für einen bedauernswerten, armen Teufel. Und so widersprüchlich er vielen erschien — er selbst duldete keinerlei Widerspruch.

Die Art und Weise, in der er mit anderen Menschen umging, wirkte vielfach herausfordernd. Das Personal schrieb dies allerdings weniger dem Umstand zu, daß es sich bei dem sonderbaren Patienten um einen Neffen des österreichischen Kaisers handelte, als vielmehr der Krankheit selbst. Immerhin meinten die meisten, daß ein „volles Haus" auch nicht strapaziöser sein könne als dieser eine kranke Mann.

Erzherzog Franz Ferdinand, ein noch junger Mann von einunddreißig Jahren, war vor kurzem von einer Weltreise zurückgekommen, die ihn nach Ägypten, Indien, Japan und in die Prärien der Vereinigten Staaten geführte hatte. Dabei hatte er zwar seine Sammelleidenschaft mit Jagdtrophäen und Souvenirs befriedigt, doch sein Gesundheitszu-

stand hatte sich unterwegs nicht gebessert. Sein Leibarzt —
der berühmte Professor Eisenmenger aus Wien — mußte
im Gegenteil auch noch gegen Depressionen ankämpfen,
die einen negativen Verlauf von Franz Ferdinands Krankheit eher begünstigten. Medikamente waren hier machtlos.
Und der Erzherzog zeigte sich verschlossen wie eine Auster,
wenn man die Ursache seiner bedrückten Stimmung herausfinden wollte.

Nach dem geheimnisvollen Tod des Kronprinzen Rudolf
in Mayerling war Franz Ferdinand der rechtmäßige künftige Thronerbe. Doch im Hinblick auf seine Krankheit rechnete jeder damit, daß nicht er, sondern sein Cousin, Erzherzog Otto, eines Tages den Thron besteigen werde.

Viele hätten das gern gesehen. Otto war ein lebenslustiger
„Feschak" nach dem Herzen der Wiener und stets zu Strei-
chen und Späßen aufgelegt. Dadurch wäre er zweifellos ein
leicht lenkbarer Herrscher gewesen, bei dem ein Köpfe-
rollen innerhalb der Hofkamarilla und der mächtigen Be-
amtenschaft nicht zu befürchten war. Der Drill der Balle-
teusen im Übungssaal der Hofoper interessierte ihn weit
mehr als der Exerzierplatz der Infanterie auf der Schmelz.
Und mit tiefgreifenden politischen Reformen mußte man
auch nicht rechnen; ihm genügte zur Lösung von Problemen sein Charme.

Ganz anders Franz Ferdinand. Charme besaß er keinen,
dafür Ordnungssinn und einen eisernen Willen. Seine
Schreibtischlade war voll von Reformplänen, vor allem von
solchen, die das Heerwesen betrafen. Und dazu bewegten
ihn noch die Ideen von Kronprinz Rudolf, der geahnt hatte,
daß er sterben müsse, bevor er an die Macht käme. Franz
Ferdinand und Rudolf stimmten im wesentlichen in ihren
politischen Vorstellungen von der künftigen Entwicklung
der Monarchie in der Art eines modernen Bundesstaates als

Kern eines vereinten Europas überein — etwa nach dem Vorbild der USA. Dabei waren sie sich bewußt, bei der Durchsetzung solcher Pläne ein gewagtes, ja lebensgefährliches Spiel zu treiben. Sie mußten Feinde im Inneren wie von außen fürchten. Doch nur so — davon waren sie überzeugt — glaubten sie die Zukunft des Habsburgerreiches sichern zu können.

Und deshalb kämpfte nach Rudolfs Tod Franz Ferdinand verzweifelt gegen sein ererbtes Leiden an. Sein Onkel, Franz Joseph, wunderte sich. Und mit ihm wunderten sich viele. Im Erzhaus gab es Aussteiger, die auf Rang und Namen verzichteten, „unstandesgemäße" Ehen eingingen, die Monarchie verließen, um ein Leben nach ihrer Fasson führen zu können. Niemand in der Familie riß sich um die Last der Krone — auch Otto nicht. Franz Ferdinand hingegen schlug die Chance aus, um die andere kämpfen mußten: die Chance, ein normales, bürgerliches Leben führen zu können, frei von Pflichten, ja sogar frei von materiellen Sorgen.

Seine inniggeliebte Mutter, die zarte, wunderschöne Prinzessin Maria Annunziata von Sizilien, war an Tuberkulose gestorben. Franz Ferdinand litt von Kindheit an gleichfalls unter dem heimtückischen Leiden, einer Geißel der Menschheit jener Tage, die niemanden verschonte, weder arm noch reich.

Dennoch war er ein Mann der Pflicht. Er versagte sich die persönliche Chance eines bequemen Daseins als Privatmann um der Chance des Reiches willen, dem er sich verpflichtet fühlte. Und da man an ihm zweifelte, wurde er starrköpfig und unangenehm. Er fühlte sich nicht ernst genommen und zurückgesetzt. Er wurde zum Kämpfer für sein Recht auf den Thron, für sein Recht auf Pflichterfüllung.

Der Kaiser, selbst ein Pflichtmensch durch und durch,

begann ihn zu achten. Kaum bemerkte Franz Ferdinand dies, als er auch schon mit Reformplänen und Denkschriften vorpreschte, die Franz Joseph radikal und der Kamarilla gefährlich erschienen. In manch einem dieser Pläne erkannte Franz Joseph die Ideen seines Sohnes wieder; und er warnte Franz Ferdinand vor gefährlichem Übereifer.

Dieser aber dachte an das frühe Ende seiner Mutter und den gewaltsamen Tod seines Freundes Rudolf. Er wähnte sich in Zeitdruck, geriet in den Zustand eines Kessels unter Überdruck. Alle Augenblicke entlud sich sein Zorn, seine Nervosität an seiner Umgebung. Franz Ferdinand, der das Beste wollte, wurde unbeliebt.

Franz Joseph, um eine Politik sorgsam ausgewogener Interessen bemüht, sah bald den unbequemen jungen Mahner auch nicht mehr gern. Der einzige Mensch am Hof, der Ferdinand zu verstehen und zu lieben schien, war die Kaiserin, Tante Sissy — und gerade bei ihr hatte er dies am wenigsten erwartet; war doch auch sie so etwas wie eine „Aussteigerin", die vom Hof flüchtete, sooft sie nur konnte. Und der man Meinungen nachsagte, die eher eine republikanische, ja vielleicht sogar anarchistische Einstellung vermuten ließen, was doch mit der Stellung einer Kaiserin völlig unvereinbar war...

Nun, für Franz Ferdinand war Tante Sissy jedenfalls eine höchst sonderbare Frau. Eine, die rätselhaft wirkte in ihrer berückenden Schönheit; eine, die unbegreiflich war in ihrem Verhalten, ihren Entschlüssen, ihren Taten. In ihr hatte der kranke Thronfolger eine aufrichtige Verbündete; von ihr konnte er Hilfe und Unterstützung erhoffen. Nur über sie führte der Weg zum Wohlwollen des Kaisers.

Denn Franz Joseph und Sissy hatten einst aus Liebe geheiratet; damals in Ischl, als sie einander zum erstenmal begegnet waren, da wurde es Liebe auf den ersten Blick. Franz

Joseph war auf Brautschau nach Ischl gekommen. Seine Mutter Sophie und Tante Ludovica, die Frau des Erzherzogs Max in Bayern, hatten ihm dessen Tochter Helene zur Braut bestimmt.

Doch Tante Ludovica hatte Helenes jüngere Schwester Sissy nach Ischl mitgebracht. Sissy, ein junges, übermütiges und gar nicht für die Rolle einer Kaiserin vorbereitetes Mädchen, hatte mit seinem natürlichen Liebreiz Franzls Herz entflammt — und er, der junge Kaiser in seiner prächtigen Uniform, das ihre. Wohl oder übel hatten die Eltern zur Kenntnis nehmen müssen, daß nicht Nené, wie sie die sanfte, damenhafte Helene nannten, die Krone tragen würde, sondern der Wildfang Sissy. „Wildfang", so hatte Franzls Mutter Sophie sie genannt. Und das blieb Sissy noch lange.

Nichts hatte Elisabeth bändigen können, nicht der Wille der Schwiegermama, nicht das strenge spanische Zeremoniell. Lieber ging sie von Wien fort, ritt halsbrecherische Parforcejagden in England oder fuhr auf der weißen Jacht Miramar über fremde Meere. Sie schrieb Gedichte, die davon zeugten, wie sehr sich ihr Geist nach Freiheit sehnte, nach einer Freiheit, die in den alten Mauern der Wiener Hofburg nicht zu erleben war. So gewann sie die Herzen der Ungarn im Sturm, weil diese Nation nach Freiheit dürstete wie sie.

Und da gab es eine Parallele: Franz Ferdinand verbrachte einen Großteil seiner Militärdienstzeit in Böhmen. Und dort begann er die Völker Böhmens zu achten und zu lieben; sie fühlten sich wie er zurückgesetzt und benachteiligt innerhalb der Familie der Monarchie. Franz Joseph war nicht zum König von Böhmen gekrönt. Er hätte den Eid auf die Krone Böhmens nicht leisten können, ohne die beschworene Reichsverfassung der Ungarn zu verletzen. Franz Ferdinand aber, der oftmals in der Uniform eines Obersten der

Dragoner durch die Straßen Prags geritten war, wollte den Böhmen ein „echter" König werden — eine Notwendigkeit mehr, die Monarchie zu reformieren.

Die noch immer schöne Elisabeth, die sich durch Sport geschmeidig und durch grausame Hungerkuren die jugendliche Figur erhielt, zog noch immer die Männerblicke auf sich: Blicke, die, wie sie sehr wohl wußte, der Frau galten und nicht der Kaiserin. Und so wenig Franz Joseph seiner schönen Gattin auch oft gedanklich zu folgen vermochte, so sehr stand auch er immer noch in ihrem Bann. Ja, vielleicht war es sogar ihr exzentrisches Wesen, das für ihn einen Teil dieser Faszination ausmachte.

Auch Franz Ferdinand war von ihr beeindruckt. Dabei war die am Weihnachtsabend des Jahres 1837 geborene Tante Sissy um ganze sechsundzwanzig Jahre älter als er. Während seiner Kur auf der Mendel, von Professor Eisenmenger sorgsam betreut, dachte Franz Ferdinand öfter an Tante Sissy. Und nicht nur an sie. Er dachte noch an eine andere Frau, von der nur Tante Sissy und der Kaiser wußten, und die die Ursache seiner Depressionen war: an die Komtesse Sophie von Chotek-Chotkova. Und Sissy war sein einziger Hoffnungsschimmer, daß die Affäre doch noch zu einem guten Ende kommen könne. Denn der Kaiser war unerbittlich; er beharrte auf dem uralten Hausgesetz der Habsburger, das gerade ein Thronfolger nicht verletzten durfte. Die Rechte der regierenden Familien, ihr Anspruch auf den Thron, basierten auf der Übereinkunft, daß sie nur untereinander Ehen eingehen durften. Eine Handvoll Familien in Europa, durch viele Ehen mehrfach verwandt und verschwägert, beherrschten den Kontinent. Dadurch waren sie auch degeneriert. In der Familie Tante Sissys, den Wittelsbachern, gab es zwanzig Fälle von geistiger Umnachtung — zuletzt König Ludwig II. von Bayern und dessen Bruder, den nunmehrigen König Otto, der entmündigt von seinem Vormund Prinz Luitpold vertreten wurde. Und Sissy selbst lebte in ständiger Angst, daß sich auch ihr Geist verwirren könne...

Das Haus Habsburg hatte frisches Blut nötig. Die Komtesse Chotek gehörte zwar ältestem und vornehmstem böhmischen Adel an, war aber trotzdem keine „standesgemäße Partie", weil die Choteks nicht zu den regierenden Familien gehörten. Und dabei hatte sie längst die Herrschaft über das Herz des schwierigen Patienten angetreten.

2. Sissy auf der Mendel

Franz Ferdinand fühlte sich an diesem Morgen etwas besser. Die herbe, saubere Luft tat ihm sichtlich gut. Und auch die von Professor Eisenmenger verordnete Mastkur verfehlte nicht ihre Wirkung; er hatte wieder etwas zugenommen und Farbe gewonnen. Nach seiner großen Reise, die ihn über weite Meere geführt hatte, war er abgekämpft und müde heimgekehrt.

Ein Jahr lang war er fortgewesen. Ein Jahr, das nicht enden zu wollen schien. Und es hatte das Bild, das er heimlich in seinem Herzen mit sich trug, nicht zum Verlöschen gebracht: das Bild von Sophie — jenem Mädchen, das er liebte.

Wo immer er auch seine postlagernde Adresse angegeben hatte, nie war von ihr ein Brief, eine Karte gekommen. Nicht eine einzige Zeile von ihr hatte ihn erreicht. Die Ungewißheit über ihr Schicksal nagte an ihm, sie zehrte an seiner geschwächten Gesundheit wie eine zweite Krankheit, gegen die er anzukämpfen hatte. Und er verwünschte oft die vermeintliche Grausamkeit seines Onkels, des Kaisers. Und dies, obwohl er doch wußte, daß dieser gar keine andere Wahl hatte, als auf der Einhaltung des Familienstatuts zu bestehen. Das gehörte zu seinen Aufgaben als Kaiser und Oberhaupt des Hauses Habsburg.

Der Prinz lag, sorgfältig in wärmende Decken gehüllt, auf einem Liegestuhl im sonnenbeschienenen Garten des Sanatoriums und erwartete Professor Eisenmenger und seinen Assistenten, der zum Stammpersonal des Sanatoriums zählte und zu normalen Zeiten hier Chefarzt war. Beide waren Kapazitäten; der Erzherzog war als Patient in den besten Händen, soweit es zumindest seine Tuberkulose betraf.

Er hörte Schritte. Die beiden Ärzte, begleitet von zwei Krankenschwestern, kamen herbei.

„Wir wünschen einen guten Morgen, Kaiserliche Hoheit", grüßte Eisenmenger.

„Guten Morgen", brummte Franz Ferdinand mißgestimmt trotz des strahlenden Sonnenscheins.

„Nun, Kaiserliche Hoheit, — wie fühlen wir uns heute?" forschte Eisenmenger besorgt.

„Wie soll sich ein Mensch fühlen, der von seiner Umgebung ausgesperrt ist?" lautete die barsche Gegenfrage. „Jawohl, abgeschnitten! Ich komme mir hier vor wie ein Gefangener. Vielleicht bin ich das auch, oder...?"

Mißtrauen lagen in Worten und Blicken des Patienten. Ganz offenkundig hatte er sich eben in Gedanken mit seiner Isoliertheit beschäftigt. Ja, er glaubte allmählich tatsächlich, daß Besuche auf Befehl des Kaisers von ihm ferngehalten und seine Briefe zensuriert würden.

Eisenmenger seufzte und schüttelte den Kopf.

„Kaiserliche Hoheit erregen sich völlig unnötig", versicherte er. „Kaiserliche Hoheit sind selbstverständlich kein Gefangener. Kaiserliche Hoheit sind vielmehr Patient und

14

als solcher gewissen auf die Behandlung zurückzuführende Beschränkungen unterworfen. Ein Lungenleiden ist eine langwierige Angelegenheit; Kaiserliche Hoheit müssen Geduld haben!"

„Geduld, Geduld und immer wieder Geduld! Dieses Wort kenne ich bis zum Überdruß!" rief Franz Ferdinand wütend, um sich gleich darauf zu beherrschen, als er die betroffenen Mienen der beiden Ärzte sah. „Entschuldigen Sie. Ist wenigstens Post für mich da?"

Eine vage Hoffnung klang aus dieser Frage und war auch in den Blicken des Prinzen aufgeflackert. Eisenmenger, der diese tägliche Frage erwartet hatte, mußte auch heute wieder verneinen und kannte die darauf folgende Reaktion: tiefe Mutlosigkeit sprach aus dem Gesicht des Patienten.

Mit ehrlichem Bedauern zuckte Eisenmenger mit den Achseln, denn als Arzt wußte er, daß der Kranke Optimismus und gute Laune brauchte, um dessen Widerstandskraft zu stärken.

„Vielleicht morgen", versuchte er abzuschwächen.

Franz Ferdinand machte eine fahrige Handbewegung, und seine Miene wurde zu Stein.

„Also wieder nichts", stellte er fest. Und während ihm die Zornesadern schwollen, richtete er sich mit einem Ruck halb empor: „Das geht doch nicht mit rechten Dingen zu. Ich frage Sie auf Ehre und Gewissen, Professor: werden an mich gerichtete Briefe abgefangen?!"

Eisenmenger war ehrlich entsetzt, und auch sein Schweizer Kollege, der bedenklich den Kopf schüttelte, ließ ein empörtes Brummen hören.

„Kaiserliche Hoheit — wer sollte denn so etwas tun? Und zu welchem Zweck?" rief Eisenmenger.

„Zu welchem Zweck? Die Herren, die das veranlassen, werden schon wissen, weshalb! Und wer das machen soll?

15

Die Zensur, die Geheimpolizei, irgendwelche Aufpasser, die man hinter mir herhetzt — was weiß ich!"

Der Chefarzt des Sanatoriums wechselte einen vielsagenden Blick mit seinem berühmten Wiener Kollegen; er hielt den Erzherzog nicht bloß für lungenkrank. Seiner Meinung nach war dieser auch ein Fall für einen Psychiater — etwa einen Arzt wie diesen Doktor Freud, der jetzt so von sich reden machte. Offenbar litt der Erzherzog an Verfolgungswahn.

Doch Eisenmenger hielt nichts von den neuartigen Ideen des Doktors aus der Berggasse in Wien.

„Es gibt nichts dergleichen, Kaiserliche Hoheit, das versichere ich Ihnen!" erklärte er kategorisch. „Kaiserliche Hoheit befinden sich in der Schweiz!"

„In einem freien Land!" setzte der Chefarzt mit Überzeugung hinzu. Franz Ferdinand winkte mit müdem Lächeln ab. Er kannte den langen Arm seines Onkels.

„Freiheit — was ist das?" fragte er gequält. „Darunter versteht doch wohl jeder etwas anderes. Wirklich frei ist man erst, wenn man hinüber ist."

Todesgedanken — das fehlt gerade noch, sagte sich Eisenmenger entsetzt. Die durfte man erst gar nicht aufkommen lassen!

„Kaiserliche Hoheit sind zur Erholung und Heilung hier und benötigen Ruhe", erklärte er. „Kaiserliche Hoheit haben sich eine Aufgabe gestellt; dazu benötigen Sie Kraft und Gesundheit. Ich bitte Sie, denken Sie daran!"

„Wie kann ich Ruhe finden, wenn…" begann Franz Ferdinand mit müdem Lächeln.

Er sprach den Satz nicht zu Ende, sondern starrte finster vor sich hin und ließ es wort- und widerstandslos geschehen, daß der Arzt ihm besorgt den Puls fühlte und eine Schwester ihm das Fieberthermometer unter die Achsel schob.

16

Seine Gedanken wanderten offenbar in weite Fernen. Sein Blick wurde ausdruckslos. Eisenmenger fragte sich, was wohl hinter der Stirn seines Patienten vorgehen mochte, während er auf das Ergebnis der Messung wartete.

„Noch immer erhöhte Temperatur", stellte er schließlich nicht ohne Besorgnis fest und vollzog eigenhändig die Eintragung in Franz Ferdinands Fiebertabelle.

Der Prinz zeigte unverhohlene Schadenfreude.

„Es steht nicht zum besten, wie?" grinste er verbittert.

„Das Befinden ist schwankend", erklärte Eisenmenger wahrheitsgemäß. „Heute bin ich nicht zufrieden. Weshalb erregen sich Kaiserliche Hoheit so? Wollen Sie mich nicht ins Vertrauen ziehen? Ich bin Ihr Arzt; vielleicht kann ich helfen!"

Stirnrunzelnd betrachtete er den Prinzen, aus dem er nicht ganz klug wurde. Franz Ferdinand besaß einen eisernen Willen; er kämpfte gegen das ererbte Lungenleiden an, doch in letzter Zeit mehrten sich bei ihm Anzeichen einer gefährlichen Apathie, die zu dieser heilsamen Haltung in Widerspruch stand. Etwas bedrückte den Patienten, raubte ihm Frohsinn, Lebensmut und Zuversicht. Statt dessen häuften sich Zornausbrüche, die sich gegen alles und jeden, ja oft sogar gegen ihn selbst richteten. Und das erfüllte den Arzt mit berechtigter Sorge für den erhofften Heilerfolg.

Plötzlich hörte er, wie der Erzherzog mit gepreßter Stimme sagte: „Schicken Sie mir meine Pistole, Professor." Und als dieser nicht sofort reagierte, sondern in bestürztem Schweigen verharrte, wiederholte er verärgert und ungeduldig: „Ich möchte meine Pistole haben!"

Eisenmenger war erschrocken. Unwillkürlich drängte sich ihm der Gedanke an Selbstmordabsicht auf.

„Wozu, Kaiserliche Hoheit, benötigen Sie denn jetzt diese Waffe?" fragte er vorsichtig.

Er las gottlob nicht Depression, sondern Zorn in den Blicken des Erzherzogs, der jetzt mit einer heftigen, fordernden Kopfbewegung herrisch zu ihm aufblickte.

„Dumme Frage — zum Schießen natürlich", rief er barsch. „Ich komme hier ja um vor Langeweile!"

Kopfschüttelnd entfernte sich Eisenmenger mit dem Assistenzarzt, und Franz Ferdinand sank mit einem ergebenen Seufzer in seinen Liegestuhl zurück.

„Was sagen Sie dazu Professor?" fragte der Schweizer Chefarzt den Kollegen aus Wien. „Ein Glück bloß, daß wir nur einen von dieser Sorte hier zu behandeln haben. Ein zweiter wäre imstande, mich selbst reif für ein Sanatorium zu machen!"

„Er ist ein armer Teufel", bemerkte jedoch Eisenmenger. „Sie kennen ihn und das Milieu, aus dem er kommt, nicht so gut wie ich. Es ist eine Welt, in der andere Gesetze gelten. Strenge Gesetze! Es ist eine Denkart, über die Ihre Landsleute den Kopf schütteln würden; ich tue es nicht, denn ich weiß, wie viel sie auch für sich hat. — Wenn ich bloß wüßte, was den Prinzen bedrückt; ich glaube, daß wir dann einen großen Schritt weiterkämen..."

Franz Ferdinand erhielt seine Pistole samt einer Schachtel Munition. Eine Krankenschwester brachte sie schon nach wenigen Minuten und überreichte sie ihm mit furchtsamem Blick.

Franz Ferdinand sah ihr lächelnd und kopfschüttelnd nach, als sie gleich darauf über den Rasen davonlief, als wären böse Geister hinter ihr her. Hinter den hohen, verglasten Bogenfenstern des Parterres des Sanatoriumsgebäudes bemerkte er schemenhaft Gesichter, die zu ihm herüberstarrten. Das Gefühl, wie ein Gefangener unter Beobachtung zu stehen, verstärkte sich wieder in ihm.

Verächtlich wandte er sich ab, lud sorgfältig seine Pistole

und zielte dann im Liegen auf eine alte, hohe Tanne, von deren dichtbenadelten Zweigen Tannenzapfen von besonderer Größe hingen.

Er suchte sich einen der Zapfen als Zielpunkt aus und drückte ab. Was für ein hervorragender Schütze er war, hatte er erst vor wenigen Monaten bei einer gefährlichen Tigerjagd in Indien bewiesen, die er als Gast eines Maharadschas mitgemacht hatte. Und auch jetzt wieder traf er haarscharf; prasselnd polterte der Tannenzapfen durch das Geäst des Baumes auf den Wiesengrund.

Vom Sanatorium her wurden bewundernde Ausrufe, ja sogar Beifallsklatschen laut; doch Franz Ferdinand kümmerte sich nicht darum. Er ballerte mit steigendem Vergnügen weiter und schoß Zapfen um Zapfen von den höchsten Ästen der Tanne.

Es war für ihn mehr als bloß Zeitvertreib. Er konnte nicht anders; er mußte auf diese Weise seinen Zorn abreagieren. Den Zorn über die Ohnmacht, zu der er verurteilt war.

Währenddessen kam ein leichtes Gefährt den Serpentinenweg vom Tal zu der Anhöhe hinaufgefahren, auf welcher das Sanatorium stand. Kutscher und Pferd schnauften erleichtert, als drei Damen, die sie bergwärts gebracht hatten, ausstiegen.

3. Ein lieber Gast

Eine der Frauen entlohnte den Kutscher für seine Mühe; eine andere hatte bereits ihren Sonnenschirm aufgespannt und schritt leichtfüßig auf das Tor des Sanatoriums zu, wo sie läutete.

Professor Eisenmenger hörte das Schellen mit aufrichtiger Erleichterung. Er hatte den Besuch, von dem er dem

Patienten nichts verraten durfte, bereits mit Ungeduld erwartet. Als er nun das Glöckchen hörte und den Wagen vor dem Tor aus Schmiedeeisen stehen sah, stürzte er aus dem Portal und ließ öffnen; gleich darauf empfing er die Ankömmlinge mit tiefen Bücklingen.

„Majestät, ich bin entzückt", rief er und dienerte vor der Schirmträgerin, die ihn gleichfalls freundlich begrüßte.

„Guten Tag, Professor, wie geht es Ihnen? Ich habe meine beiden Hofdamen mitgebracht: Gräfin Sztaray und Gräfin Mikes."

„Entzückt, entzückt", verbeugte sich Eisenmenger auch vor den beiden Damen, um sich sofort wieder der Kaiserin zuzuwenden. „Majestät kommen heute wie gerufen..."

Sissy betrachtete flüchtig das Gebäude und fragte dann den Arzt: „Wie gerufen? Was wollen Sie damit sagen, Professor? Wie geht es denn dem Erzherzog?"

„Es geht ihm den Umständen entsprechend, Majestät. Doch sein seelischer Zustand bereitet mir ernsthaft Sorgen. Bei dieser Krankheit ist die seelische Verfassung eines Patienten nicht ohne Bedeutung. Depressionen fördern einen negativen Krankheitsverlauf."

„Er hat Depressionen?" erkundigte sich Sissy lebhaft.

„So ist es", seufzte Eisenmenger bekümmert.

„Weiß er, daß wir kommen?"

„Natürlich nicht, Majestät haben ja ausdrücklich befohlen, und ich habe es auch versprochen..."

„Es sollte eine Überraschung für ihn sein", meinte Sissy und schritt eifrig aus, voll Ungeduld, Franz Ferdinand zu sehen.

„Ja", nickte Eisenmenger, „und ich hoffe auch, daß Ihr Besuch auf der Mendel eine so angenehme Überraschung für ihn ist, daß sich die Laune Seiner Kaiserlichen Hoheit endlich bessert!"

Sissy nickte eifrig.

„Ja, wir wollen doch hoffen, daß sich der Zustand des Erzherzogs bessert und er wieder gesund wird", meinte sie ernst. „Wir alle zählen auf Ihre Hilfe und Ihre ärztliche Kunst."

„Was in meinen Kräften steht, wird geschehen", erwiderte der Professor ernst. „Doch ich bin nur ein Mensch. Ich kann nicht Wunder wirken. Und letzten Endes liegt unser Schicksal in Gottes Hand."

Sissy horchte auf.

„Steht es denn so schlecht?" fragte sie mit jäh erwachender Besorgnis und runzelte die Stirn.

Der Professor wehrte ab: „Das kann man nicht direkt sagen, Majestät. Doch stünde es zweifellos besser um um seine Gesundheit, wenn…"

„Wenn? Sprechen Sie es aus! Was ist mit ihm?" drängte sie.

„Wenn ich nur wüßte, was los ist. Dann wäre ihm schon geholfen", meinte er. „Er ist bedrückt, Majestät. Unterwegs dachte ich, es wäre das Heimweh. Nun aber hätte er dazu doch kaum mehr Grund. Sollte etwa ein Zerwürfnis mit Seiner Majestät Schuld daran sein, ein Vorfall, von dem ich nichts weiß und über den er nicht sprechen will?"

Der Professor kam der Wahrheit näher, als er dachte. Ja, es gibt dieses Zerwürfnis, mußte sich Sissy eingestehen. Doch der Grund liegt noch tiefer. Es ist das spurlose Verschwinden von Sophie Chotek, das Franz Ferdinand solche Sorgen bereitet, daß er keine Ruhe finden kann…

Laut aber sagte sie zu Eisenmenger, der versuchte, in Sissys Miene eine Antwort auf die quälende Frage zu finden: „Der Erzherzog hat offenbar Sorgen privater Natur; ich will mit ihm sprechen. Vielleicht kann ich ihn aufheitern."

„Davon bin ich überzeugt, Majestät", erklärte Eisenmenger hoffnungsvoll.

„Nun, wir werden sehen", lächelte Sissy. „Und was tut unser Patient im Moment?"

„Er schießt", antwortete Eisenmenger verlegen.

„Was bitte — was tut er?" staunte Sissy, denn sie glaubte, sich verhört zu haben.

Der Professor hob die Hände mit einer Gebärde, die deutlich genug ausdrückte, daß er an der gegenwärtigen Tätigkeit Franz Ferdinands völlig schuldlos sei.

„Er schießt", wiederholte er mit Nachdruck. „Und das schon eine ganze Weile… Majestät können es ja hören. Da, nun knallt es eben wieder — diesmal scheint er sein Ziel nicht getroffen zu haben."

„Das ist Franz Ferdinand?" wunderte sich Sissy.

„Jawohl, Majestät, das ist er", brummte Eisenmenger. „Unsere Schwestern haben bereits eine Höllenangst. Da — schon wieder!"

„Und ich dachte, es sei eine Jagd im Walde", meinte Sissy kopfschüttelnd.

„Seine Kaiserliche Hoheit hält Jagd im Liegestuhl, Majestät. Er schießt höchst erfolgreich auf Tannenzapfen. Und wenn das so weitergeht, wird hier bald keine einzige Tanne mehr einen Tannenzapfen tragen! — Könnten Majestät nicht versuchen, ihm diese Knallerei auszureden?!"

„Ich werd's probieren, lieber Professor", versicherte Sissy schmunzelnd. „Wenn Sie mich fragen — ich bin auch kein großer Freund vom Schießen. Wenn wir Frauen das Sagen hätten, dann gäbe es gewiß eines Tages überhaupt keine Waffen mehr. Denken Sie nur an unsere liebe Frau von Suttner. Nun also, wir wollen sehen, was mein lieber Franz Ferdinand macht, und ob wir ihm nicht für eine Weile wenigstens das Schießen abgewöhnen können."

Der Professor erbat sich den Vortritt, um Sissy den Weg zu zeigen; doch sie hätte ihren Neffen auch ganz allein gefunden. Der Lärm von Franz Ferdinands Pistole wies ihr ganz unfehlbar den Weg. Nach einer kleinen Pause — offenbar zum Nachladen seiner Waffe — krachte es nämlich schon wieder los.

„Furchtbar", meinte Sissy kopfschüttelnd.

Auch der Professor schüttelte mißbilligend den Kopf. Und dann sahen sie bereits den schießwütigen Patienten.

Eisenmenger war ein Naturfreund; was sein Patient anstellte, ging ihm gegen den Strich. Die Kaiserin schien seine Gedanken zu erraten und meinte: „Ich hoffe, er wird bald genug Gelegenheit haben, sich mit anderen Dingen zu beschäftigen, Professor. Aber vielleicht ist es aus diesem Grunde besser, wenn ich jetzt mit ihm allein spreche!"

Der Arzt blieb stehen.

„Aber selbstverständlich, Majestät! Ich ziehe mich gern zurück. Sie können ihn ja nicht mehr verfehlen."

„Bitten Sie bloß noch meine beiden Begleiterinnen, in der Halle auf mich zu warten."

„Oh, ich kann den beiden Damen ja auch auf der Terrasse einen Imbiß servieren lassen. Vielleicht ist ihnen eine kleine Stärkung willkommen."

„Natürlich, wenn die Gräfinnen wünschen", nickte Sissy und wartete, bis sich Eisenmenger in Richtung auf die zurückgebliebenen Hofdamen entfernt hatte. Die beiden waren erst gar nicht mitgekommen, weil sie von der Absicht Sissys, mit Franz Ferdinand unter vier Augen zu sprechen, wußten.

Der Erzherzog hatte von dem, was hinter seinem Rücken vorging, nichts bemerkt. Vielmehr bedeckten zahlreiche abgeschossene Tannenzapfen rings um die schlanken Stämme der hohen Nadelbäume den grünen Wiesengrund.

23

Sissy schritt rasch aus. Doch sie ging leichtfüßig und leise, um Franz Ferdinand nicht zu früh auf sich aufmerksam zu machen. Sie freute sich schon auf das verdutzte Gesicht, das er nun wohl bald machen würde.

Als er ihren leichten Schritt hinter sich vernahm, wandte er sich gar nicht um. Franz Ferdinand dachte, es handle sich, wie so oft, um eine der Schwestern. Es kümmerte ihn nicht; er wollte jetzt nicht an seine Krankheit erinnert werden!

Und schon zielte er wieder in die Höhe und nahm einen baumelnden Tannenzapfen aufs Korn. Zum Unterschied von Eisenmenger meinte er, es lägen noch lange nicht genug solcher Dinger auf der Wiese. Oder vielleicht waren es gar nicht die Tannenzapfen, die ihn reizten. Es schien vielmehr so, als gelänge es ihm — für kurze Augenblicke wenigstens — durch den Schall des Schusses etwas in seinem Inneren zum Schweigen zu bringen.

Er zielte also. Die großen Zapfen waren schon alle seiner Schießwut zum Opfer gefallen; nur noch ein paar kleinere konnte er erspähen, und die waren nicht so leicht zu treffen. Diesmal zielte er besonders sorgfältig, denn der Zapfen war halb hinter Gezweig versteckt.

Doch er kam nicht dazu abzudrücken. Zwei behandschuhte Frauenhände legten sich überraschend um seinen Kopf und verdeckten ihm die Sicht. Und dann sprach eine ihm wohlbekannte Stimme, und es klang seltsam weich, beruhigend und vertrauenerweckend:

„Nein, ich bin nicht Sophie... ich bin jemand anderer — auch jemand, der dich mag. Rate, wer gekommen ist!"

Er ließ die Pistole sinken. Es wallte heiß in ihm auf. Das hatte er wirklich nicht erwartet! Seine Finger, die eben noch so hart den Knauf der Pistole umkrampft hatten, lösten sich aus ihrer Starre. Er warf die Waffe ins Gras und fuhr herum. Nein, Franz Ferdinand hatte sich nicht getäuscht: Sissy stand vor ihm! Die Kaiserin, seine heimliche Verbündete!

„Tante Sissy!" rief er aus und warf die Decken, die ihn wärmen sollten, von sich, um hastig aus dem Liegestuhl zu springen. „Du, hier auf der Mendel!"

„Jawohl, und darauf kannst du dir eine ganze Menge einbilden, du schrecklicher Neffe. Ich bin nämlich nur deinetwegen hier."

„Nein, so etwas! Ich kann es noch gar nicht fassen!" rief er aus; man sah es ihm an, es drängte ihn, sie zu umarmen — doch dann besann er sich. Der Respekt vor der Kaiserin hätte ihn um ein Haar davon abgehalten, wenn nicht Sissy selbst es gewesen wäre, die ihn jetzt an sich zog und auf seine beiden Wangen einen herzhaften Kuß drückte.

„Schämst du dich denn gar nicht", sagte sie dabei mit ironischem Lächeln, „die armen, schönen Tannen deinen Unmut entgelten zu lassen? Sie können doch wahrhaft nichts für deinen Kummer!"

„Aber Tante Sissy —"

„Nichts da, Franz Ferdinand! Du solltest diesen Tannen dankbar sein. Sie spenden den Sauerstoff, den deine kranken Lungen brauchen, um wieder gesund zu werden!"

„Schön, Tante Sissy", lachte er, „ich verspreche hiermit feierlich, zum Dank und als Entschädigung eigenhändig in diesem Garten eine Jungtanne zu pflanzen."

„Das ist ja wohl auch das mindeste, was du tun kannst", erkärte Sissy. „Und nun wollen wir von etwas anderem reden. Schließlich bin ich nicht hier heraufgekommen, um mich mit dir über Botanik zu unterhalten."

„Wollen wir ins Haus gehen?" fragte er.

Er sah, daß ihre Miene plötzlich ernst geworden war, und spürte ein leichtes, erwartungsvolles Herzklopfen. Sicherlich hatte sie ihm etwas Wichtiges zu sagen.

„Nein", wehrte sie ab, „hier sind wir ganz unter uns und ungestört. In einem Haus aber weiß man nie, ob nicht die Wände Ohren haben."

„Du machst mich wirklich neugierig, Tante", versicherte er.

„Nun", sagte sie nach kurzem Überlegen, „du kannst dir ja wohl denken, worum es geht."

„Um Soph'?" fragte er erwartungsvoll.

„Ja, natürlich, um Soph', wie du sie zu nennen pflegst. Um die Komtesse von Chotek-Chotkova, deine nicht standesgemäße Braut, die dir offenbar niemand ausreden kann."

„Nein, das kann wirklich niemand", versicherte er gepreßt, und seine Lippen wurden schmal und hart. „Du bist doch nicht etwa gekommen, um es auch zu versuchen?"

Sie sah das Mißtrauen in seinen Blicken, das plötzlich in ihm erwacht war. Ein Zug von schwerer Enttäuschung zeichnete sich um seine Mundwinkel ab, die sich schmerzlich verzogen.

„Nein, nein", beruhigte ihn Sissy sofort. „Ich denke, das müßtest du eigentlich wissen!"

„Oh, Tante Sissy", murmelte er mit einer müden Handbewegung, „ich habe schon so viele Enttäuschungen erlebt…"

„Du kränkst mich, Neffe", stellte sie beleidigt fest.

Er erkannte schnell, daß er ihr Unrecht getan hatte. Es tat ihm leid.

„Verzeih", sagte er einfach.

„Ist schon vergessen", meinte Sissy. „Ich kenne ja meinen mißtrauischen Franz Ferdinand!"

Sie war tatsächlich leicht verärgert über ihn. Da kam sie nun in der besten Absicht herauf auf die Mendel, und er war imstande, dies völlig zu verkennen.

„Nein wirklich, Tante", bekannte er mit sichtlicher Reue. „Ich bin wirklich ein — ein —"

„Ein ganz schrecklicher Mann bist du, jawohl", schimpfte sie. „Und ich kann es überhaupt nicht begreifen, wie dieses Mädchen dich, ausgerechnet dich, heiraten will!"

Nun hellte sich seine Miene auf, und seine Augen gewannen einen frohen Blick. Und er strahlte plötzlich über sein ganzes, kantiges Gesicht.

„Ja, nicht wahr?" lachte er. „Das frage ich mich auch. Irgend jemand muß einen ja schließlich lieben! Irgend jemand muß doch wohl. Und diesen einen, einzigen, will man mir nehmen..."

Seine Stimme senkte sich wieder zu schmerzvoller Traurigkeit. Sissy legte ihm begütigend die Hand auf die Schulter.

„Nein, nein", sagte sie, „hab Vertrauen. Seid ihr wirklich füreinander bestimmt, dann werdet ihr auch zusammenkommen!"

„Das sage ich auch, Tante Sissy", faßte er wieder Hoffnung. „Was ist — hast du eine Nachricht von ihr für mich? Doch nein, das darf ich wohl nicht hoffen. Aber weißt du wenigstens, wo sie ist, kannst du mir das wenigstens sagen, und ob sie meine Briefe erhalten hat? Ich bin ohne jede Nachricht von Soph', und sicher fängt man ab, was sie mir schreibt. Sei mir nicht böse, Tante Sissy, ich weiß, du liebst deinen Mann, und er ist mein Onkel — aber manchmal glaube ich, daß ich ihn hasse..."

„O nein", erschrak sie, „tu das nicht, Franz Ferdinand. Glaub mir, daß er auch für dich nur das Beste will. Wie für uns alle!"

4. Geheimnis um Sophie

„Aber", entgegnete Franz Ferdinand kopfschüttelnd, „wie kann er dann mein Lebensglück durch seine Starrköpfigkeit zerstören? Ich liebe Sophie; sie liebt mich. Das ist die einfachste Sache der Welt, Tante! Wir sind zwei, die zusammengehören, meine Soph' und ich, und nichts wird uns trennen können. Ich weiß, was auf mich zukommt, wenn ich einst das Reich regieren muß. Gerade weil es eine so schwere Aufgabe ist, brauche ich eine Stütze, eine Frau an meiner Seite, für die das alles auf mich zu nehmen sich lohnt."

„Lohnt es sich nicht in erster Linie für das Reich und seine Menschen?" fragte Sissy, und ein leiser Vorwurf lag in ihrer Stimme. „Die Habsburger haben es sechshundert Jahre lang gemehrt und regiert; sie haben Kriege geführt und Ehen geschlossen, und letzteres viel lieber und erfolgreicher als ersteres. ‚Andere mögen Kriege führen, du, glückliches Österreich — heirate', heißt es."

„Aber ich will ja heiraten!" rief Franz Ferdinand erbost.

Sie wanderten längst durch den Park des Sanatoriums. Der Erzherzog unterstrich seine Worte mit so impulsiven Gesten, daß es — falls man sie beobachtete — wie ein Streit aussehen konnte. Und diesen Eindruck wollte Sissy unbedingt vermeiden. Tatsächlich sah die Mikes die beiden auch bald zwischen den Tannen verschwinden.

„Du möchtest heiraten — ja, aber nicht dem Conubium gemäß", erklärte Sissy. „Du machst meinem Franz damit schwere Sorgen. Ist dir der Unterschied zwischen der ungarischen und der österreichischen Verfassung überhaupt klar, mein Herr Thronfolger? Hast du bedacht, daß du zwar das Conubium nach der österreichischen Verfassung durch eine morganatische Ehe umgehen könntest, was dir offenbar vorschwebt, nach der ungarischen aber nicht, weil man in Budapest diesen Begriff nicht akzeptiert? Danach wäre deine Sophie in Ungarn womöglich Königin und ihre Kinder Thronerben; in Wien jedoch würde sie dem Rang nach erst nach der jüngsten Hofdame kommen. Das wäre doch ein ganz unmöglicher Zustand! Mein Mann, dein Onkel, ist daran ganz unschuldig; er hat diese Ehegesetze nicht gemacht, ist aber als Oberhaupt des Hauses verpflichtet, über ihrer Einhaltung zu wachen. Und solltest du einmal Kaiser und König sein, wirst du dieselbe Pflicht übernehmen müssen. Wie aber würdest du das können, wenn du selbst das Hausgesetz dermaßen brichst?"

Dem verliebten Erzherzog begann zu dämmern, in welchem Dilemma sich sein Onkel befand und in welche Situation er ihn durch seinen Starrsinn brachte. An seinem Entschluß änderte das aber nichts.

„Tante Sissy, wie du selbst sagst, sind diese Gesetze alt. Man muß sie reformieren, wie so manches andere."

„Und das möchtest du tun?"

„Das werde ich tun", verkündete er.

„Im Grunde denke ich wie du", mußte sie seufzend zugeben. „Wir Kaiser und Könige sind Gefangene unserer Macht. Als wir die arme Eugenie in Cap Martin besuchten, hatten Franzl und ich fast den Eindruck, daß Eugenie sich im Exil wohler fühlt als in ihren einstigen Prunkgemächern in Versailles. Doch zu deiner Reformidee, zu welcher dich deine Liebe zu Sophie inspiriert, möchte ich dir zu bedenken geben, daß der Rechtsanspruch der regierenden Familien gegenüber ihren Völkern und Machtstrebern aller Art eben auf diesem Conubium beruht, das du umstoßen willst. Es gibt in der Botanik einen verwandten Begriff; er heißt ‚Cönobium'. Darunter versteht man eine zu einer Gemeinschaft vereinigte Zellfamilie gleicher Abstammung."

29

„Oh, ich verstehe sehr wohl, was du meinst, Tante", entgegnete er heftig. „Und wenn du schon mit wissenschaftlichen Vergleichen kommst, dann komme ich dir mit dem Begriff der ‚Inzucht'. Eines Tages besteht unsere wunderbare ‚Zellfamilie', welche Europa unter sich aufgeteilt hat, nur noch aus degenerierten Idioten."

Er hatte Sissy an einem ihrer wundesten Punkte berührt; insgeheim wurde sie stets von der Furcht geplagt, daß es ihr eines Tages ergehen könne wie so manchem anderen Wittelsbacher-Kind. Nachts wachte sie manchmal auf, in Schweiß gebadet, und sah das Gespenst des drohenden Irrsinns vor Augen. Doch diesmal wehrte sie entschieden ab.

„Die Macht hat ihren Preis, Franz Ferdinand, einen sehr hohen Preis. Wir müssen auf vieles verzichten. Es könnten durch eine Heirat mit Sophie Chotek in der ungarischen Reichshälfte Probleme entstehen, die noch dadurch verschärft würden, daß Sophie aus Böhmen stammt und dem böhmischen Adel angehört. Dabei würde eine Situation entstehen, in welcher Habsburgs Thronanspruch in Frage gestellt ist, wie er, basierend auf dem Conubium, in den Deutschen Bundesakten von 1814 festgelegt wurde."

„Und Onkel Franz Joseph hat Angst, daß es dann in Ungarn wieder zur Revolution kommt? Tante, wenn ich König von Ungarn bin, werden die Ungarn keinen Grund mehr zur Revolution haben."

„Vielleicht, aber zunächst würde ich dir empfehlen, dich einmal mit unseren Kronjuristen zu beraten. Sprich mit Koerber. Und vor allem mit Goluchowski."

Ernst von Koerber war Innenminister; er stand aber bereits auf dem Sprung zum Premier. Goluchowski hingegen war Minister des Kaiserlichen Hauses. Er vor allem würde Franz Ferdinand das Legitimitätsprinzip klarzumachen haben, das dieser durch seine Handlungsweise in Frage stellte.

Die Miene des Erzherzogs verfinsterte sich zusehends. „Hast du mir nichts Besseres zu sagen, Tante?" klang es beinahe fordernd. „Das allein kann dich doch nicht auf die Mendel geführt haben. Ich habe mir alles reiflich überlegt und kenne alle Probleme. Ich werde den Herren Koerber und Goluchowski schreiben. Aber ich werde ihnen zugleich auch klarmachen, daß ich keineswegs gewillt bin zu verzichten. Weder auf den Thron noch auf Sophie. Meinetwegen sollen sie versuchen, für mich einen Weg aus dem Paragraphengestrüpp zu finden. Einen, der mir die Ehe ermöglicht, ohne daß ich auf mein Herrscherrecht verzichten muß."

Sissy wurde fast bang bei so viel Entschlossenheit.

„Ich habe deinen Onkel, meinen Mann, noch nie von einem ‚Herrscherrecht' sprechen hören, nur von einem ‚Herrscheramt'", erklärte sie. „Mein Franz fühlt sich als Diener. Er ist ein Diener der ihm anvertrauten Völker, für die er das Beste erreichen will. Du aber, Franz Ferdinand, sprichst wie ein künftiger Despot."

Er lenkte sofort ein: „Ein Despot? Ich denke doch eher wie ein Soldat, der einem Befehl gehorcht — dem Befehl seines Gewissens. Und ich werde tun, was mir mein Gewissen befiehlt — treu und redlich. Und gegen jeden Widerstand!"

Sissy ließ einen schweren Seufzer hören. Franz Ferdinand war nun eben schwierig; doch sie war von der Redlichkeit seiner Absichten überzeugt.

„Das Schloß Weltrus", sagte sie, „das den Choteks gehört, ist der Punkt, an dem wir ansetzen müssen, um herauszufinden, wo sich deine Sophie gegenwärtig aufhält. Frau von Mikes hat eine Freundin in Prag; die hat allerdings noch nichts herausgefunden. Ich weiß nur so viel, daß sich deine Soph' zur Zeit in einem Kloster befindet."

„Ins Kloster hat man sie gesteckt?! Mein Gott!" rief

Franz Ferdinand aufgebracht und händeringend. „Man wird sie doch nicht etwa zwingen wollen, den Schleier zu nehmen!"

„Ach, nein, das denke ich nicht, Franz Ferdinand. Ich halte es vielmehr für einen sehr geschickten Schachzug der Choteks. Sie geht dadurch jedem Gerede aus dem Wege, verhält sich sozusagen tadellos korrekt, nach jeder Richtung hin und in jeder Beziehung. Auch dir gegenüber. Du kannst ihrer Treue sicher sein. Und im Kloster ist sie auch sicher vor dem Tratsch, vor der Presse!"

„Aber sie lebt dort doch wie eine Gefangene!"

„Ich glaube, du machst dir da ganz falsche Vorstellungen. Sie ist ja keine Nonne, hat in dem Kloster bloß Schutz gesucht. In ihrer gegenwärtigen Situation war dies wohl das Klügste, was die Choteks nur tun konnten. Es spricht für sie. Und vielleicht auch für ihren Ehrgeiz."

„Ehrgeiz?"

„Nun ja, in bezug auf die Aussicht, daß Sophie die Frau des Thronfolgers werden könnte…"

„Ich glaube, nun bist du es, die sich falsche Vorstellungen macht. Sophie geht es nur um mich und nicht um ihre Stellung bei Hof. Die Choteks haben in Böhmen Ansehen und Macht genug; sie sind nicht auf eine zweitrangige Position am Wiener Hof angewiesen."

„Du siehst die Dinge zu einfach, Franz Ferdinand. Die Choteks sind Patrioten. So wie ich mich bei Franz Joseph für die Ungarn verwendet habe, weil ich dieses Volk liebe, wird sich Sophie ganz selbstverständlich bei dir für die Böhmen einsetzen."

„Das ist überflüssig, Tante. Ich kenne diese Nation und schätze sie. Selbstverständlich werde ich etwas für sie tun. Es ist ein Unrecht, daß sie innerhalb der Monarchie so zurückgesetzt sind."

„Aha, es fängt also schon an."

„Ich hatte diese Absicht schon, bevor ich Sophie kennenlernte. Doch um fortzufahren, Tante: in welchem Kloster hält man Sophie versteckt? Sage es mir, damit ich sofort etwas unternehmen kann."

„Ich weiß es nicht, habe ich das nicht schon gesagt?"

„Aber der Kaiser weiß es doch wohl, oder? Konntest du ihn nicht fragen, Tante?"

„Ich bin natürlich sicher, daß er es weiß; aber immer, wenn ich davon sprach, gab er mir unmißverständlich zu verstehen, daß er darüber nicht zu reden wünscht. Schließlich verfiel ich auf die Idee, Frau von Mikes mit der Nachforschung zu beauftragen. Sie hat schon schriftlichen Kontakt mit einer Freundin in einem Prager Damenstift. Demnächst wird sie auf Besuch hinfahren. Und bei dieser Gelegenheit mehr zu erfahren suchen. Aber ich dachte daran, daß auch du über deine Leute in Konopischt den Versuch machen könntest. Schließlich bist du Schloßherr in Böhmen, und so groß ist ganz Böhmen nicht, daß man nicht herausfinden könnte, wo Sophie versteckt ist."

„Man fängt meine Briefe ab", knurrte Franz Ferdinand bitterböse. „Ich habe in dieser Sache längst schon selbst nach Konopischt geschrieben. Alles, was ich von dort bekomme, sind Rechnungen über Renovierungskosten. Einmal fehlte das Begleitschreiben in dem Kuvert. Ich bin sicher, darin stand die Antwort."

„Schön", nickte Sissy, „dann wird Frau von Mikes auch in Konopischt nach dem Rechten sehen. Wie lange bleibst du denn noch auf der Mendel?"

„Das mußt du Eisenmenger fragen, liebe Tante! Ich für meine Person ginge lieber heute als morgen von hier fort. Ich komme um vor Langeweile —"

„— und Sehnsucht, ich weiß", ergänzte Sissy verständnisvoll. „Schau, daß du gesund wirst. Dann kannst du früher fort von hier."

Währenddessen saßen Frau von Mikes und Frau von Sztaray auf der Terrasse des Sanatoriums und aßen Eis.

„Das wird aber eine lange Diskussion", stellte die ungeduldige Gräfin Sztaray mißbilligend fest.

„Nun, die beiden haben einander schon lange nicht gesehen und eine Menge zu sagen", meinte die Mikes gemütlich und ließ das Gefrorene genüßlich auf ihrer Zunge zergehen. „Ich für meine Person bin froh, daß ich jetzt hier sitze und mich verschnaufen kann. Ich brenne gar nicht darauf, schon wieder in dem wackeligen Gefährt zu Tal zu holpern. Es ist doch schön hier, nicht wahr?"

„Nun, ich finde es schrecklich langweilig", meinte die Sztaray. „Der arme Erzherzog kann einem leid tun, daß er es in dieser Einsamkeit aushalten muß!"

„Es bleibt ihm wohl nichts anderes übrig; da ist die Krankheit, da ist der Kaiser — und da ist noch jemand; das sind drei gute Gründe, die ihn von Wien fernhalten."

„Ich glaube, er war schon viel zu lang für seinen Geschmack fort. Man wird ihn nicht ewig hier festleimen können. Der hat einen harten Schädel, das weiß jeder bei Hof. Da kann man nur darum beten, daß uns Franz Joseph noch recht lange erhalten bleibt."

„Ja, ja, das sagen viele. Beliebt ist Ferdinand ja nicht. Und Charme hat er nicht für zwei Kronen. Aber Ihre Majestät mag ihn trotzdem — also muß irgend etwas an ihm dran sein, denn sie ist keine schlechte Menschenkennerin. Na, und der Fall Chotek beweist doch zur Genüge, daß sich auch eine Frau in ihn verlieben kann."

„Oder in seinen künftigen Stand. Du lieber Himmel, wer möchte nicht Kaiserin von Österreich werden?"

„Ich zum Beispiel", erklärte die Mikes mit Bestimmtheit.

34

„Nicht um die Burg! — Sie sehen ja, wie es unserer armen, lieben Majestät ergeht. Und erst dem Kaiser! — Eine Krone, ein Thron? Nein, danke!"

Sissy und Franz Ferdinand waren unterdessen auf ihrem Rundgang wieder in die Nähe des Sanatoriums gelangt. Und während ihrer Gespräche hatte Sissy die Überzeugung gewonnen, daß Franz Ferdinand in seinem Entschluß, Sophie von Chotek-Chotkowa zu heiraten, während des langen Jahres seiner Abwesenheit nicht eine Minute lang schwankend geworden war.

„Mich hat nur beunruhigt, ob ich ihrer auch sicher sein konnte", erklärte er. „Sie ist — nun, für mich ist sie eben die Schönste und Begehrenswerteste, Tante Sissy. Ihre Zurückhaltung, ihre Bescheidenheit mag wohl schuld daran gewesen sein, daß sie in Preßburg niemandem auffiel. Doch alle mochten sie, und mich faszinierte sie vom ersten Augenblick an. Tante, sie hat so liebe, gute, schöne Augen... Du würdest mich erst ganz verstehen, wenn du Sophie kennenlernst."

„Mit anderen Worten — die Eifersucht nagte an deinem Herzen, mein Bester", schmunzelte Sissy. „Du hattest Furcht, ein anderer könne sie dir wegschnappen. Ist es nicht so?"

„Ja, so ist es", gab er zu. „Doch nun hat mir dein Besuch wenigstens in diesem Punkt Beruhigung gebracht. Ja, du hast recht. Der Umstand, daß sie sich in ein Kloster zurückgezogen hat, gibt mir ein Gefühl der Sicherheit für unsere Liebe. Aber eine Sorge habe ich trotzdem, Tante Sissy: wird man nicht versuchen, ihr hart zuzusetzen? Daß sie gezwungenermaßen von unserer Heirat Abstand nimmt und womöglich einen anderen Mann heiratet? — Tante Sissy, das wäre mein Ende!"

„Nun, es könnte schon sein, daß so etwas versucht wird",

überlegte Sissy. „Das traue ich meinem Franzl durchaus zu."

„Tante Sissy, Soph' und ich haben uns, bevor man uns trennte, unser Wort gegeben. Wir sind verlobt. Ich kann sowas nicht zulassen. Hilf uns, Tante Sissy!"

5. Auf Befehl des Kaisers

„Sissy war bei ihm?"

„So ist es, Majestät. Professor Eisenmenger hat mich informiert, daß Ihre Majestät den Erzherzog aufgesucht und eine ziemlich lange Unterredung mit Seiner Kaiserlichen Hoheit gehabt hat", nickte der Obersthofmeister, Fürst Montenuovo.

Franz Josef erhob sich erregt von seinem Schreibtisch.

„Und über das Thema der Unterredung weiß er nichts?" fragte er gespannt.

„Bedaure, nein, Majestät. Er war nicht dabei. Ihre Majestät, die Kaiserin, und der Erzherzog sind im Wald spazierengegangen. Sie kehrten erst nach einer halben Stunde zurück. Ihre Majestät sei sehr ernst gewesen, berichtete mir Eisenmenger, der Erzherzog hingegen in auffallend guter Laune."

„Ich werde meiner Frau sofort schreiben. Sie hat keine Geheimnisse vor mir zu haben. Ich nehme an, sie wird wie wir alle versucht haben, ihm diese Unglücksidee mit der Heirat auszureden, die ich auf keinen Fall erlauben kann. Die ganze Familie ist außer sich!"

„Und auch ich..." äußerte sich Montenuovo mit diskretem Tonfall. „Ich wüßte nicht, wie ich die Etikette, das Zeremoniell wahren sollte, wenn eine Komtesse Chotek Kaiserin werden sollte!"

36

Franz Joseph hielt ihm mit einem spöttischen Blick entgegen: „Ich an Ihrer Stelle würde lieber nicht mit meinem Neffen über diesen Punkt diskutieren. Ihre Argumente wären zu schwach in Ihrem Munde, Fürst. Der Dickschädel würde Ihnen sofort entgegenhalten, daß Sie selbst das Produkt einer Mesalliance sind."

„Majestät!" rief der Fürst empört.

„Oder stimmt es etwa nicht, daß Sie der Enkel Marie Louises und des Grafen Neipperg sind? Montenuovo, wir kennen uns zu lang und zu gut, als daß ich nicht berechtigt wäre, Sie zu warnen — auch im Interesse der Dynastie. Nehmen Sie es mir daher nicht übel, daß ich Sie an Ihre Abkunft erinnert habe. Wir dürfen uns dem Dickschädel gegenüber keine Blöße geben."

Der Fürst biß sich auf die Lippen. Es war wahr, seine Großmutter, Marie Louise, die Tochter von Kaiser Franz II., war dem Despoten Napoleon geopfert worden, um Österreich den Frieden zu sichern. Sie hatte ein Kind von ihm — den Herzog von Reichstadt, der früh verstarb. Nach Napoleons Entmachtung aber hatte sie sich von der ihr aufgezwungenen Ehe gelöst. Und nach ihrer Scheidung war sie endlich dem Ruf ihres Herzens gefolgt und hatte den Grafen Neipperg geheiratet, der zu diesem Zeitpunkt ihr Obersthofmeister — und eben nur ein Graf und somit auch nicht „standesgemäß" — war. Neipperg war gefürstet worden und hatte den Namen Montenuovo angenommen, was an sich nur eine Übersetzung ins Italienische war. Sein Enkel stand nun Franz Joseph gegenüber — ein mächtiger Mann, der bei einem Thronwechsel politische Veränderungen fürchtete wie kein anderer. Er hatte deshalb schon Franz Josephs Sohn Rudolf nicht gerade sehr gemocht.

„Wenn ich mir eine Bemerkung erlauben darf", begann er wieder, „ich fürchte, daß Ihre Majestät in bezug auf

Verehelichung des Kronprätendenten mit diesem einer Meinung sein könnte."

Das sagte sich Franz Joseph selbst, aber er hörte es nicht gern aus einem anderen Mund.

„Die Dynastie ist auf dem besten Wege, sich selbst zu zerstören", knurrte Montenuovo hartnäckig.

Er ging bis an den Rand dessen, was er sich noch erlauben durfte.

„Das ist wahr", stimmte Franz Joseph finster zu. „Ja, es ist ein krankhafter Trieb zur Selbstzerstörung in uns. Ich darf das aber nicht zulassen. Ich muß Schluß machen damit. Gerade ein Kronprinz hat die Pflicht, die Interessen des Reiches vor seine Gefühle zu stellen. Geben Sie mir einen Rat! Was soll ich tun gegen diesen Starrkopf, der um jeden Preis eine Mißheirat eingehen und gleichzeitig auf dem Thron sitzen will?! Etwas derartiges ist in der ganzen Geschichte unseres Hauses noch nicht vorgekommen!"

Um einen solchen Rat war Montenuovo nicht verlegen, er war sogar mit der Überlegung zum Kaiser gekommen, die er jetzt aussprach:

„Der Erzherzog ist strenger Katholik, wie Eure Majestät."

„Das ist richtig. Das ist einer der wenigen Punkte, worin wir übereinstimmen. Aber was wollen Sie damit sagen? Auch diese Komtesse Chotek ist nicht nur katholisch, sie ist sogar geradezu bigott. Das ist ein Grund mehr, der in seinen Augen für eine Verbindung spricht. Und deshalb verstehe ich nicht, worauf Sie hinauswollen, Fürst."

„Majestät werden mich sofort verstehen; man müßte von weiteren Bemühungen, ihn seitens der Familie zur Besinnung bringen zu wollen, Abstand nehmen, weil ihn dies nur noch in seinem Starrsinn bestärken würde. Statt dessen müßte man sich den Einfluß der Kirche zunutze machen!"

„Den Einfluß der Kirche? Wie meinen Sie das?"

„Ganz einfach, Majestät: man muß die Religion ins Spiel bringen! Und vielleicht auch bei ihr, was womöglich noch einfacher geht. Majestät haben soeben ein Argument vorgebracht: das Argument der Pflichterfüllung. Nun, für einen künftigen Kaiser von Gottes Gnaden ist dies doch auch eine Frage der Verantwortung gegenüber Gott..."

Dem Kaiser begann zu dämmern, worauf der schlaue Fürst hinauswollte. Montenuovo, der alte Fuchs, erkannte es mit befriedigtem Lächeln.

„Sie meinen", überlegte Franz Joseph, „daß man die Aufgabe, meinen Neffen zur Vernunft zu bringen, dem Klerus übertragen sollte?"

„Genau das ist es!" rief Montenuovo aus. „Majestät haben es exakt ausgesprochen. Und es gibt einen Mann, der dafür prädestiniert ist."

„Marschall!" rief Franz Joseph aus.

„Sehr wohl, Majestät, ihn meine ich. Er war einst Lehrer des Erzherzogs, und dieser sieht in ihm auch heute noch einen väterlichen Freund. Der frühere Propst ist jetzt Weihbischof von St. Stephan. In Sachen des Glaubens über jeden Zweifel erhaben, kann ich mir nicht vorstellen, daß Seine Kaiserliche Hoheit eine ernstliche Ermahnung gerade von diesem Mann negieren würde, den er solange kennt und von dem er wohl annehmen kann, daß er es gut und ehrlich mit ihm meint — als Lehrer, Freund und Hirte."

„Sie sind ein Schlaumeier, Fürst", lächelte Franz Joseph befriedigt. „Dieser Schachzug könnte Erfolg haben."

„Nun, sollte der Bischof wider Erwarten bei Seiner Kaiserlichen Hoheit scheitern, dann könnte Marschall noch immer seine Macht als Bischof gegenüber der Komtesse anwenden, die immerhin im Kloster lebt. Ein bischöfliches Machtwort, denke ich, müßte in diesem Falle genügen..."

„Das denke ich auch", rief Franz Joseph erleichtert. „Ihr Rat ist gut, ich werde ihn befolgen."

„Soll ich den Bischof vom Wunsch Eurer Majestät, ihn zu sprechen, in Kenntnis setzen?"

„Gewiß! Tun Sie das."

„Ich werde es sofort veranlassen, Majestät."

„Ein Erfolg würde mich einer schweren Entscheidung entheben. Ich dachte bereits daran, Franz Ferdinand, falls er die Chotek heiratet, aus dem Kaiserhaus auszuschließen wie Johann Orth..."

„Das wird wohl nicht nötig sein, Majestät", meinte Montenuovo siegessicher und empfahl sich mit einer ehrerbietigen Verbeugung.

Franz Joseph ließ sich wieder an seinem Schreibtisch nieder. Er starrte hinaus durch das hohe, mit einem Store verhangene Fenster auf den Franzensplatz in der Hofburg. Doch er dachte dabei nicht an Franz Ferdinand, über den er sich eben noch so erregt hatte. Er dachte an Sissy. Er griff nach einem Blatt Papier, tauchte die Feder in die Tinte und begann zu schreiben:

„Mein geliebter Engel..."

Dieser „Engel" saß mit ihrer Reisegesellschaft in ihrem Hofzug, der durch die grüne Schweiz dampfte, in Richtung Heimat, nach Wien.

„Franzl wird sich freuen, wenn ich wieder bei ihm bin", sagte Sissy sich immer wieder.

Ja, auch sie freute sich auf ein baldiges Wiedersehen. Und von Wien aus konnte dann Frau von Mikes ganz unauffällig ihren „Bekanntenbesuch" in Böhmen machen, von dem sich Sissy endlich Aufklärung darüber versprach, wo sich denn die so plötzlich verschwundene Komtesse Sophie Chotek nun wirklich befand...

Manchmal, so sagte sie sich, macht mir diese schwierige Familie wirklich Kummer, diese Familie, in die ich da eingeheiratet habe. Der alte Erzherzog Albrecht, der Doyen des Hauses Habsburg — so hatte ihr Franz Ferdinand noch kurz vor dem Abschied erzählt —, hatte sich selbst als Vermittler eingeschaltet und ihm die Heirat ausreden wollen. Aber er war nicht der einzige, und nun konnte sich Sissy deutlich genug vorstellen, welcher Aufruhr in der Familie wegen des Heiratsplanes Franz Ferdinands herrschte.

Die arme Sophie, sagte sie sich. Wenn sie es eines Tages dennoch schaffen sollte, dann wird sie kein leichtes Leben haben. Aber im Grunde war sie neugierig, sie kennenzulernen. Franz Ferdinand schwärmte ja so von ihr...

Unwillkürlich erinnerte sie sich dabei an das seltsame Schicksal von Johann Orth. Auch er, ein Prinz aus kaiserlichem Haus, war dem Ruf seines Herzens gefolgt und hatte die Tänzerin Milli Stubel zum Traualtar geführt. Er hatte auf Titel und Rang verzichten müssen, dies aber gern getan, und war zur See gegangen. Seither waren sie beide, er und seine Frau, samt dem Schiff St. Margaritha verschollen.

Einen Ausschluß aus der Familie sollte es für Franz Ferdinand nicht geben. Das durfte mit einem Thronprätendenten nicht passieren; es wäre ein Skandal sondergleichen, den sich Habsburg unmöglich leisten konnte. Wahrscheinlich bereitete die Angelegenheit ihrem Franzl jetzt schon schlaflose Nächte. Die Frage war nur, wer nun unter dem strengen Hausgesetz mehr litt — Franz Ferdinand oder der Kaiser, der seine rebellischen Familienmitglieder zu dessen Einhaltung notfalls zwingen mußte.

Falls es keinen Ausweg gab, falls kein „Wunder" geschah, auf welches Franz Ferdinand anscheinend hoffte, was passiert dann? ‚Wo ein Wille ist, ist auch ein Weg', das hatte er sich zur Maxime gemacht. Und immer wieder hatte er Sissy versichert, er habe Sophie sein Wort gegeben, das er in keinem Fall zu brechen gedenke.

Das war eine höchst achtbare Ansicht, der nichts entgegenzusetzen war. — Ob es vielleicht doch noch Wunder gab, angesichts von so viel Anständigkeit und Treue?

Der Weihbischof, in Audienz beim Kaiser, war zwar ein Mann der Kirche, schüttelte zu dem Fall aber nachdenklich den Kopf.

„Majestät stellen mich vor ein schweres Problem", erklärte der einstige Lehrer Franz Ferdinands, nachdem ihm Franz Joseph auseinandergesetzt hatte, worum es ging.

„Aber Sie kennen doch meinen Neffen wie sonst kaum einer — ich denke, Sie kennen ihn wohl besser als ich und werden ihn deshalb umstimmen können", versetzte Franz Joseph.

„Halten zu Gnaden, Majestät; eben, weil ich ihn kenne, halte ich so einen Versuch, ihn umzustimmen, für gänzlich aussichtslos. Er war schon immer so: was er sich in den Kopf gesetzt hatte, das mußte er bekommen. Er hat einen eisernen Willen, deshalb hoffe ich auch, daß er gesundet."

„Das hoffen wir alle", meinte der Kaiser. „Doch es geht ja nicht um seinen Gesundheitszustand, sondern um Komtesse Chotek. Eine Heirat mit ihr verstößt gegen das Conubium. Das kann ein Kronprinz unmöglich machen. Es ist keine Privatangelegenheit, sondern — besonders im Hinblick auf die Lage in Ungarn — ein Politikum ersten Ranges. Wir zählen daher auf Ihre Hilfe, Eminenz."

Der Weihbischof wollte sich in dieser Angelegenheit nicht die Finger verbrennen. Sage ich nein, dachte er bei sich, dann verderbe ich's mir mit dem Kaiser von heute. Sage ich jedoch ja und habe vielleicht sogar Erfolg, dann habe ich mir's garantiert mit dem Kaiser von morgen ordentlich verscherzt...

Franz Joseph sah seine Verlegenheit. Da mußte er nachhelfen.

„Ich wünsche ausdrücklich", erklärte er mehr streng als höflich, „daß Sie Ihre Autorität in dieser Angelegenheit einsetzen."

Das war so gut wie ein Befehl. Unter Berufung auf seinen Stand hätte Marschall noch immer ablehnen können; doch dann hätte er sich unweigerlich die Ungnade des Kaisers zugezogen.

„Ich halte", erklärte er deshalb, „die Erfolgschancen für größer, wenn ich versuche, die Komtesse umzustimmen."

„Schön, ich überlasse das Ihnen und Ihrem Scharfsinn. Fahren Sie nach Böhmen, besuchen Sie sie im Kloster. Wirken Sie auf sie ein."

„Ich werde mein Möglichstes tun, Majestät. Das Haupthindernis scheint mir das Verlöbnis zu sein. Wie ich meinen einstigen Schüler kenne, würde er niemals von sich aus den ersten Schritt tun, um ein solches Verlöbnis zu lösen. Wenn hingegen die Komtesse ihrerseits ihm ihr Wort zurückgäbe..."

Franz Josephs Augen leuchteten auf.

„Ich würde es Ihnen nie vergessen, wenn Sie das zustande brächten, Eminenz", rief er.

Dann gab er das Entlassungszeichen; der Bischof verbeugte sich, reichte dem Kaiser die Hand zum Ringkuß und ging. Diese Geste konnte er sich nicht verkneifen. Er ließ sich wirklich nicht gern in diese Sache hineinziehen.

6. Villa „Hermes" und ihre Gäste

„In der Gumpendorfer Straß'n ist d'Feuerwehr unterwegs g'wesen", berichtete Božena der eben heimgekehrten Frau von Mikes, während sie die Koffer auspackte.

43

„Soso", hörte die Hofdame der Kaiserin nur mit halbem Ohr hin. „Weswegen denn?"

Božena wollte alles loswerden, was sich während der langen Abwesenheit ihrer „Gnädigen" zugetragen hatte.

„Wegen so einem verrückten Drogisten, gnä' Frau, der unbedingt hat lebende Bilder an eine Wand zaubern wollen. Er hat einen ganz unheimlichen Apparat gebaut gehabt, und die Bilder sollen sich wirklich bewegt haben. Wie die in der Laterna magica vom Freiherrn von Uchatius. Aber die waren auf keine Glasplatten, sondern auf einem runden Bandel d'rauf — und — schrecklich, meine Gnädige, plötzlich hat der ganze Apparat zu brennen ang'fangen, und alle Leut sind z'sammg'rennt, und die Feuerwehr hat kommen müssen. So ein verrückter Mensch, dieser Reich — so heißt er nämlich — so ein Verrückter!"

„Na ja, wenn er schon solche dummen Sachen anstellt..."

„Und die Preise von die Erdäpfel sind schon wieder g'stiegen um einen halben Kreuzer. Es is' nicht mehr schön auf der Welt. Und in Prag haben s' sich prügelt auf offener Straßen, die Tschechen und die Deutschen, hat man g'lesen in der Zeitung. Ein Glück, daß ich nicht mehr in Böhmen bin, sondern hier bei der Gnädigen in Wien, sonst tät' ich mich fürchten!"

„Bei uns brauchst keine Angst zu haben, Božena", meinte die Mikes gutmütig. „Aber nach Prag werd' ich selber hinfahren müssen, in den nächsten Tagen."

„Was — Gnädige wollen schon wieder weg? Sind doch g'rad erst angekommen!"

„Wollen nicht, aber müssen", seufzte Frau von Mikes.

„Ja, warum denn nur?! Is' was passiert?"

„Die Kaiserin schickt mich... Da kann man gar nix machen, Božena. Befehl ist Befehl — wie bei den Soldaten."

„Ojemine, was wird der Herr Gemahl sagen, wenn er heimkommt und hört, daß die Gnädige gleich wieder weg müssen!"

„Er wird sagen: lieber heut' als morgen, damit ich von ihr meine Ruh' hab", grinste die Mikes hinterhältig. „Pack die Sachen fertig aus; ich muß heut' nachmittag noch hinaus in die Hermesvilla. Die Kaiserin erwartet mich. Ich muß mir von ihr nähere Instruktionen holen. Wahrscheinlich hat sie inzwischen vom Kaiser einiges erfahren, was ich auf meiner Mission berücksichtigen muß."

„Aber heut' am Abend sind doch gnä' Frau zu Hause? Dann mach ich extra Powidelknödel für die gnä' Frau; das haben S' sicher schon lang nicht g'habt... oder?"

„Nein", lachte die Mikes. „In der Gesellschaft Ihrer Majestät gibt's keine Powidlknödel. Und die Kaiserin selber ißt schon gar keine. Ich glaube, die ißt überhaupt nicht."

Božena riß die Augen auf: „Is' das wahr?" staunte sie.

„Beinahe", grinste die Mikes. „Manchmal glaube ich wirklich, daß sie imstande ist, von der Luft zu leben."

„Das macht s' vielleicht, weil man hört, daß der Kaiser so sparsam ist", mutmaßte Božena.

„Die Mikes lachte: „Ich glaube, ihre Hungerkuren kosten mehr als sie dabei einspart."

„Das versteh' ich nicht..."

„Ich versteh's auch nicht. Schön will sie halt sein. Dafür bringt sie Opfer, Božena. Und ist deshalb auch mit den Nerven schlecht beisammen. Ich für meine Person ess' lieber — und wenn mich die Leut' für einen dicken Chinesen halten."

Die Redewendung vom „dicken Chinesen" stammte vom Besuch eines kaiserlichen Prinzen aus Peking; denn der Chinese verliebte sich in eine Dame der Wiener Gesellschaft, nämlich in die Tochter eines bekannten Operettenlibrettisten. Der ließ sich diese herrliche Geschichte prompt nicht entgehen und verfaßte viele Jahre später, als der Prinz schon längst wieder ins Reich der Mitte verschwunden war, das Libretto zu einer Operette mit dem Titel „Die gelbe Jacke". Doch es dauerte noch etliche Jahre, bis die „Jacke" dann als „Land des Lächelns" ein großer Erfolg wurde.

Wie ein „dicker Chinese" kam sich auch Katharina Schratt vor, als sie in der Villa Hermes der schlanken, gertengleichen Sissy gegenüberstand. Nach der Begrüßung nahmen die beiden an einem kleinen Teetischchen Platz.

„Ich weiß schon gar nicht mehr, was ich tun soll, Majestät", seufzte Kathi über ihr Figurenproblem. „Ich trau' mich schon gar nicht mehr auf die Bühne. Das Korsett drückt mir die Luft ab. Ich ess' fast nichts und werd' trotzdem immer dicker."

„Ich hab' da was von einer neuen, wirkungsvollen Sandkur gelesen", erzählte Sissy. „Das soll wirklich helfen; ich werd's im Sommer in Korfu sicher ausprobieren. Man läßt sich in heißen Sand einpacken und schwitzt so stark wie in einer Sauna."

In diesem Augenblick betrat unangemeldet der Kaiser den Raum. Er hatte gerade noch die letzten Worte mitbekommen.

„Was ihr beide alles anstellt", lachte er, „wegen eurer fixen Schlankheitsidee! Es ist fast ein Wunder, daß ihr das aushalten könnt und noch immer gesund seid."

Er entschuldigte sich bei den Damen für sein überraschendes Kommen und begann sofort über die neuesten Meldungen zu plaudern.

„In Ungarn reiben sich die Geschäftsleute schon jetzt die Hände", erzählte er angeregt. „Zum Millenniumsfest verzeichnen die Hotels in Budapest schon Buchungen — man rechnet mit einem Rekord. So viele Menschen aus dem In- und Ausland wollen kommen, daß die Stadt wahrscheinlich übergehen wird. Es wird Umsätze geben im Handel und im Fremdenverkehr wie schon lange nicht. Und dabei jammern die Leute über die erhöhten Abgaben in der Stadt, mit denen der Magistrat die Festivitäten finanzieren will. Das kommt doch vielfach wieder herein; aber sagt das einmal jemandem! Verdienen möchten sie alle, aber investieren nichts."

„Mir könnte der ganze Millenniumszauber gestohlen bleiben", gestand Sissy. „Wenn ich nicht müßte, führe ich gar nicht hin. Tagelang muß man ermüdende Zeremonien mitmachen und sich anstarren lassen. Wenn das Fest vorbei ist, bin ich urlaubsreif."

„Ein Urlaub ist für dich kein Problem, Sissy", meinte Franzl, „aber ich kann mir's leider zeitmäßig nicht leisten."

„Und dabei wird man die Majestäten beneiden", meinte Kathi, „um die Fahrt in der Prunkkarosse, um die Huldigungen, die festlichen Tafeln..."

„Von denen ich kaum einen Bissen essen werde", sagte Sissy. „Dazu diese Hitze, die vielen Gesichter und Namen, die man sich merken muß..."

„Tja, wir sind eben der Motor für dieses Fest, und nicht nur dafür", erklärte Franzl. „Die Leute denken, sie machen es unseretwegen, aber in Wirklichkeit machen sie's für sich selbst. Die Fahnen, Girlanden, die Triumphbögen, welche die Stadt schmücken werden, und die Kapellen, die musizieren, die Umzüge und Paraden — wem kommt's zugute? Den Geschäftsleuten, der ganzen Stadt und dem Volk, das seine Schaulust befriedigt."

„Gottseidank haben wir bis dahin noch etwas Zeit", tröstete sich Sissy.

„Die Zeit vergeht schnell", wandte Franzl ein. „Die Tausendjahrfeiern der Stephanskrone rücken rasch heran. Eines Tages ist es soweit, und wir müssen nach Budapest — uns bleibt nichts erspart, liebe Sissy."

Kathi lächelte.

„Worüber schmunzeln Sie, beste Freundin?" fragte Franzl neugierig.

„Halten zu Gnaden, die Majestäten", meinte die Künstlerin, „aber manchmal habe ich fast das Gefühl, als hätten wir — zumindest in Fällen, wo es um so ein Fest geht, einen verwandten Beruf."

„Wieso?" fragte Franzl stirnrunzelnd.

„Nun, Sie stehen ja auf Ihren Podesten und Ehrentribünen wie auf einer Bühne und müssen sich zur Schau stellen. Sie müssen die Einzüge und Zeremonien einstudieren wie ich meine Rolle. Und Seine Majestät muß Reden halten."

Franzl lachte: „Ja, aber Sie auf der Bühne haben eine weniger gefährliche Rolle. Unsereins muß darauf gefaßt sein, daß irgendein Fanatiker irgendwo eine Pistole abdrückt und uns zur Zielscheibe nimmt — das kommt zu der ganzen Nervenanspannung noch dazu, meine Liebe. Ihnen kann höchstens das Publikum Äpfel und Tomaten auf die Bühne werfen; allerdings nicht im Burgtheater. Sie sind also auch dieser Gefahr bereits entronnen..."

Nun seufzte auch Kathi: „Fürchten Majestät denn ein Attentat in Budapest?"

„Ungarn ist nicht ungefährlich", brummte Franzl. „Mir hat schon einmal ein Ungar das Messer an den Hals gesetzt — die Narbe davon habe ich heute noch. Noch gefährlicher aber sind die italienischen Provinzen. Und neuerdings gärt es auch wieder in Böhmen."

„Und dabei", meinte Sissy, „wäre doch dieses große Vielvölkerreich, wo alle Nationen in friedlichem Wettstreit

48

miteinander nach Wohlstand streben und die Künste und Wissenschaften blühen sollten, dieses große Reich, mit der Donau als Lebensader und den Adriahäfen als Tor zur übrigen Welt, eine so herrliche Idee!"

„Es ist mehr als eine Idee. Es ist eine Tatsache — noch", stellte Franzl mit einem grimmigen Zug um seine Mundwinkel fest. „Diese einfältigen Nationalisten wollen aber alles in lauter kleine Länderchen zerschlagen und zerreißen, die einander doch bloß den Lebensraum und den Erfolg streitig machen würden. Und die treibende Kraft sind nicht etwa die Patrioten — nein, das sind Lokalpolitiker, von denen ein jeder als kleiner Kaiser oder König auf seinem eigenen Thron sitzen will."

„Nun, die Zeit wird kommen, wo sie es bitter bereuen werden", meinte Kathi überzeugt.

„Die Politiker kaum, aber die von ihnen irregeführten Völker", erklärte Franzl. „Doch so lange ich lebe, werden sie nicht zum Zug kommen. Ich werde alles tun, um es zu verhindern! Unter anderem auch die Ideen von unserem Franz Ferdinand."

„Was hört man eigentlich von ihm?" fragte Sissy und bemerkte sofort, daß die Frage nicht sehr geschickt war.

„Das mußt du doch besser wissen als ich", entgegnete Franzl mit einem belustigten Schimmer in seinen stahlblauen Augen. „Du hast ihn doch zuletzt gesehen, nicht ich! Wie geht's ihm denn auf der Mendel mit seiner Gesundheit?"

„Oh, der arme Erzherzog", bedauerte ihn Kathi und gab dadurch Sissy Gelegenheit zu kurzem Überlegen, wie sie ihre Antwort formulieren sollte, um das Gespräch so informationsreich wie möglich fortzusetzen.

Glücklicherweise kam jetzt auch der Tee und knuspriges Teegebäck, und die Stimmung wurde gemütlich.

„Es geht ihm den Umständen angemessen", antwortete

Sissy und nahm einen Schluck des würzig duftenden Getränks. „Eisenmenger meint, sein körperliches Leiden würde sich eher bessern, käme nicht auch noch ein seelisches hinzu. Der Erzherzog ist unglücklich verliebt."

„Unglücklich wohl nicht, aber in eine Unwürdige", stellte Franzl fest. Und erklärte Kathi, die offenbar von der Affäre nicht hinreichend informiert war: „Die Hausgesetze lassen eine Verbindung mit der Komtesse nicht zu."

„Deshalb muß sie aber noch lange nicht ‚unwürdig' sein", wandte die Schauspielerin ein, vielleicht weil sie sich selbst durch dieses Wort unangenehm berührt fühlte.

„Beste Freundin", erläuterte Franzl, „es geht hier nicht um Charaktereigenschaften, sondern um das Familienstatut. Im übrigen halte ich die Komtesse für einen Ehrgeizling; bestenfalls ist sie eine Patriotin."

Und wieder trat jenes ominöse Leuchten in Franzls Augen, das für Sissy jedesmal eine Warnung war. Aber sie war ein Dickschädel.

„Einen Patrioten sperrt man in kein Kloster", erklärte sie mit Überzeugung.

„Wenn er den Staatsinteressen gefährlich wird, schon", knurrte Franzl. „Habe ich nicht vorhin gesagt, daß ich nichts dulden würde, was an die Wurzeln des Reiches und der Monarchie greift?"

7. Frau von Mikes in geheimer Mission

Als Frau von Mikes in der Hermesvilla eintraf, war Kathi bereits wieder in die Stadt gefahren, gleichzeitig mit dem Kaiser, der in seiner Kutsche vorausfuhr.

„Es ist nichts zu machen", empfing sie Sissy. „Er blockt alles ab; mein Mann ist in dieser Sache nicht ansprechbar.

50

Ich hoffte, diesmal etwas zu erreichen, da auch Kathi reichlich neugierig war. Doch mein Mann wurde regelrecht grantig. Ich sehe seinen Standpunkt auch ein. Bloß, wie ich da etwas erreichen soll, kann ich mir wirklich nicht vorstellen."

„Wir haben also gar keinen Anhaltspunkt, wo sich die Gesuchte aufhalten könnte, Majestät?" resümierte Mikes seufzend.

„So ist es, wir wissen gar nichts. Dafür weiß mein Mann, daß ich auf der Mendel Franz Ferdinand besucht habe. Nun, es hätte mich gewundert, wenn er es nicht erfahren hätte..."

„Da muß ich ja ganz verflixt auf der Hut sein bei meinen Nachforschungen, Majestät! Am Ende hält man mich noch für eine Spionin aus dem Zarenreich und steckt mich hinter Gitter!"

Sissy mußte hellauf lachen.

„Sie behalten doch immer Ihre gute Laune", fand Sissy voll Anerkennung. „Das ist viel wert, und deshalb bin ich auch froh, Sie stets in meiner Nähe zu haben."

„Nun werden mich Majestät allerdings für einige Wochen entbehren müssen", stellte die Mikes fest. „Und ich kann wirklich nicht sagen, wie lange es dauern wird, bis meine Nachforschungen Erfolg haben."

„Nun, das ist mir klar", nickte Sissy. „Ich habe nur gehofft, Ihnen nach dem Besuch meines Mannes doch einige Anhaltspunkte mit auf den Weg geben zu können."

„Ob der Fürst etwas weiß?" rätselte die Mikes stirnrunzelnd.

„Montenuovo? Da bin ich ganz sicher. Doch den kann ich nicht fragen. Er würde es sofort brühwarm meinem Mann erzählen — und mir außerdem höchstwahrscheinlich nur ausweichende Antworten geben, so daß ich am Ende so klug wäre wie zuvor und nur Ärger hätte. Montenuovo und der Kaiser sind viele Jahre lang ein Herz und eine Seele gewesen; erst nach Rudolfs Tod ist das anders geworden. Und doch habe ich den Eindruck, daß mein Mann mit seiner grauen Eminenz nicht brechen will. Und vielleicht auch gar nicht kann. Denn eines ist sicher — Montenuovo ist meinem Mann treu ergeben. Vielleicht ein wenig zu treu", sagte sie rätselhaft, „und vielleicht auch bloß aus eigennützigen Interessen."

Sie dachte an jenen seltsamen Morgen nach Rudolfs Tod in Mayerling, an dem der Fürst so auffallend gut gelaunt war. So, als habe er einen ganz außerordentlichen Erfolg zu verzeichnen gehabt. Und von jenem Zeitpunkt an hatte sich das Verhältnis des Kaisers zu seiner grauen Eminenz merklich getrübt.

Sissy hatte oft darüber nachgedacht und die seltsamsten Kombinationen angestellt, aber sich gehütet, ihre Gedanken zu Ende zu denken. Und manchmal empfand sie ein leises Grauen, wenn ihr der Mann gegenüberstand.

Und natürlich hatte er auch jetzt, bei der unglückseligen Affäre um den neuen Thronfolger, seine Hände im Spiel...

„Tja", weckte Frau von Mikes Sissy aus ihren Gedanken, „dann muß ich mich eben auf das verlassen, was ich in Prag erfahren kann — und auf meine eigene Spürnase!"

„Es bleibt uns wohl nichts anderes übrig", nickte Sissy. „Und ich wünsche Ihnen dabei viel Glück. Seien Sie nur ja vor Konfidenten auf der Hut. Und geben Sie mir bitte keine direkte schriftliche Nachricht. Schreiben Sie Frau von Sztaray, aber postlagernd!"

„Dann darf ich mich also verabschieden, Majestät?"

„Auf Wiedersehen! Und gute Fahrt. Ich drücke Ihnen und mir, vor allem aber dem Erzherzog beide Daumen!"

Frau von Mikes knickste und ging davon. Sissy blickte ihr wohlwollend nach. Sie hielt die rundliche Hofdame für eine wahre Perle in ihrem Hofstaat. Nun würde diese in die Hofburg fahren, um sich im Obersthofmeisteramt auf Urlaub abzumelden. Und dann — ja, dann nahm wohl das Abenteuer seinen Anfang, ein Abenteuer, von dem sich Sissy zumindest die Klärung einiger Probleme versprach.

Doch wenn ihr Franzl bei seiner starren Haltung blieb, dann half es wenig, wenn die Mikes herausbekam, in welchem Kloster in Böhmen die Komtesse Chotek versteckt gehalten wurde. Immerhin konnten die Chotek und Franz Ferdinand dann vielleicht auf irgendeine Weise wieder in brieflichen Kontakt treten. Wenn sie es schlau anfingen, mußte das doch gelingen...

Sissy konnte freilich nicht selbst den Postillon d'amour spielen. Aber sie war davon überzeugt, daß es dem Erzherzog schon bald bedeutend besser gehen würde, bekäme er wieder von seiner Soph' die so heiß ersehnte Post.

„Hoffentlich braucht die Mikes nicht allzu lange", dachte Sissy, „dann können wir Franz Ferdinand bald benachrichtigen!"

Doch hier erhob sich ja ein neues Problem. Wenn der Erzherzog mit seinem Argwohn recht hatte, daß man seine Post kontrollierte, dann würde man — und darin glaubte sie Montenuovo zu kennen — Sophie sofort woandershin hinbringen...

Auf der Reise nach Prag hatte Frau von Mikes eine Menge Zeit, über ihre Aufgabe nachzudenken. Die Fahrt nordwärts, hinauf ins Land der Moldau und der jungen Elbe, war ihr vertraut. Sie blickte gelangweilt durch die Fenster ihres Abteils auf die vorüberziehende Landschaft der böhmischen Hochebene mit ihren Wäldern, ihren kleinen Dörfern mit den vielen, blühenden Pflaumenbäumen, aus deren Früchten das berühmte Pflaumenmus — hier Powidl genannt — im Herbst zubereitet wurde.

Die zunehmende Industrialisierung zeigte sich an manchem hochaufragenden Schornstein. Beim Anblick von Brünn war ihr Blick auf den Spielberg gefallen, auf dem sich das gefürchtete Staatsgefängnis der Monarchie befand, und sie hatte sich halb im Scherz, halb im Ernst gefragt, ob sie wohl, wenn sie Pech hätte, dort landen würde oder ob sie über Fürsprache der Kaiserin gnädige Richter fände.

Denn Frau von Mikes war sich bewußt, daß sie daranging, ein vor der Öffentlichkeit sorgsam gehütetes Geheimnis zu lüften. Auch wenn die Komtesse Chotek über den Wunsch ihres Vaters und angeblich freiwillig in einem Kloster vor den Klatschmäulern Zuflucht gesucht hatte, so war sich die Mikes über das Ausmaß der Mitwirkung und Einflußnahme höchster Stellen bei diesem Schritt im klaren.

Was Frau von Mikes freilich nicht ahnen konnte, war die Abreise eines Mannes vor wenigen Tagen aus Wien in die gleiche Richtung. Ein Mann, der allerdings sein Ziel genau kannte, weil er wußte, wo sich die Komtesse Chotek befand. Dieser Mann war der Wiener Weihbischof von St. Stephan und ehemalige Lehrer des Erzherzogs Franz Ferdinand aus dessen Knabenjahren, Seine Eminenz Marschall.

Auf der Prager Kleinseite, jenseits der Moldau, einem romantischen, alten Stadtviertel, befand sich das Damenstift „Zur heiligen Berta", in dem sich ältere Damen aus gutem Hause zurückzogen, um hier ihre alten Tage zuzubringen und ihrer Verwandtschaft nicht lästig zu fallen. Das Stift hatte daher den Charakter eines Altersheims, obwohl es ursprünglich nicht als solches gedacht war; das war nun schon seit vielen Jahren so, und niemand dachte mehr daran, dies zu ändern.

Während sich Frau von Mikes Kilometer um Kilometer der Stadt Prag näherte, war sie im Geiste bereits bei ihrer ehemaligen Pensionatsfreundin Winigard von Itzenberg.

Die gute Winnie, dachte sie, wie wird sie sich über das Wiedersehen freuen! — Und sie mußte sich eingestehen, daß sie es selbst kaum erwarten konnte, sie wiederzusehen; seit Jahren hatten sie sich ja nur geschrieben.

In einem Schweizer Pensionat für „Höhere Töchter" hatten sie einander kennengelernt und Freundschaft geschlossen. Vielleicht entstand diese Freundschaft, die nun schon so viele Jahre währte, weniger deshalb, weil das Fräulein von Itzenberg und die Mikes von einst ein Herz und eine Seele gewesen waren. Der Grund war vielmehr der Spott ihrer Kameradinnen: war die Mikes schon damals reichlich mit rundlichen Formen gesegnet, so war die Itzenberg so dünn, daß ihr nicht einmal ein Mieder paßte. So schloß sich dann das seltsam-gegensätzliche Paar zusammen.

Jovanka und Winnie gingen freilich getrennte Wege, als sie das Pensionat verließen und heim zu ihren Eltern fuhren. Sie sahen einander in den folgenden Jahren, in denen die dünne Winnie und ihre Eltern vergeblich einen Bewerber suchten, nur selten, während die rundliche Jovanka ohne besondere Schwierigkeiten „unter die Haube" kam.

Jovanka stammte aus der Brünner Gegend und heiratete nach Wien. Winnie aber, eine gebürtige Pragerin, blieb in Prag; nach dem Tod ihrer Eltern kaufte sie sich in das Stift ein, hielt auf diese Weise ihr Vermögen beisammen und schuf sich ein geruhsames, sorgenfreies Dasein ohne Anfechtungen, wie sie es nannte. Nun, auch außerhalb des Stiftes hatte Winnie für Anfechtungen wenig Gelegenheit gehabt; in dieser Beziehung war Jovanka entschieden erfahrener, und manche Briefe von ihr verschlang die gute Winnie mit einer Mischung aus Neid und Empörung, doch alles in allem genußvoll.

Woran Winnie in dem Stift vor allem aber litt, das war Langeweile. Zwar gönnte sie sich gelegentlich im Veitsdom auf dem Hradschin ein geistliches Konzert und im Deutschen Theater eine Oper oder ein Schauspiel. Aber da sie ohne Begleitung war, fürchtete sie am Abend die dunklen, engen Gassen Prags und nahm sich meistens lieber mit einem Buch vorlieb, so daß sie wenigstens in ihrer Phantasie aus den sattsam bekannten Mauern herauskam.

„Die Langeweile wird ihr jetzt vergehen", überlegte die Gräfin. „Unsere liebe Komtesse Winnie wird Beschäftigung genug erhalten..."

In der Tat hatte Winigard von Itzenberg mit höchster Spannung jene Briefe gelesen, in welchen ihr ihre Freundin Jovanka vom Verschwinden der Komtesse Chotek berichtet hatte. Winigard kannte Sophie sogar flüchtig; sie waren bei einigen Gelegenheiten — etwa einem Wohltätigkeitsbasar — einander begegnet und hatten ein paar Worte gewechselt. Winigard erfuhr aus den vorsichtigen Briefen der Mikes nichts über die Beziehung der Komtesse Chotek zu Erzherzog Franz Ferdinand; doch sie witterte mit dem Spürsinn alter Jungfern sofort eine geheimnisvolle Liebesgeschichte.

Die Mikes ging in ihrer Vorsicht sogar soweit, nach Prag über Preßburg zu schreiben. Sie schickte den frankierten und adressierten Brief für die Itzenberg an Helene, welche ihn dann in Preßburg in den Briefkasten steckte. Damit hoffte die Mikes, die Herren Konfidenten zu täuschen. Und davon hing schließlich der ganze Erfolg dieses Unternehmens ab, auf den Sissy im Interesse ihres Neffen so sehr hoffte.

Der Wiener Weihbischof ahnte nichts von all diesen Heimlichkeiten. Er befand sich bereits in Prag und besuchte seinen Amtsbruder auf dem Hradschin. Ahnungslos hörte ihm Komtesse Winnie bei einer Gastpredigt über die Sündhaftigkeit der Welt und den Hochmut zu, der vor dem Fall käme.

Sie ahnte nicht, daß er damit — vielleicht unbewußt — auf den „Fall Chotek" anspielte, der ihn innerlich mehr beschäftigte als ihm lieb war. Denn er kannte und schätzte Franz Ferdinand, seinen einstigen Schüler. Und war nun unterwegs nach Beneschau, um dessen Verlobte kennenzulernen.

Außerdem fürchtete er mit einer vorgefaßten Meinung zu kommen; mit einem Vorurteil über Sophie nämlich, das der Kaiser hatte und das dieser ihm in ungeschminkter Weise ausgedrückt hatte. Sophie sei ein Ehrgeizling, bestenfalls eine Patriotin. Über den Ehrgeiz konnte man mit dem Kirchenfürsten allenfalls noch reden, nicht aber über den Patriotismus. Denn er war selbst Patriot in gut österreichischem Sinn; und der Kaiser war — und das leugnete er auch gar nicht — schließlich auch König der Böhmen.

Freilich war es etwas anderes, wenn die Komtesse Chotek die Ehe mit dem Thronfolger bloß aus dem Grund eingehen wollte, um dadurch Mittel und Wege zu finden, ihrer Nation innerhalb der Monarchie eine bessere Position zu verschaffen, deren sie — das mußte Marschall zugeben — seit dem Ausgleich mit Ungarn sehr wohl bedurfte. Aber schloß eine solche Absicht eine ehrliche Liebe etwa aus?

Was ich auch tue, sagte sich Marschall während dieser ganzen unerwünschten Reise — ich werde mir's verderben — mit dem gegenwärtigen oder dem zukünftigen Kaiser, am Ende gar mit allen beiden!

In diese Gefahr lief Frau von Mikes nicht. Und als Optimistin hoffte sie auf einen — wenn vielleicht auch mühsam errungenen — Erfolg.

Endlich war sie am Ziel. Am Prager Hauptbahnhof nahm sie eine Kutsche und ließ sich und ihr Gepäck zum Hotel Regina befördern, wo sie ein Zimmer bestellt hatte. Es war drei Uhr nachmittags. Nach einem kleinen Imbiß fuhr sie hinüber ans andere Moldauufer, auf der Kleinseite, zum Damenstift.

Winnie saß in der Empfangshalle und zitterte vor Aufregung. Sie sprang mit einem entzückten Ausruf von der harten Bank unter dem alten Kruzifix auf, wo sie die Ankunft Jovankas erwartet hatte, und lief ihr in die Arme.

„Jovanka!" rief sie dabei enthusiastisch. „Wir haben uns ja schon eine Ewigkeit nicht mehr gesehen!"

„Etwa vier Jahre", berichtigte die Mikes gerührt. „Laß dich anschauen, meine Gute! Der Aufenthalt im Stift scheint dir zu bekommen. Ich finde, du bist noch dünner geworden."

„Dafür du um etliches rundlicher, meine Teure", entgegnete Winnie spitz. „Im Ernst — ich frage mich, wie du es bloß geschafft hast, die Treppe heraufzukommen."

„Dicker? Wohl kaum!" knurrte die Mikes beleidigt. „Dafür sorgt schon Ihre Majestät, die Kaiserin, die mich auf Trab hält. Du solltest einmal einen ihrer Fußmärsche mitmachen. Oder gar einen Ausritt auf einem Esel, wie im Vorjahr in Griechenland."

„Der arme Esel", rief Winnie bedauernd. „Ist er nicht unter deiner Last zusammengebrochen?"

„Hüte deine Zunge, Winnie", drohte die Mikes. „Fang ja nicht wieder über meine Figur zu sticheln an. Ich bin imstande und fahre schnurstracks zurück nach Wien. Auf die Gefahr hin, zeitlebens in Ungnade zu fallen — bei dir, selbstverständlich", setzte sie vielsagend hinzu.

8. Sissy wird ungeduldig

Der Aufenthalt in der „Villa Hermes", obwohl erst vor kurzem wieder in Wien angekommen, wurde Sissy schon wieder zu lang. Zwar hielt sie sich gern im Tirolergarten in Schönbrunn auf, wo ihr Frau von Festetics mit einigem Stolz den Kuhstall vorführte, der nun für das Schloß zur Quelle der Frischmilch geworden war.

Doch die Tage vergingen, ohne daß die ersehnte Post aus Prag kam. Dafür erfuhr sie eines Tages von Herrn von Berewiczy, daß sich Franz Ferdinand so weit erholt hatte, daß er die Mendel verlassen konnte. Er war schnurstracks nach seinem Schloß Konopischt in Böhmen abgereist, mußte aber in den nächsten Tagen zum Rapport zum Kaiser und hernach wohl wieder seinen Militärdienst antreten.

Franzl, der übrigens seit der Rückkehr des Weihbischofs Marschall sehr schlecht gelaunt war, ließ ihm also bewußt keine Zeit für irgendwelche Nachforschungen. Und der Name des Erzherzogs wirkte auf ihn wie ein rotes Tuch. Was mag da wohl geschehen sein, überlegte sich Sissy, und sie fing an, sich wieder von Wien fortzuwünschen.

Ihr Sekretariat war jedoch überlaufen mit Eingaben und Wünschen aus den verschiedensten Bevölkerungskreisen. Da sollte ein Wohltätigkeitsbasar abgehalten werden, und man bat um ihre Patronanz; dort wurde ein neues Spital eröffnet, hier wieder drohte die Generalversammlung irgendeines Komitees, welches bloß auf die Anwesenheit der Kaiserin gewartet hatte, damit sie den Vorsitz führe. Und dort galt es eine Ausstellung zu eröffnen und einem Blindenheim einen Besuch abzustatten.

Wo sie konnte, versuchte Sissy, sich von solchen Verpflichtungen zu drücken und sie durch andere Mitglieder des Kaiserlichen Hauses erfüllen zu lassen, in Vertretung gewissermaßen — doch das ging natürlich nicht immer.

Und da sie in der Regel ziemlich lang von Wien fortblieb, waren die Tage ihres Aufenthalts ein einziger randvoller Terminkalender; da half oft nur die Flucht in die Migräne.

Franz durchschaute das Spiel nicht immer. Die Sorge um den ständig wechselnden Gesundheitszustand seiner Frau war eine zusätzliche Last zu seinen täglichen Problemen. Er konnte sich nicht drücken, der Kaiser durfte keine Migräne haben, nicht einmal einen Schnupfen.

Aus Paris kam die Nachricht, daß es den Brüdern Lumière geglückt sei, bewegliche Bilder auf eine Leinwand zu projizieren. Dabei stünden sie aber im Wettlauf mit dem Herrn Edison aus den USA, der bereits am Broadway seine Betrachtungsapparate für „lebende" Fotografien aufgestellt habe, die man gegen den Einwurf von Geldmünzen sehen könne.

„Das haben wir doch schon gehabt", sagte Sissy zu Frau von Sztaray und erinnerte sich an die Vorführungen des Freiherrn von Uchatius in der Hofburg. „Das ist doch die Sache mit dem Lebensrad dieses Simon Stampfer, das durch eine Laterna magica projiziert wird."

„O nein, Majestät, das ist etwas ganz Neues", versicherte die Sztaray aufgeregt. „In dem Lebensrad sieht man doch nur immer ein und dasselbe Bild."

„Und in dem Guckkasten des Mister Edison soll das anders sein? Das kann ich mir nicht vorstellen. Na, jedenfalls ist es wieder ein amerikanisches Geschäft."

„Hm", brummte Franzl, der diese Nachricht mit technischem Interesse gleichfalls las, „der Albrecht hat damals g'meint, der Uchatius sollt' sich als Offizier lieber mit militärischen Erfindungen befassen als mit so einem Spielzeug. Nun ist an der Sach' offenbar doch etwas dran."

„Es wird ja jeden Tag etwas Neues erfunden", meinte Sissy. „Eines Tages fliegen die Leut' wirklich noch auf den Mond."

„Na, vorläufig fliegen sie noch nicht einmal auf der Erd'", meinte der Kaiser. „Ein jeder bricht sich die Knochen

60

dabei… Aber probieren tun sie's unablässig, und sie schaffen's auch noch, darauf möcht' ich Gift nehmen! Jaja, die Technik — die Technik! Hoffentlich müssen s' kein bitteres Lehrgeld zahlen."

Damit gab er die allgemeine Aufbruchstimmung wieder. Seit der Erfindung des elektrischen Lichts bescherte die „Göttin Technik" tagtäglich neue Wunder. Beispielsweise auf dem Gebiet der Industrialisierung, wo neue Maschinen menschliche Arbeitskraft überflüssig zu machen drohten.

An diesem Nachmittag ging die Gräfin Sztaray zu einem Schalter des Hauptpostamtes am Fleischmarkt und fragte nach einem postlagernden Brief; doch es war keiner für sie angekommen. Wenige Minuten später erschien ein Herr mit Melone und dunklem Gehrock am gleichen Schalter und wies sich aus.

Es war der Konfident Schepfranek, welcher die Hofdame seit einiger Zeit überwachte. Der Beamte wurde bleich, als er den „Geheimen" sah, und hätte am liebsten das Schaltertürchen zugemacht; doch das ging leider nicht an.

„Was hat denn die Dame woll'n?" erkundigte sich Schepfranek nicht gerade geistreich.

„Was soll sie schon hier gewollt haben? Einen Brief natürlich!" knurrte der Postbeamte abweisend.

„Einen Brief unter einem Losungswort vielleicht?" forschte Schepfranek beharrlich weiter.

„Sie haben es erraten", antwortete der Beamte respektlos.

„Sie, Herr, werden S' nicht frech, ich bin hier im Dienst", knurrte Schepfranek.

„Ich auch, wenn Sie nix dagegen haben", murrte der Postbeamte zurück. „So eine Frag'! Was soll man an einem Schalter schon wollen, über dem die Tafel hängt: ‚Postlagernde Briefe'!"

„Kommt die Dame öfter?"

„Jede Woche zweimal."

„Und wann?" verhörte Schepfranek mit dem Ton eines Untersuchungsrichters.

„Wann sie will — fragen S' die Dame doch selber. Oder trau'n S' Ihnen net?" erboste sich der Beamte. „Herr, hinter Ihnen steht noch eine ganze Menge Leut'... Sie halten ja den Verkehr auf!"

Die Sztaray hatte etwas vergessen; sie wollte noch Briefmarken kaufen und kam deshalb überraschend in die Halle zurück. Sie sah den „Geheimen" am Schalter, und er sah sie. Sie wußte sofort, wieviel es geschlagen hatte, verließ fluchtartig die Schalterhalle, bestieg draußen eine wartende Droschke und befahl dem Kutscher schnell abzufahren. Sie blickte nicht einmal durch das Rückfenster zurück; mochte der Konfident ihr folgen oder nicht — sie mußte der Kaiserin melden, daß sie beschattet wurde.

Auch der Schalterbeamte hatte die Gräfin erblickt.

„Da ist ja die Dame", rief er laut, wohl wissend, daß er damit die Aufgabe des Konfidenten zunichte machte.

„Halten S' den Mund!" rief Herr Schepfranek ergrimmt und schlug mit der Faust auf das Schalterbrett, so daß sich das Schalterfenster löste und ihm mit einem lauten Krach den Daumen einzwickte.

„Auweh, Sie Depp!" brüllte Schepfranek schmerzvoll und riß seinen malträtierten Daumen aus der Umklammerung.

„Sie, Herr, das ist eine k.u.k. Beamtenbeleidigung!" trumpfte der Postbeamte auf.

„Wissen S' was? Sie sind ein k.u.k. Rindvieh!" donnerte Herr Schepfranek zum Gaudium der Leute in der Halle und ergriff die Flucht.

„Die Herrn Geheimen, die kann ich schon was leiden, die auf die Post schnüffeln kommen", sagte der Beamte befriedigt, öffnete gelassen wieder seinen Schalter und rief: „Der Nächste, bitte!"

Natürlich war die Kutsche mit Frau von Sztaray schon längst im Verkehrsgewühl des Fleischmarkts verschwunden, als der „Geheime", wütend an seinem blau anlaufenden Daumen lutschend, das Gebäude der Hauptpost verließ und sich nach der Gräfin umblickte.

„Da kann ich mich ja wieder auf einen Rüffel gefaßt machen", bemitleidete er sich.

Seufzend machte er sich zu Fuß auf den Weg ins Konfidentenbüro in der Hofburg. Er war nur einer von vielen; „der Fürst" ließ selbst die Mitglieder des Kaiserlichen Hauses bespitzeln.

Er tat es mit Zustimmung des Polizeichefs, offiziell um die Sicherheit dieser Personen zu garantieren. Doch es spielten ganz andere Gründe mit als die Sicherheit. Über manch eine Beobachtung wurde der Kaiser informiert, manche verlangte er selbst, doch meistens wußte er, was sich im Konfidentenbüro abspielte. Er verließ sich auf Montenuovo und fürchtete gleichzeitig dessen Übereifer.

Außer Atem kam die Gräfin ins Appartement der Kaiserin in der Hofburg. Sie ließ sich sofort bei Sissy anmelden, die gerade ein Komitee zur Errichtung eines Denkmals empfangen hatte.

„Was gibt es, Sztaray?" fragte Sissy gespannt.

„Ich wurde bespitzelt, Majestät", beschwerte sich die Hofdame aufgeregt. „Ein Schnüffler kam nach mir an den Postschalter, wo ich nach einem postlagernden Brief von Frau von Mikes fragte."

„Und — bekamen Sie einen Brief?"

„Nein", antwortete die Gräfin, verwirrt über diese Frage, denn sie hatte eine andere Reaktion erwartet.

„Daß wir alle unter Beobachtung stehen, ist nichts Neues,

und es sollte Sie nicht weiter aufregen", meinte Sissy beschwichtigend. „Es hat auch keinen Sinn, sich bei Baron Gorup, dem Polizeiminister, zu beschweren. Ich werde mit meinem Mann darüber reden, aber ich fürchte, daß auch dies zwecklos sein dürfte. — Jedenfalls ist es wieder nichts mit dem Brief. Entweder, die Mikes hat bis jetzt in Böhmen keinen Erfolg gehabt, oder die Post ging auf dem Weg nach Wien verloren. Vielleicht wurde sie schon in Prag konfisziert."

„Das ist doch wohl nicht möglich, Majestät", rief die Sztaray empört.

„Alles ist möglich, Gräfin", lächelte Sissy. „Was meinen Sie, weshalb ich es hier wohl nicht mehr länger aushalte? Ich zähle schon die Tage, bis ich wieder abdampfen kann. Nach Korfu, wo die Luft etwas reiner und freier ist…"

Die Sztaray zog befremdet die Brauen hoch.

„Majestät denken doch nicht etwa schon wieder —"

„Ans Reisen?" ergänzte Sissy. „Gewiß! Was sollen wir hier, wo man jeden unserer Schritte bewacht, uns Knüppel in den Weg legt, wo es nur möglich ist? Ich möchte tun und lassen können, was ich will. Jeder denkt, die Kaiserin könne das. Aber das ist ja nicht so; niemand ist hier frei, nicht das Volk und nicht der Kaiser. Ich sehe mich schon wieder unseren Hofzug besteigen; mich hält hier nichts mehr fest als die Nachricht, die ich von Frau von Mikes erwarte. Sie tun gut daran, Sztaray, sich auf eine mögliche baldige Abreise vorzubereiten. — Für heute danke ich Ihnen."

Die Sztaray war entlassen; sie knickste und ging, innerlich kopfschüttelnd, denn sie war nun in Wien eben erst wieder so richtig warm geworden und sollte schon wieder ans Reisen denken. Er war wirklich nicht leicht, der Dienst bei der Kaiserin!

Sissy sah ihren Franzl beim Frühstück.

„Die Gräfin Sztaray hat sich bei mir beschwert", berichtete sie ihm ohne Umschweife. „Sie fühlt sich bespitzelt. Könnten es deine Konfidenten nicht etwas diskreter anfangen?"

Franzl hörte sich den Bericht aufmerksam an. Dann sagte er: „Diesmal ist Baron Gorup gänzlich unschuldig, mein Schatz. Und auch ‚der Fürst' hat kaum seine Hand im Spiel. Ich denke eher, diesmal kam der Auftrag für die Beschattung von einer anderen Stelle."

„Von einer anderen Stelle? Von welcher?"

„Die Sztaray hat viel Umgang mit hochrangigen Offizieren..."

„Natürlich; sie arbeitet bei uns in der Hofburg, und diese Männer verkehren ja hier."

„Gewiß; aber diese Männer haben Kenntnis von gewissen Plänen..."

Sissy schaute überrascht vom Teller auf.

„Man glaubt doch nicht etwa —!" rief sie. „Nein, solch ein Unsinn. Meine Sztaray!"

Franzl lachte und legte Sissy begütigend die Hand auf den Arm.

„Beruhige dich, mein Schatz. Natürlich hast du recht. Ich halte es gleichfalls für glatten Unsinn. Aber das Oberkommando mißtraut hier einfach jedem! Es scheint eine undichte Stelle zu geben, eine Lücke, durch die Informationen ins Ausland sickern. Genauer gesagt, nach Rußland."

„Aber, Franzl! Doch nicht die Sztaray!" wiederholte Sissy, beinahe noch empört. „Da müßt ihr schon anderswo suchen. Für Irma lege ich meine Hand ins Feuer."

„Das ehrt die Gräfin und dich, mein Engel. Aber irgendwo in der Hofburg sitzt offenbar ein Spion. Und wir müssen herausfinden, wer dieser Dreckskerl ist und ihn enttarnen."

Sissy lachte gequält.

„Das auch noch", seufzte sie. „Meine Sztaray als Spionin für Rußland verdächtigt! Ich weiß nicht, ob ich lachen oder weinen soll."

„Sie wird ja nicht verdächtigt", wehrte Franzl ab. „Wir wollen nur auf Nummer Sicher gehen."

„Du weißt also davon?"

Franzl nickte wortlos.

„Entschuldige", sagte Sissy und erhob sich. „Mir ist der Appetit vergangen."

Sie fragte sich später, ob das alles nicht nur ein Vorwand war, um sie vom wahren Grund der Beschattung ihrer Hofdame abzulenken. Fürs erste aber fühlte sie sich in ihrer eigenen Ehre gekränkt. Sie war es gewohnt, für die ihr unterstellten Leute notfalls auch einzutreten — und zu Frau von Sztaray glaubte sie, jedes Vertrauen haben zu dürfen.

„Ein Grund mehr, bald abzureisen", sagte sie sich. „Wo nur die Nachricht von Frau von Mikes bleibt? Was mag nur in Böhmen vorgefallen sein, daß sie sich nicht meldet?!"

9. Seine Eminenz blitzt ab

Der Weihbischof hatte eine junge Adelige erwartet, die ihm mit Starrsinn oder auch Unterwürfigkeit begegnen würde. Auf beides war er vorbereitet. Doch Sophie, Komtesse von Chotkowa und Wojnin, tat weder das eine noch das andere. Sie erwies sich als eine Dame von diplomatischem Geschick.

Der ehemalige Lehrer des Erzherzogs Franz Ferdinand war ferner darauf gefaßt, ein Mädchen anzutreffen, das durch seine äußere Erscheinung imstande gewesen war, den Thronfolger zu bezirzen. Auch dies traf nicht zu. Die Komtesse von Chotkowa und Wojnin, tat weder das eine noch das andere. Sie erwies sich als eine Dame von diplomatischem Geschick.

Der ehemalige Lehrer des Erzherzogs Franz Ferdinand war ferner darauf gefaßt, ein Mädchen anzutreffen, das durch seine äußere Erscheinung imstande gewesen war, den Thronfolger zu bezirzen. Auch dies traf nicht zu. Die Komtesse hatte unleugbar Charme. Ihr Gesicht verriet Klugheit und frauliche Herzenswärme; doch eine Schönheit war sie nicht.

Was ihn ferner überraschte, war der Umstand, daß er sie nicht in einem der Gästeräume des Klosters antraf, sondern vielmehr in dem dem Kloster zugehörigen Spital bei der Arbeit fand. Sie trug die Arbeitskleidung der Barmherzigen Schwestern und verrichtete Spitalsdienst wie sie, ohne jedoch Nonne zu sein.

Als er nach ihr fragte und sie in ein Kanzleizimmer bestellen ließ, wo er unter vier Augen mit ihr sprechen wollte, trat sie ihm mit ruhiger Gefaßtheit entgegen und blickte ihm offen ins Gesicht, was ihn gleich zu Anfang aus dem Konzept brachte.

„Guten Tag, meine Tochter", begrüßte sie der Bischof, „Gottes Gnade sei mit dir und möge dich erleuchten."

Die Komtesse knickste und küßte flüchtig seinen Ring, dann sah sie ihn wieder groß an, als erwarte sie von ihm weitere Aufschlüsse über den Zweck seines Besuches.

„Ich komme aus Wien, Ihretwegen", begann er vorsichtig.

„Eminenz, meine Wenigkeit sollte das Ziel einer so anstrengenden Reise sein?" fragte sie. „Wie darf ich das verstehen?"

„Ich habe von Ihrem Wunsch erfahren, mit dem Erzherzog Franz Ferdinand die Ehe einzugehen."

Sophie lächelte fein: „Eminenz, meine Wünsche zählen allzuwenig. Vielmehr ist es der Wunsch Seiner Kaiserlichen Hoheit, der mich durch seinen Antrag geehrt und ausgezeichnet hat."

„Aber Sie haben dem zugestimmt, obwohl Sie wissen, daß Ihre Abkunft keine dem Kaiserhause ebenbürtige ist", sagte er streng.

Sophie begegnete ihm mit einem entwaffnenden Lächeln: „Mein Herz hat zugestimmt, Eminenz, es hat dem Drängen des Erzherzogs keinen Widerstand entgegenzusetzen vermocht. Ich habe nie verhehlt, daß ich seiner nicht würdig bin. Er hat mich trotzdem erwählt. Und so bin ich ihm denn gehorsam."

„Meine Tochter", nahm der Bischof einen neuen Anlauf und räusperte sich. „Gerade, wenn Sie den Erzherzog lieben, woran ich ja nicht zweifle, müssen Sie von diesem Verlöbnis zurücktreten. Sehen Sie denn nicht ein, daß Sie dadurch ihn, sich selbst, ja darüber hinaus das Kaiserhaus und die ganze Monarchie in Schwierigkeiten bringen?"

„Wie könnte ich, ein schwaches Mädchen nur, die Monarchie in Schwierigkeiten bringen? Und was bin ich gegen Seine Majestät, den Kaiser?" parierte sie geschickt. „Ich müßte hochmütig sein, wenn ich je dergleichen dächte. Gott möge mich vor der Sünde solchen Hochmuts bewahren, Eminenz!"

„Amen", knurrte der Bischof immer ratloser, weil die Komtesse so geschickt seine Angriffe zu parieren verstand. „Ist es nicht Hochmut, der den Wunsch in dir weckt, meine Tochter, einst Frau eines Gekrönten zu werden?"

„Aber noch ist er ja nicht gekrönt, und wer weiß, ob er es jemals wird, Eminenz! Mein Verlobter ist vorerst nichts als ein kranker Mann, den ich liebe und dem ich helfen möchte, weil er mich wiederliebt."

„Seine Kaiserliche Hoheit bedarf Ihrer Hilfe nicht. Er hat ausgezeichnete Ärzte."

„Was vermögen Medikamente, Eminenz, ohne das Gefühl, jemanden zu haben, für den zu gesunden und zu leben sich lohnt? Nein, da sind Eminenz nicht richtig unterrichtet. Seine Kaiserliche Hoheit hat mir zu oft versichert, wie wichtig ihm diese Empfindung ist und wie sehr er mich braucht. Gerade weil ich dem Kaiserhaus und der Monarchie in Demut nützen will, bin ich dieses Verlöbnis eingegangen, von dem nur Seine Kaiserliche Hoheit selbst mich entbinden kann, wollte ich nicht wortbrüchig werden."

„Aber meine Tochter, sehen Sie denn nicht, wie unüberwindlich die Schwierigkeiten sind?"

„Heißt es nicht: ‚Bei Gott ist nichts unmöglich', Eminenz? Hat Gott unsere Herzen zusammengeführt, wird er auch einen Weg für uns wissen. Ich habe mich ihm voll und ganz anvertraut, und Gottes Wille möge geschehen. — Nun, Eminenz haben diese weite Reise im Auftrag Seiner Majestät unternommen. Lassen Sie Seine Majestät wissen, daß ich keine ungehorsame Untertanin bin. Ebensowenig wie eine ungehorsame Tochter der Kirche. Mein Hirt ist Gott, der Herr. Ihm stelle ich alles anheim, Eminenz. Das ist doch wohl keine Sünde, oder? Wie Gott es will, so will ich mich fügen. Entscheidungen habe ich in dieser Sache nicht zu treffen. Das ist Sache Seiner Kaiserlichen Hoheit, meines Verlobten. Wünscht er die Verlobung zu lösen, werde ich mich fügen. Wünscht er es nicht, will ich alle weiteren Schritte ihm überlassen. Haben Sie von mir eine andere Haltung erwartet, Eminenz? Ich hoffe, doch wohl nicht..."

Marschall reiste seufzend und unverrichteter Dinge wieder ab. Die Komtesse hatte ihn um Längen geschlagen. Er hatte das Gefühl, gegen eine Gummiwand anzurennen. Und was konnte ein Mann der Kirche schon dagegen einwenden und ins Treffen führen, wenn eines seiner Schäflein erklärte, sich ganz dem Ratschluß Gottes anzuvertrauen? Das war doch eine Sache, die Marschall selbst mehr als einmal gepredigt hatte. Sie schlug ihn mit seinen eigenen Waffen!

Marschall hatte aber auch noch einen anderen Eindruck gewonnen. Nämlich, daß Franz Ferdinand — wäre er ein „normaler" Bürger gewesen, ein Mensch wie jeder andere auch und nicht gerade eine ‚Kaiserliche Hoheit' — keine bessere Wahl hätte treffen können. Recht geschickt hatte Sophie seine Krankheit ins Treffen geführt, und bei der Oberin des Klosters, bei der er Erkundigungen eingezogen hatte, mußte er erfahren, daß Sophie eine ebenso geschickte wie geduldige Pflegerin war.

Vielleicht spielten auch wirklich patriotische Gründe mit, die sie als Angehörige eines alten böhmischen Geschlechts haben mochte. Doch war dies verwerflich? — Und sie hatte ja auch die Liebe erwähnt. Von Seelen gesprochen, die einander begegnet waren und sich zueinander hingezogen fühlten.

Wenn dem wirklich so war, dann war der Erzherzog nur zu beglückwünschen. Denn der Bischof erinnerte sich kaum einer Person in der Umgebung Franz Ferdinands, die sich wirklich zu ihm hingezogen gefühlt hätte; bei seinem schroffen, herrischen, widerspenstigen Wesen war dies kein Wunder.

Vielleicht hatte Sophie wirklich einen heilsamen Einfluß auf ihn. Und vielleicht kam dieser seelische Einfluß auch seinem körperlichen Gesundheitszustand zugute. Marschall sagte sich, daß er dem Kaiser zwar keinen Erfolg zu berichten habe, aber ihm auch nichts Nachteiliges über die Komtesse werde erzählen können.

Möglicherweise wurde die vertrackte Angelegenheit dadurch nur noch schlimmer... Denn der Kaiser war sicher voreingenommen, doch hätten seine Vermutungen zugetroffen, hätte Franz Ferdinand wirklich eine „Unwürdige" zur Frau haben wollen, dann wäre das natürlich Wasser auf des Kaisers Mühle gewesen. So aber stand dieser Heirat nichts entgegen als die Bestimmungen des Conubiums...

Marschall fragte sich, ob es der Kaiser bei dieser Auskunft, die er ihm geben würde, bewenden lassen würde, und mußte dies verneinen. Natürlich würde er nicht. Der Kaiser sah es als seine Pflicht an, diese Heirat zu verhindern. Was aber konnte er nun noch tun, welche Hindernisse konnte er dem Erzherzog noch in den Weg legen? Je mehr sich der Weihbischof wiederum Wien näherte, umso mehr wünschte er Franz Ferdinand insgeheim alles Gute und einen letztendlichen Erfolg.

Der Besuch Marschalls war jedoch nicht unbeobachtet geblieben. Frau von Mikes und ihre Freundin Winnie hatten durch eine Zeitungsnotiz von der Visite des Weihbischofs im Kloster erfahren, und Frau von Mikes hatte sich sofort den richtigen Reim darauf gemacht.

„Der fährt doch nicht extra von Wien nach Böhmen, bloß um in einem Spitalskloster Nachschau zu halten", sagte sie sich, „wir haben ein unwahrscheinliches Glück, Winnie! Der Besuch gilt der Komtesse, da fress' ich einen Besen mit Powidl."

„Nicht das, meine Liebste, du bist ohnedies schon fett genug", ätzte Winigard scheinheilig. „Aber in der Sache könntest du recht haben. Und wir sollten uns zwei Fahrkarten nach Beneschau kaufen, und zwar schleunigst. Wer weiß, womöglich ist die Visite des Bischofs für die Komtesse nachteilig verlaufen, und das arme Geschöpf wird woandershin gebracht, wo wir sie erst wieder suchen müssen."

Jovanka konnte dieser Ansicht nur beipflichten. Wenig

später saßen die beiden Damen in einem Zugsabteil und ratterten in die Richtung, aus welcher der Weihbischof am Vortag nach Prag gekommen war.

Das Klosterspital war nicht schwer zu finden. Die Kutsche, die sie am Bahnhof mieteten, brachte sie bis vor das weitläufige Gebäude. Es machte schon von außen einen recht betriebsamen Eindruck. Leute kamen und gingen; Ärzte, Sanitäter, Personen in Zivil und noch mehr in Uniform, denn ein Teil des Spitals war ausschließlich Militärpersonen vorbehalten. Hier wurden vor allem Offiziere von Krankheiten und Leiden kuriert. In Kriegszeiten würde wahrscheinlich das ganze Spital in ein Lazarett umfunktioniert.

Schon unterwegs hatten sich Jovanka und Winnie gefragt, wie sie angesichts der Klostermauern an die Komtesse Chotek herankommen konnten. Noch wußten sie nicht, daß die Komtesse im Spital Dienst tat und dort in dieser Eigenschaft ansprechbar war. Doch angesichts des weitläufigen, alten Gebäudekomplexes mit seinen abweisenden, hohen Mauern ringsum dämmerte ihnen erstmals diese Möglichkeit.

Sie stiegen aus, entlohnten den Kutscher und blieben vor dem Einfahrtstor stehen, dessen zwei schmiedeeiserne Flügel weit geöffnet waren. Dahinter lehnte ein hölzernes Pförtnerhäuschen an einer feuchten Mauer, von der der Verputz bröckelte. Vom Pförtnerhaus aus führte, das war von außen einsehbar, eine breite, kurze Allee durch eine Parkfläche, in deren Mitte sich der Gebäudekomplex erhob. Zur Rechten ließ sich unschwer der ältere Klostertrakt mit seiner Kirche erkennen; links war das große Spital, in dessen Nähe sich im Park noch einige Pavillons — wohl für besondere Fälle — befanden.

„Gehen wir einfach hinein", schlug Frau von Mikes vor.

72

„Und was ist, wenn uns der Pförtner anhält und fragt, wo wir hinwollen?"

„Dann sage ich einfach, wir besuchen den Feldmarschall Radetzky oder den Admiral Tegetthoff", scherzte die Mikes unternehmungslustig. „Wir nennen einfach den Namen irgendeines Offiziers und sagen, er hätte Magengeschwüre aufgrund der vortrefflichen Verpflegung in der Armee oder wegen steten Ärgers mit dem Oberkommando."

Sie spannte energisch ihren Sonnenschirm auf und schritt mit weitausgreifenden Schritten auf die Einfahrt zu.

„Wir hätten klüger daran getan, mit der Kutsche einfach durchzufahren", fand Winnie etwas ängstlich.

„Du kannst dich ja hinter mir verstecken", neckte die Mikes. „Du bist so dünn, daß er dich gar nicht bemerkt, wenn du es geschickt anstellst."

Winni lief rot an.

„Du hast es nötig zu spotten, du fette Ente. Ich sage einfach, ich bringe dich hierher, weil du an Fettsucht leidest."

„Und ich bringe dich, um dir im Spital deine Knochen numerieren zu lassen, falls du demnächst auseinanderfällst", trumpfte Jovanka auf, und beide lachten herzlich.

Sie kamen indessen unangefochten durch das Tor. Der Pförtner, hinter seinem Guckfenster sitzend, beachtete sie kaum, da sie von ihm keine Auskunft wollten und anscheinend ihr Ziel kannten. Solche Damen kamen oft hierher; wahrscheinlich, dachte wohl der Pförtner, handle es sich um Offiziersgattinnen, welche ihre Ehemänner besuchten."

Doch schon bald war guter Rat teuer; denn sie gelangten an eine Abzweigung der Allee, welche in den Klostergarten führte, in dem sich einige Nonnen um die Gemüsebeete kümmerten. Auch Rosen und andere Blumen blühten da, und das Ganze bot ein überaus friedliches und beschauliches Bild.

Winnie und Jovanka traten an den Lattenzaun. Die Nonnen arbeiteten still und fleißig. Eine stand abseits und las in einem Brevier. Sie schaute auf, als sie die beiden fremden Damen bemerkte.

Jovanka winkte ihr mit einem Schirm, und die Nonne kam langsam heran.

„Was kann schon passieren? Wer nicht fragt, gewinnt nicht", zischte Jovanka leise, und als die Nonne an den Zaun trat und nach ihrem Begehr fragte, sagte sie mit liebenswürdigem Lächeln: „Ach, beste Schwester, können Sie mir vielleicht eine Auskunft geben? Wir suchen eine Verwandte, Komtesse Chotek von Chotkova."

Zu ihrer großen Überraschung antwortete die Nonne bereitwillig: „Sie hat bis halb ein Uhr Dienst in der Chirurgie."

„Danke", riefen Winnie und Jovanka wie aus einem Mund. Die Nonne wunderte sich zwar über den verblüfften Ausdruck in den Gesichtern der beiden Damen, kehrte aber dann, als keine weiteren Fragen gestellt wurden, an ihren alten Platz zurück.

Winnie und Jovanka suchten nun nach der chirurgischen Abteilung des Klosterspitals.

10. Sophies Glück

„Ich dachte, es würde viel schwieriger sein", staunte Winigard.

Jovanka von Mikes sah sich vorsichtig um.

„Wir sind noch nicht am Ziel", meinte sie, „wir haben noch nicht mit ihr gesprochen. Auch glaube ich noch immer, daß uns irgendein Konfident beobachten könnte."

„Vielleicht machen wir uns eine ganz falsche Vorstellung von der Sache", meinte Winnie. „Vielleicht observiert man

Sophie gar nicht direkt; es mag genügen, daß sie hier im Kloster ist, und außerhalb des Klosters weiß niemand, wo sie sich aufhält. Und möglicherweise kontrolliert man nur ihre Post!"

„Nun, das wohl auf alle Fälle", fand die Mikes. „Ah, hier lese ich ja die Tafel ‚Chirurgie'. Da müssen wir also hinein. Vielleicht haben wir wirklich mehr Glück als Verstand, und die Komtesse läuft uns über den Weg."

„Das wäre wohl ein bißchen zu viel verlangt", meinte Winigard zweifelnd. „Und was den Verstand angeht, so bitte ich, gefälligst mich auszunehmen. Es heißt, daß dünne Leute stets klüger sind als die dicken."

„Na, erlaube", empörte sich Jovanka. „Wo nichts ist, kann auch nichts sein — nicht einmal im Hirn, meine Liebe!"

Doch diesmal stieß Winnie sie energisch in die Seite. Lächelte aber gleich wieder und fragte einen vorbeikommenden jungen Militärarzt: „Hier soll ein Fräulein von Chotek Dienst tun. Können Sie uns sagen, Herr Stabsarzt, wo wir die junge Dame finden können?"

Der Stabsarzt stutzte.

„Sind Sie nicht das Fräulein von Itzenberg?"

„Aber gewiß doch, Herr Stabsarzt, die bin ich", strahlte Winnie. „Und Sie sind — sind —"

„Feldbach", kam er ihr zu Hilfe, „Markus von Feldbach — Sie haben doch im vergangenen Dezember in Prag so fleißig mitgeholfen, den Weihnachtsbasar in der Lucerna am Wenzelsplatz zu arrangieren! Den Basar zugunsten der Offizierswitwen, meine ich."

„O ja, das habe ich", nickte Winnie eifrig und beglückt.

„Und daran erinnern Sie sich?"

„Nun ja, Sie waren ja nicht zu übersehen!"

„Wie reizend, Herr Stabsarzt, wie reizend von Ihnen, daß

Sie sich an meine bescheidenen Dienste noch erinnern", flötete Winigard. „Doch dürfen wir noch einmal nach der Komtesse fragen?"

„Sie arbeitet in meiner Abteilung. Sie ist nicht minder fleißig als Sie damals. Aber Sie werden sie nicht gleich erkennen, denn sie trägt Schwesterntracht."

„Oh", entsetzte sich Frau von Mikes, die sich bisher, aufs angenehmste überrascht über den völlig unerwarteten Bekanntheitsgrad ihrer Begleiterin, ruhig verhalten hatte.

Der Stabsarzt deutete den Ausruf sofort richtig.

„Nein, nein", wehrte er ab, „sie ist keine Nonne und hat, soviel ich weiß, auch gar nicht die Absicht, eine zu werden. Sie ist aus privaten Gründen hier. Bis auf weiteres."

„Ich kenne die Gründe", nickte Frau von Mikes bedeutsam.

„Ja, wir kennen sie", bestätigte auch Winnie.

„Dann ist es ja gut", sagte Feldbach. „Dann brauche ich Ihnen nichts weiter zu sagen. Das Kloster wünscht, daß es sich nicht herumspricht, daß sie hier Zuflucht gesucht hat. Es ist der ausdrückliche Wunsch ihrer Familie, daß es nicht publik wird."

„Ist uns bekannt", nickte die Mikes neuerlich.

„Dann kommen Sie bitte mit", meinte Feldbach. „Ich werde die Komtesse am besten ins Sprechzimmer rufen lassen, wo Sie sich mit ihr unterhalten können. Drüben im Kloster wären Sie wahrscheinlich abgewiesen worden."

Er führte die beiden Damen durch eine Reihe von mit Karbolgeruch erfüllten Korridoren und über zwei Treppen in ein spartanisch eingerichtetes, weiß getünchtes Sprechzimmer, wo er sie bat, auf einer der beiden Holzbänke Platz zu nehmen und ein wenig zu warten; die Komtesse werde gleich kommen, und für den Fall, daß man nachher einander nicht wiedersehe, empfahl er sich.

„Ich bin direkt ganz aufgeregt", gestand Winnie. „Wir sind am Ziel, Jovanka, wahrhaftig am Ziel!"

„Mir fällt gleichfalls ein Stein vom Herzen", erklärte Jovanka sehr erleichtert. „Vor allem wegen der Kaiserin! Schließlich war sie es, die mich hierher geschickt hat. Nun, hoffentlich können wir dem Erzherzog und der Komtesse wirklich helfen!"

„Dann hättest du bei Ihrer Majestät einen Stein im Brett, auf ewige Zeiten", verhieß Winnie. „Ach, könnte ich doch die schöne Elisabeth auch einmal sehen. Wie beneide ich dich um dein Glück, bei ihr Dienst tun zu dürfen!"

„Na, immer ist es nicht gerade das reinste Vergnügen", schwächte die Mikes realistisch ab. „Und für sie ist es das beste, daß sie dich nie zu sehen kriegt, meine Liebe. Sonst möchte sie womöglich so dünn werden wie du."

„Daran siehst du bloß, wie sehr Schlanksein gefragt ist", trumpfte Winnie auf und reckte ihre dünne Nase noch ein Stückchen höher. „Dich hat sich die Kaiserin anscheinend nicht zum Vorbild genommen!"

„Na, ich weiß nicht, ob das nicht dem Kaiser lieber wäre", fand Jovanka zweifelnd.

Sie waren ganz ins Gespräch vertieft, als die Tür aufging und die Komtesse eintrat. Die beiden Besucherinnen erhoben sich von ihren Sitzen. Sophie sah sie fragend und verwundert an, dann aber konnte sie ein Lächeln über den seltsamen Gegensatz der beiden Damen nicht unterdrücken.

„Ich bin Sophie Chotek", sagte sie einfach. „Sie haben nach mir verlangt? Sie wollen mich sprechen? Von wem kommen Sie?"

Diese hastig hervorgestoßenen Fragen ließen Frau von Mikes erkennen, daß sich die äußerlich ruhig und gelassen gebende Komtesse innerlich in einem Zustand gespannter Erwartung befand, und sie sollte nicht enttäuscht werden.

Trotz der Nonnentracht und der Schürze, welche die Spuren ihrer Tätigkeit trug, machte Sophie auf ihre beiden Besucherinnen einen gewinnenden Eindruck. Die Mikes lächelte befriedigt, senkte aber ihre Stimme zum Flüsterton, als sie erklärte:

„Ich komme im Auftrag Ihrer Majestät, der Kaiserin!"
Sophie wirkte plötzlich müde.

„Vor wenigen Tagen erst war Weihbischof Marschall bei mir, im Auftrag des Kaisers. Will nun auch noch die Kaiserin von mir hören, daß ich nichts anderes zu sagen habe als ‚Gottes Wille geschehe'?"

Die Mikes schüttelte heftig den Kopf.

„Ihre Majestät steht ganz auf Ihrer Seite, mein Kind", flüsterte sie. „Doch ich fürchte, die Wände könnten Ohren haben. Ich bin eine Hofdame Ihrer Majestät, Jovanka von Mikes, und dies ist meine Freundin Winigard von Itzenberg. Ich bin gesandt, um Ihnen zu sagen, daß der Erzherzog sehnsüchtig Post von Ihnen erwartet. Er hat seit Beginn seiner Weltreise keine Zeile von Ihnen erhalten."

Sophie nickte bedrückt.

„Ich habe meinem Vater versprechen müssen, ihm nicht zu schreiben", erklärte sie.

„Aber das könnten doch wir tun — in Ihrem Namen, verstehen Sie?" rief Winnie unvorsichtig laut.

„Sssst", zischte die Mikes sofort. „Winnie, bist du noch zu retten? — Aber was du sagst, ist natürlich richtig. Ihr Herr Vater, Komtesse, hat Ihnen Ihr Versprechen sicherlich unter dem Druck des Kaisers abverlangt. — Wissen Sie was, Komtesse? Schreiben Sie einfach, was Sie auf dem Herzen haben, Fräulein von Itzenberg. Sie schickt den Brief dann zu mir — und ich übergebe ihn ungeöffnet der Kaiserin, welche danach schon dafür sorgen wird, daß er in die richtigen Hände gelangt, für die er letztendlich bestimmt ist!"

Sophies Gesicht begann zu strahlen, so, als wäre ihr soeben das allerschönste Geschenk zuteil geworden.

„Aber Franz Ferdinand wird ihr antworten wollen", wandte Winigard ein.

„Gewiß doch", nickte die Mikes eifrig. „Dann nimmt sein Brief eben den genau umgekehrten Weg, und Sophie muß ihr Wort nicht brechen!"

„Wie soll ich Ihnen danken?" stammelte Sophie beglückt. „Glauben Sie mir, ich habe unter dem erzwungenen Schweigen nicht weniger gelitten als Franz Ferdinand!"

„Wir glauben es Ihnen", nickte die Mikes überzeugt. „Doch danken müssen Sie nicht mir, sondern unserer verehrten Kaiserin. Und das umso mehr, als sie gleichfalls heimlich und im Gegensatz zur Haltung ihres Mannes für Sie eintritt. Nun, die hat schon immer ihren eigenen Schädel gehabt, und meist nicht zu Unrecht. Ich für meinen Teil denke nämlich, daß dem Erzherzog nichts Besseres passieren kann, als Sie zur Frau zu gewinnen. Ja, mehr noch: am Ende verdient er Sie gar nicht, der Brummian!"

„Oh, zum Brummian machen ihn doch nur die anderen", verteidigte ihn Sophie sofort. „Er kann ja so ganz anders sein und möchte das auch!"

„Na, wollen wir hoffen, daß es Ihnen gelingt, liebes Fräulein, aus ihm einen Mann zu machen, der mit etwas freundlicheren Blicken in die Welt schaut."

„Im Augenblick ist er, erzählt mir meine Freundin, nicht zu ertragen. Er läßt seinen Mißmut sogar an den armen Tannen auf der Mendel aus", setzte Winigard hinzu.

„Wie denn das?" staunte die Komtesse.

„Er schießt alle Tannenzapfen ab", berichtete die Mikes trocken.

„Der arme Franz Ferdinand", bedauerte ihn Sophie. „Wenn ich doch bei ihm sein könnte!"

„Dann würde er sich gewiß anderweitig beschäftigen", kicherte Winigard vielsagend. „Haben Sie etwas zum Schreiben bei der Hand? Ich gebe Ihnen meine Adresse. Heben Sie sie gut auf. — Aber können Sie denn überhaupt Ihre Briefe unbeobachtet aufgeben?"

„Es gibt einen Briefkasten im Spital; er ist für die Patienten bestimmt. Ich brauche also nicht einmal in die Stadt zu gehen, was ich kaum jemals tue, und dann nur in Begleitung zweier Schwestern. Die gehen als Anstandsdamen mit", lächelte Sophie, „und als Aufpasserinnen, wenn Sie so wollen."

„Sie Arme", bedauerte sie Winigard.

„Ich habe es aus freien Stücken auf mich genommen", erklärte Sophie nicht ohne Stolz und Selbstbewußtsein. „Mein Vater und ich meinten, daß es der einzige Weg sei, um mit Würde und Anstand aus der Affäre zu kommen. Für eine Chotek gibt es keine andere Möglichkeit."

„Brav", nickte Frau von Mikes anerkennend. „Das sage ich der Kaiserin. Nein, mein Kind, Sie sind keine ‚Unwürdige'. Und was den Standesunterschied betrifft, wissen Sie, es wäre ja gar kein Problem, wenn der Erzherzog nicht auch darauf bestünde, die Thronfolge anzutreten."

„Er soll meinetwegen nicht auf ein Amt verzichten, von dem er meint, daß er durch Gottes Fügung dazu bestimmt ist, es auszuüben. Er meint es gut, er hat Pläne…"

Auch sie schien also an dem Glauben festzuhalten, daß Franz Ferdinand beides erringen könne: die Hand Sophies und den goldenen Thron des Habsburgerreiches!

Winigard kritzelte schnell ihre Prager Adresse auf einen Zettel.

„Hier", sagte Winigard freundlich, „nehmen Sie… Und falls Sie einmal nach Prag kommen sollten, suchen Sie mich auf. Ich würde mich wirklich freuen."

80

„Das gilt auch für mich", erklärte die Mikes. „Sicher kommen Sie auch nach Wien, früher vielleicht, als Sie jetzt denken."

„Sie können nicht ermessen, was Ihr Besuch für mich bedeutet", versicherte die Komtesse aufrichtig und gerührt. „Frau von Mikes, bestellen Sie der Kaiserin meinen untertänigsten Dank und Gruß!"

„Das werde ich ihr ausrichten, darauf können Sie sich verlassen", versprach die Mikes unter verdächtigem Räuspern, denn auch sie verspürte plötzlich einen verdächtigen Druck in ihrer Kehle.

Und einer impulsiven Regung nachgebend, zog sie plötzlich die Komtesse an sich und drückte ihr einen lauten Kuß auf die Wange.

„Stellen Sie sich vor, der kommt jetzt von Ihrer Majestät", meinte sie. „Und viel Glück, mein Kind. Viel, viel Glück!"

„Schmatzt denn Ihre Majestät auch so laut beim Küssen?" erkundigte sich hernach Winigard ernsthaft, als sie wieder vor dem Tor standen und nach einer Droschke Ausschau hielten, die sie zum Bahnhof bringen sollte.

„Natürlich nicht", grollte die Mikes.

„Wie soll sie sich's denn dann vorstellen können?" fragte sich Winigard kopfschüttelnd. „So laut schmatzen beim Küssen doch nur die Dicken, und es klingt ausgesprochen unfein, Jovanka, und gänzlich unmajestätisch!"

„Halt den Mund, Hopfenstange", knurrte die Mikes drohend. „Du wärest froh, wenn du küssen könntest wie ich — aber das geht ja gar nicht, denn bei dir ist ja die Nase im Weg!"

Der Schirm, den Winnie jetzt scherzhaft-drohend gegen Jovanka zückte, nahm eine andere Richtung, denn eine Droschke kam in Sicht, wurde herbeigerufen und bestiegen.

81

„Zum Bahnhof", verlangte Jovanka.

„Dort gehen wir erst einmal ins Restaurant", erklärte Winnie. „Da sollst du erleben, was ich vertilgen kann."

Und als sie im Zuge saßen, versicherte sie: „Du wirst mir wieder sehr fehlen, liebste Jovanka. Deine netten Frechheiten tun mir so gut."

„Ja, unsere Späßchen! Wie haben wir einst im Pensionat gelacht, wenn sich die anderen über uns lustig machten und wir ihnen gemeinsam zur Strafe unsere Streiche spielten. Es war eine schöne Zeit, Winigard, nicht wahr?"

„Ja, das war sie wohl. Doch nichts währt ewig. Nun muß ich also wieder zurück in mein Stift. Und es wird wieder langweilig! Aber nicht mehr so sehr; denn jetzt habe ich ja eine Aufgabe, von der niemand etwas weiß und erfahren wird!"

„Du bist zum kaiserlich-königlichen Postillon d'amour ernannt", lachte die Mikes. „Das hast du dir wohl auch niemals träumen lassen?"

„Zum Postillon d'amour unter der Patronanz der Kaiserin", ergänzte Winnie lächelnd. „Ob ich wohl dafür einmal einen Orden bekomme?"

„Da mußt du wohl warten, bis Franz Ferdinand Kaiser ist", meinte Jovanka.

„Das kann noch lange dauern", erklärte Winnie. „Ob ich das je erleben werde?"

11. Der Vogel breitet die Schwingen

„Liebe Mikes, das haben Sie wunderbar gemacht", lobte Sissy mit aufrichtiger Bewunderung. „Ich wußte ja, daß ich mich auf Sie verlassen kann — ich hätte niemand anderen besser mit dieser heiklen Mission betrauen können!"

„Nun, wir haben viel Glück gehabt, Majestät", versicherte die Mikes. „Seine Kaiserliche Hoheit und die Komtesse Chotek können jetzt wieder miteinander in Verbindung treten."

„Daß mein lieber Mann den Weihbischof von St. Stephan geschickt hat, um die arme Kleine zu einem Verzicht zu bewegen", sann Sissy, „sieht fast so aus, als wisse er sich wirklich keinen Rat mehr. Womöglich kriegt Franz Ferdinand meinen Franzl doch noch herum! Jedenfalls sieht es nicht so schlecht aus."

„Nun, vielleicht geht wirklich alles gut aus, Majestät", meinte die Mikes.

„Wir haben jedenfalls alles für das Paar getan, was wir nur tun konnten", fand Sissy nachdenklich. „Nun mögen die Dinge ihren Lauf nehmen. Jetzt kommt es auf die beiden an."

„Wollen sich Majestät nicht weiter engagieren?" erkundigte sich die Mikes vorsichtig.

„Ich werde es gar nicht mehr können, denn ich reise wieder ab", erklärte Sissy mit Bestimmtheit. „Ich muß mich doch wieder um mein Achilleion kümmern! Man hat eben eine Menge Arbeit mit so einem großen Schloß, Mikes. Ich wünschte, ich hätte es niemals gebaut. Und mein Mann erlaubt mir absolut nicht, daß ich es wieder verkaufe. Nun, auch in dieser Angelegenheit ist noch nicht das letzte Wort gesprochen. Für die nächste Zeit aber werde ich mich noch damit plagen müssen. Und deshalb bereitet sich die Schwalbe wieder auf einen Flug vor und breitet ihre Schwingen."

Sie hatte rasende Kopfschmerzen, bemühte sich aber, dies der etwas unglücklich dreinschauenden Kammerfrau nicht merken zu lassen.

Die Mikes konnte einen Seufzer nicht unterdrücken. Sie

blickte aus einem Fenster der Hermesvilla auf den Lainzer Tiergarten. Es war ein herrlicher Tag. ‚Kaiserwetter' sagten die Wiener dazu. Ein Wetter, wie man es sich für festliche Gelegenheiten und offizielle Anlässe wünschte. Tatsächlich war Franzl heute in Linz bei irgendeiner Einweihung inklusive Ansprachen und Musikkapellen; Sissy haßte dergleichen und hatte es — wieder einmal — abgelehnt mitzukommen.

„Aber vom Millennium in Budapest kann ich dich auf keinen Fall entbinden", hatte ihr Franzl verärgert erklärt.

„Und wenn es Schusterbuben schneien sollte!"

„Ja, natürlich. Ich weiß und werde kommen", hatte sie versichert.

„Ich strapaziere Sie wohl zu sehr, Mikes", erkannte Sissy aus dem leisen Seufzer von vorhin. „Und Sie haben einen Urlaub verdient. Ich entbinde Sie also von dieser Reise nach Korfu, damit Sie sich wieder Ihrer Familie widmen können. Bei dieser Gelegenheit können Sie auch ein wenig darauf achten, daß der Briefverkehr zwischen meinem Neffen und der Komtesse Chotek nicht vorzeitig bekannt und womöglich unterbunden wird."

„Majestät können sich auf mich verlassen", versicherte die Mikes hocherfreut, diesmal nicht nach Korfu mitkommen zu müssen.

„Und vielleicht sehen Sie auch ein bißchen in meiner Meierei nach dem Rechten, damit der Kaiser stets seine frische Milch bekommt."

„Gewiß, Majestät. Doch wenn ich mir eine Bemerkung erlauben darf — Seine Majestät frühstücken fast täglich bei Frau Schratt."

„So, tut er das? Nun ja, Frau Schratt ist eine angenehme Plaudertasche", versetzte Sissy ein wenig spitz. „Er soll trotzdem immer seine Milch haben; die tut ihm gut."

„Gewiß, Majestät. Ich werde mich darum kümmern."

„Ach, ich bin immer unruhig wegen meines Mannes, wenn ich weg bin. Ich komme mir dann immer ein wenig pflichtvergessen vor. Aber am Wiener Hof halte ich es auf die Dauer nicht aus! Es geht einfach nicht, auch wenn ich mir Mühe gebe."

„Das ist sehr bedauerlich, Majestät. Vor allem für die Bevölkerung. Majestät zeigen sich viel zu selten in der Öffentlichkeit und sind viel zu häufig fort, wenn ich das sagen darf."

„Das sagen ja nicht nur Sie, Mikes. Das sagt auch mein Mann, und das sagen ebenso alle anderen. Doch was soll ich machen? Es ist mein Naturell, ich kann nicht dagegen an. Und ich will auch gar nicht. Es zieht mich fort, immer mächtiger und mächtiger... Immer glaube ich, anderswo könnte ich Ruhe finden."

„Ruhe, wovor?"

„Vor den Gespenstern, die mich umgeben. Aber es ist ja alles vergebens", sagte Sissy bedrückt, „sie folgen mir überall hin. Ich kann ihnen nicht entfliehen."

„Gespenster?" preßte die Mikes hervor, wobei es sie kalt überlief. „Sehen denn Majestät Gespenster?"

„Es sind die Gespenster der Vergangenheit, Mikes. Sie umstehen den Thron und grinsen mich an — sie lauern auf mich in allen Zimmern und Sälen... Sie sind grauenhaft, Mikes."

„Aber, Majestät —"

„Sie können das nicht verstehen", erklärte Sissy. „Wir haben gefehlt an unserem Sohn, ich habe gefehlt an der Mutter meines Mannes. Und er wiederum an Männern wie Kossuth und anderen. Alles rächt sich einmal, Mikes, alles rächt sich! Ich will nicht, daß er jetzt auch noch an Franz Ferdinand schuldig wird."

„Aber, Majestät!" rief die Mikes entsetzt.

Sissy hob abwehrend die Hände.

„Es ist gut, daß er uns nicht hören kann. Er verschließt die Augen, er kann es, er will nichts sehen. Mir ist das nicht gegeben. Ich muß sie sehen und ihre Stimmen hören, ob ich will oder nicht..."

Jovanka sah die Kaiserin an, als ob diese ihren Verstand verloren habe. Sissy begriff und machte eine beruhigende Handbewegung.

„Nein, nein, es ist nichts", sagte sie leise. „Ich bin ganz in Ordnung, Mikes. Sofern man es überhaupt sein kann. Manchmal zweifle ich daran. Ich komme mir oft wie die einzig Vernünftige in einem Irrenhaus vor. Und manchmal glaube ich auch, daß mein Mann recht hat, wenn er sagt, daß alles zerfällt — alles, was seine Familie in Jahrhunderten aufgebaut hat. Ich glaube nur nicht, daß man es dadurch aufhalten kann, daß man Franz Ferdinand verbietet, die Frau zu nehmen, die er liebt."

„Nein", meinte die Mikes mit leisem Zittern in der Stimme, „das glaube ich auch nicht, Majestät."

Sie hatte Sissy schon lange nicht in einer solchen Stimmung erlebt wie heute. Und sie sehnte sich, die Hermesvilla zu verlassen. Doch sie konnte nicht gehen, bevor die Kaiserin nicht das Entlassungszeichen gab. Sissy schien aber noch nicht daran zu denken, sondern vielmehr noch einiges auf dem Herzen zu haben.

Was mag in ihr jetzt vorgehen, fragte sich Sissy. Sicher hält sie mich wieder einmal für verrückt oder nahe daran, es zu werden. Sie kennt wohl dieses Gefühl des Angekettetseins nicht, das mich zur Raserei treibt. Vielleicht liegt es daran, daß sie eine Familie hat, welche den Hauptinhalt ihres Daseins bildet. Ich bin es nicht. Ich bin nicht ihr Zentrum. Und das ist gut so, für sie.

Sie hatte mit ihr noch verschiedenes besprechen wollen, unterließ es aber, als sie sah, daß die Mikes wie auf Nadeln saß.

„Ich danke Ihnen noch einmal, liebe Frau von Mikes", sagte sie. „Ich bedarf Ihrer heute nicht mehr!"

Erleichtert erhob sich Jovanka, versank in den Hofknicks, der ihr von Mal zu Mal ihrer zunehmenden Fülle wegen schwer fiel und dienerte rücklings zur Flügeltür, die sich wie von Geisterhand hinter ihr öffnete.

Der Geist war nur ein Lakai, der sie mit stoischer Miene beäugte, als wäre er kein lebender Mensch, sondern ein Automat.

Sissy war mit der Mikes wirklich zufrieden. Sie bedauerte es, sie durch ihr Verhalten erschreckt zu haben. Manchmal wurde sie jetzt plötzlich von Stimmungen geplagt, die sie sich selbst nicht zu erklären wußte.

Ich habe Angst vor den Jahren, sagte sie sich, vor den sich mehrenden Jahren meines Alters. Auch Franzl ist nicht mehr so wie früher. Die Zeit geht nicht spurlos an uns vorbei, auch wenn wir uns dies wünschen.

Da hilft alles Turnen nichts, nicht die Schminke und keine Hungerkur... Die Jahre zeichnen Runen, sichtbare wie unsichtbare, und es ist die Frage, welche schwerer wiegen und bedeutsamer sind...

Als Rudi, mein Sohn, noch lebte, habe ich ihn nie vermißt. Wir sahen einander kaum, doch er fehlte mir selten. Heute könnte ich schreien nach ihm — woher kommt das? Ist es die Ungewißheit über sein Schicksal, über seinen Tod? Und Johann, sein Freund, der als ein ‚Orth' für verschollen gilt? Wo ist er, und wer trägt die Schuld an seinem Geschick? Haben wir uns auch an ihm schuldig gemacht?

Fort, nur fort! Sie preßte die Hände gegen die Schläfen. Sie fühlte rasende Kopfschmerzen, hatte aber versucht, dies der Mikes nicht merken zu lassen. Es war ihr nicht gelungen.

Sie versuchte sich Franzl vorzustellen, wie er eben jetzt irgendwo in Linz auf einer mit Teppichen und Palmen geschmückten Tribüne stand, in eine tausendköpfige Menge starrte und eine Rede hielt. Allein der Gedanke an diese Menge verursachte Sissy Schwindel.

Zwei Wochen später war es dann soweit. Der Hofzug stand in der Halle des Südbahnhofes unter Dampf; die letzten Gepäckstücke wurden eben verladen. Irma von Sztaray und Marolta von Majlrath sowie Frau Feifal, die Friseuse, sowie ein neuer Englisch- und Griechischlehrer hatten schon Platz genommen, und nur der neue Obersthofmeister, Herr von Berewiczy, eilte noch geschäftig hin und her, um die letzten Anordnungen für die Abreise zu treffen.

Franzl und Sissy nahmen unterdessen noch in Schönbrunn voneinander Abschied.

„Komm gut an, mein geliebter Engel", wünschte Franzl zärtlich, und Tränen schimmerten in seinen blauen Augen, die noch nichts von ihrer jugendlichen Leuchtkraft eingebüßt hatten. „Grüß mir dein Korfu von mir! Ich hab's noch nicht gesehen, und wer weiß, ob das auch jemals der Fall sein wird. Wenn nur du dich dort wohl fühlst, dann ist alles gut und in Ordnung."

„Nichts ist in Ordnung, Franzl, das weißt du so gut wie ich", entgegnete Sissy, seinen zärtlichen Kuß zaghaft erwidernd. „Bei jedem Abschied ist es mir, als schnitte mich etwas in zwei Teile; in einen, der bei dir zurückbleiben, und in einen anderen, der fort will."

„Ja, ich weiß. Du bist ein Vogel, der fliegen muß, den man nicht halten kann. Aber wichtig ist mir, daß du glücklich bist. Schwer für mich zu ertragen ist nur die Sorge um dich. Um deine Sicherheit, deine Gesundheit, dein Wohlergehen. Die Welt ist gefährlich für Menschen, die Kronen tragen müssen. Und auf einem Thron sitzen, der manchmal zum Marterstuhl wird, ohne daß es jemand ahnt."

„Warum kommst du nicht mit mir, Franzl? Gibst das alles auf und beginnst ein Leben zu führen wie Ludwig Salvator? Wir sind ihm auf seiner Jacht begegnet. Er lebt mit seiner Mannschaft, als wären sie alle Brüder. Er schrubbt das Deck wie ein jeder anderer seiner Matrosen und ist dabei glücklich."

Er lächelte nachsichtig.

„Und wer sorgt dann für das hier, Sissy? Für die Millionen Menschen in unseren Ländern? Für ihr Wohlergehen, ihre Sicherheit? Wer denkt an ihre Gegenwart und Zukunft?"

Mit einem Kuß verschloß ihm Sissy traurig den Mund. Der Abschied tat ihr von Herzen weh. Sekundenlang war sie versucht, die Reise nach Korfu abzublasen, aber dann schob sie diesen Gedanken wieder weit von sich.

„Adieu, Löwe, mein Oberon", lächelte sie schmerzlich und drückte ihm mit einem letzten Abschiedsblick noch einmal die Hand.

Er blickte auf die Flügeltür, die sich hinter Sissy schloß, und sank müde auf den Stuhl hinter seinem Schreibtisch, auf dem ein Glas Milch aus Sissys Meierei stand. Er schob die Milch von sich; sie schmeckte schal.

Sissy war unterwegs nach Miramar, wo sie sich einschiffen wollte, als Franz Ferdinand — nun wieder halbwegs genesen — auf seinem Schloß Konopischt in Böhmen einen Brief erhielt.

Der Brief hatte eine weite Reise hinter sich. Er war von Beneschau nach Prag, von dort nach Wien, und von Wien nach Böhmen befördert worden. Franz Ferdinand lag in seinem Liegestuhl auf einer Terrasse, als er den Brief erhielt.

Doch diesmal schoß er auf keine Tannenzapfen, sondern weidete sich an dem Anblick des riesigen Rosengartens, der jetzt rings um das Schloß erblühte und den er unter großen Kosten und Mühen hatte anlegen lassen.

Er sollte ein Geschenk sein für Sophie, eine einzige Huldigung für die Frau, die er liebte. Doch noch immer wußte er nichts über ihren Verbleib. Doch dann kam der Brief und ein Begleitschreiben der Frau von Mikes. Er überflog die Zeilen, erkannte die Handschrift und begriff die Zusammenhänge.

„Von Soph'!" rief er aus und machte einen Luftsprung, daß der Bote entsetzt zur Seite flüchtete. „Bursche, wo willst du hin? Bleib da! Hier hast du einen Gulden!"

„Ich küss' die Hand, Kaiserliche Hoheit", stammelte der Bote völlig verdattert. „Ist vielleicht was passiert?"

„Und ob was passiert ist!" rief Franz Ferdinand. „Und wem hab' ich's zu verdanken? Tante Sissy natürlich!"

Zweiter Teil

1. Spiele an Bord

Von Miramar aus brach die Reisegesellschaft in Richtung Korfu auf. Das Schiff war wieder einmal der alte ‚Greif‘, den man aber noch einmal in Triest überholt hatte, obwohl er eigentlich schon schrottreif war. Er glänzte nun mit frischer, weißer Lackierung. Die Spuren der Beschädigungen nach seiner letzten Sturmfahrt waren kaum noch zu erkennen. In der Mannschaft gab es einige neue Gesichter, doch der Kapitän war der alte, und auch seine Skepsis in bezug auf die Seetüchtigkeit des ‚alten Kahns‘ war nicht geschwunden.

„Ich hoffe, wir kommen nicht wieder in einen schweren Sturm wie zuletzt in der Löwenbucht, Majestät", meinte er zu Sissy.

„Aber der Greif, mein guter, alter Greif, hat es doch durchgestanden, dieses schreckliche Unwetter", gab sie zurück.

„Da haben wir Glück gehabt. Und Majestät hat offenbar einen mächtigen Schutzengel. Es hätte leicht schlimm für uns alle enden können."

„Meinen Schutzengel habe ich auch diesmal wieder mit", versicherte Sissy lächelnd. „Wie sind denn die Wettermeldungen?"

„Günstig, Majestät. Aber man weiß leider, wie wenig man sich auf sie verlassen kann."

„Nun, wir wollen das Beste hoffen und Mannschaft und Passagiere nicht kopfscheu machen."

„Ich bin der letzte, der das tut, Majestät", versicherte der Kapitän und salutierte stramm, als die Kaiserin ihre Kabine aufsuchte.

Sarolta von Majlrath und Irma von Sztaray hatten sich bereits häuslich eingerichtet. Mit höchst gemischten Gefühlen sah sich Frau Feifal, die Friseuse, in ihrer kleinen Kabine um, in der sie schon manche Sturmfahrt erlebt hatte und an die sie sich deshalb keineswegs gern erinnerte.

„Hoffentlich geht diesmal alles glatt", schickte sie dann auch während des Auspackens einen tiefempfundenen Stoßseufzer zum Himmel.

Auch in Sissys Kabine hatte sich nichts verändert. Hier lagen die gleichen roten Teppiche mit dem gleichen Webmuster wie in Schönbrunn, der Hofburg und sogar der Hermesvilla. Die dunkel getäfelten Kabinenwände gaben dem Raum ein beruhigendes Gefühl von sicherer Geborgenheit, doch das war trügerisch. Denn nur die dünnen Wände des Schiffes trennten von der Tiefe des Mittelmeeres.

Das Wetter war schön. Man durfte mit einer ruhigen Fahrt bis Korfu rechnen. Der Kapitän, der für die Sicherheit der Kaiserin verantwortlich war und sich ein besseres Schiff als den alten Greif wünschte, war wohl zu skeptisch. Gerade der Greif, auf dem sie schon so viele Abenteuer zur See erlebt hatte, war Sissy ans Herz gewachsen. Es war ein erprobtes Schiff, und sie hoffte auf ihm noch viele andere Häfen anzulaufen, um mehr und mehr von Gottes wunderbarer Welt kennenzulernen. Das war bei weitem schöner und sinnvoller, als in engen, prunkvollen Gewändern an Zeremonien teilzunehmen und mit huldvollem Lächeln für Hofknickse zu danken.

Nun, es wurde sicher Zeit, daß sich die Herrin des Achilleion wieder um ihr Haus kümmerte.

„Sonst", sagte Sissy lächelnd im Selbstgespräch, „haben die Mäuse Kirtag!"

Im Geiste wandelte sie schon über die Wege ihres neu angelegten Parks mit seinen Palmen, riesigen Agaven und Olivenbäumen. Sie sah das Heine-Denkmal wieder vor sich und dachte an jenes für ihren Sohn, den toten Kronprinzen, das auch seinen Platz in dieser Anlage erhalten sollte. Der Bildhauer hatte es trotz allen Drängens noch nicht fertiggestellt.

Dabei dachte sie auch an Franz Ferdinand. Der Kontakt zwischen ihm und seiner Sophie war mit Sissys Hilfe hergestellt. Nun konnte sie nichts tun als abzuwarten, wie sich die Dinge entwickeln würden.

Aber Franzl würde sicherlich böse werden, wenn er herausbekam, wer diesen Kontakt zustande gebracht hatte — gegen den Willen des Kaisers, dem sich auch die Kaiserin zu beugen hatte. Sicherlich gab es dann Krach. Nun, vielleicht stand das Glück auf Sissys Seite, und es kam nie ans Tageslicht, was sie da ‚verbrochen' hatte!

Sissy hörte laute Rufe von Deck. Der Kapitän gab den Befehl, Anker zu lichten. Früher war sie bei solchen Gelegenheiten immer aufs Deck geeilt, um zu erleben, wie sich das Schiff vom Kai löste. Manchmal hatte sie auch der Menge der Neugierigen zugewinkt. Diesmal aber stach man vom Privathafen von Schloß Miramar aus in See, und auf der Schloßterrasse standen nur einige Leute aus der Dienerschaft; der Anblick war Sissy so vertraut, daß es sich nicht lohnte, die Kabine zu verlassen. Sie hörte bloß die Stimmen ihrer beiden Hofdamen, die hinaufgingen. Sie plauderten halblaut miteinander und besprachen, wie man sich wohl bis Korfu die Zeit vertreiben werde.

„Wir werden eine Zwischenlandung in Algier einlegen", meinte Sissy, „und dort wieder einmal die Basare durchstreifen! Vielleicht gelingt uns auch ein Besuch in einer Moschee. Und ein kurzer Kamelritt hinaus in die Wüste."

Sicherlich war die Seefahrt nach Korfu ein wenig langweilig und eine kurze, unterhaltsame Unterbrechung ratsamer, als die Strecke in einem Zug zurückzulegen. Auch konnte der Greif im Hafen von Algier Kohle und frisches Trinkwasser aufnehmen, und vielleicht fand sich auch etwas auf den Märkten, womit man den Speisezettel aufbessern konnte. Und in den Basaren vielleicht auch das eine oder andere Souvenir, das man behalten oder an Freunde weiterschenken konnte.

Sissy dachte an eine Wasserpfeife für Franzl. Sie konnte ihn sich zwar nicht damit rauchend vorstellen und mußte lachen, wenn sie ihn bildhaft vor sich sah, im Türkensitz und das Mundstück eines Pfeifenschlauchs zwischen den Zähnen. Aber vielleicht freute er sich doch ein wenig, und sei es auch nur darum, daß er daraus ersehen konnte, wie sehr sie auch in der Ferne an ihn dachte.

Eigentlich habe ich alles, was sich ein Mensch nur wünschen kann, sagte sie sich: einen Mann, der mich liebt und den ich liebe, ich kann reisen, wohin es mir gefällt, ich habe keine Sorgen um Nahrung und Kleidung wie so viele andere Menschen. Und doch — bin ich glücklich? Ich besitze Schlösser mit prunkvollen Einrichtungen und Schmuck, von dem andere Frauen nur träumen können. Doch seit ich meinem toten Sohn ins Antlitz sah — ein Gesicht, das man geschminkt hatte, um niemanden die Spuren seines Sterbens erkennen zu lassen —, zieht sich mitunter mein Herz zusammen, als würde es zu einem eiskalten Stein… Und da hilft mir nichts darüber hinweg!

Doch auch für mich kommt einmal die Stunde des Aufbruchs. Sie soll nur kurz und schmerzlos sein; das ist alles, worum ich Gott bitte. Kurz und unverhofft. Dann will ich ihm entgegengehen und mich in seine Arme werfen.

Während die Schiffsmaschinen ihre Arbeit aufnahmen und der Greif unter ihrem Stampfen sacht erzitterte, wurde Sissy von einer immer düstereren Stimmung erfaßt, wie sie sie manchmal in Stunden des Abschieds verspürte. Jede Abreise war solch ein Abschied.

Da hatte sie plötzlich einen Einfall. In Wien hatte Franzl spiritistische Seancen verboten. Doch hier auf dem Greif konnte sie niemand daran hindern. Ja, sie wollte wieder eine Seance halten.

Sissy ging hinauf aufs Deck, wo sie die Sztaray und die Majlrath beim Krocket antraf. Lachend unterhielten sich die beiden Frauen bei ihrem Spiel, verstummten aber, als sie die Kaiserin auf sich zukommen sahen und ihre ernste Miene erkannten.

„Um Gottes willen, Majestät, fühlen Sie sich nicht wohl?" fragte die Sztaray besorgt und legte den Schläger aus der Hand. „Können wir etwas für Sie tun?"

„Nein, nein, es ist nichts", wehrte Sissy ab. „Ich möchte nur dem Kapitän Bescheid sagen, daß wir einen kleinen Abstecher nach Algier machen werden."

„Weiß er es denn noch nicht?" lächelte die Sztaray, und ihre Miene erhellte sich. „Aber Majestät sehen so traurig aus!"

„Ich dachte an jene, die bei uns sind und doch nicht mehr unter uns weilen", erklärte Sissy orakelhaft.

Die Majlrath begriff sofort.

„Oh", sagte sie, „Majestät dachten an die Toten…"

„So ist es. Ich möchte, daß wir drei eine kleine Sitzung in meiner Kabine veranstalten. Vielleicht kann ich mit Rudolf Kontakt aufnehmen. Vielleicht auch mit meinen Eltern. Und vielleicht — ja, vielleicht löst sich auf diese Weise das Rätsel um Johann Orth."

„Majestät", wandte Sarolta ein, „das ist gegen den Wunsch des Kaisers. Wir sollten das nicht tun."

Sissy lächelte nachsichtig.

„Sie sagen das bloß, weil Sie Angst haben. Doch glauben Sie mir: nur die Lebenden haben wir zu fürchten, nicht die Toten."

„Wir können es ja probieren", meinte die Sztaray. „Meistens kommt ohnehin nichts dabei heraus."

Sie lächelte Sarolta ermunternd zu.

„Und wann sollen wir beginnen?" fragte Sarolta furchtsam.

„Ich dachte, jetzt gleich", meinte Sissy. „Ich bin gerade in der richtigen Stimmung."

Für Sarolta war es kein Vergnügen, das Spiel in der Sonne gegen eine Seance in Sissys Kabine einzutauschen. Doch die Kaiserin hatte manchmal so plötzliche Stimmungsschwankungen und düstere Momente, da mußte man ihr gehorchen.

Sie setzten sich zu dritt um den kleinen, runden Teetisch aus Korbgeflecht und legten die Hände auf die Platte.

„Wir müssen uns konzentrieren und eine Weile warten", erklärte Sissy. „Wenn wir dann fragen, gibt der Tisch vielleicht Antwort."

Sarolta überlief es eiskalt. Sie haßte alles, was mit Geistern zu tun hatte. Ein anklagender Blick traf Sissy, doch diese lächelte bloß und blieb bei ihrem Entschluß.

Seufzend ergab sich Sarolta in ihr Schicksal. Sie biß die Zähne zusammen und schloß die Augen.

Nach einer Weile hörte sie Sissys Stimme.

„Ist jemand hier?" fragte Sissy. „Wenn jemand außer uns im Raum ist, dann soll er sich melden."

Nichts regte sich. Bloß das Klatschen des Wassers gegen die Bullaugen und das gleichmäßige Rumoren der Schiffsmaschine war zu hören. Der Tisch blieb unbewegt.

„Sarolta, Sie halten die Beine überkreuzt", sagte plötzlich Sissy. „Das dürfen Sie nicht. So kann es nicht gehen. Du lieber Himmel, Ihre Finger sind ja eiskalt. So sehr fürchten Sie sich?"

„Ja, Majestät", gestand Sarolta beschämt.

Statt darauf einzugehen, rief Sissy nochmals laut: „Ist jemand hier?"

In diesem Augenblick war es, als ginge ein leises Zittern durch den Tisch, als versuche eine unsichtbare Kraft, ihn zu bewegen. Oder war nur etwa Sissy oder Irma Sztaray mit dem Knie gegen ein Tischbein gestoßen?

Fast zur gleichen Zeit aber ertönte eine dumpfe Stimme: „Zu Befehl, Majestät, hier ist jemand!"

Entsetzt fuhren die drei Frauen herum. In der halbgeöffneten Tür stand der Obermaat Farlini aus Triest. Er war gerade durch den Kabinengang gekommen, hatte Sissy rufen gehört und war diensteifrig eingetreten, da er glaubte, daß jemand benötigt werde.

Sarolta fiel beinahe in Ohnmacht.

„Was wollen Sie hier?" fuhr Sissy den Unglücksmenschen an. „Verschwinden Sie!"

„Majestät brauchen mich nicht?" vergewisserte sich Farlini; dann erst sah er die ganze Anordnung rund um den Tisch und riß, von abergläubischem Entsetzen gepackt, die Augen auf.

Er war im nächsten Augenblick draußen und stürmte hinauf auf die Kommandobrücke. Unterwegs schrie er seinen Kameraden voll abergläubischer Furcht zu: „Die Kaiserin beschwört Geister! Das Schiff wird untergehen! Tote ruft sie, auf unserem Schiff!"

„Geben wir's auf", entschloß sich unterdessen Sissy. „Es wird ja doch nichts. Daran sind Sie schuld, mit Ihrer dummen Furcht, Sarolta."

Erleichtert verließen die Majlrath und die Sztaray die Kabine Sissys, um droben an Deck ihr Kroketspiel fortzusetzen. Zunächst bemerkten sie gar nicht, daß sie angestarrt wurden und alle Matrosen vor ihnen zurückwichen, als hätten sie die Pest.

2. Meuterei?!

Als die beiden Hofdamen gegangen waren, blieb Sissy allein zurück. Sie hatte kein Interesse an Krocket, wenigstens heute nicht. Wieder einmal überfiel sie depressive Stimmung.

Es will offenbar nicht sein, Rudi, sagte sie sich, daß wir wieder mitsammen reden, daß du mir alles sagst, was du weißt — alles, was mich so sehr mit bedrückender Ungewißheit erfüllt. Vielleicht ist es gut so, vielleicht könnte ich der Wahrheit über deinen Tod gar nicht ins Auge schauen...

Bist du da, Rudi? Ja, ich habe das Gefühl, daß ich nicht allein im Raum bin, sagte sie sich. Ich spüre ein fremdes Wesen, das jetzt um mich ist. Rudi, wenn du es bist, so gib mir ein Zeichen... Ich habe keine Furcht, nicht vor meinem eigenen Sohn...

„Rudi", rief Sissy, während ihr die Schweißperlen auf die Stirn traten, „Rudi, wenn du es bist, so melde dich!"

Ein Pochen wurde vernehmbar. Sissy schrak zusammen. Wieder pochte es, diesmal dringlicher, und der Laut kam nicht aus dem Jenseits; er kam von der Kabinentür. Und gleich darauf ließ sich Saroltas Stimme hören.

„Majestät — Majestät... Verzeihen Majestät, daß ich störe, aber ich muß Sie dringend sprechen..."

Unwillkürlich entrang sich Sissys Brust ein Seufzer der Erleichterung. Das Diesseits mit all seinen Problemen hatte sie wieder.

„Ja, was ist?" fragte sie dennoch ein wenig unwillig. „Was wünschen Sie, Sarolta?"

„Darf ich eintreten, Majestät?"

„Natürlich! Kommen Sie; was gibt es?"

Sarolta öffnete hastig die Tür und schloß sie hinter sich sofort wieder. Doch der kurze Augenblick hatte genügt, um Sissy ein merkwürdiges Stimmengewirr hören zu lassen.

„Was wollen Sie, Sarolta?" fragte Sissy befremdet. „Was geht hier vor? Was hat das zu bedeuten?"

Ihr kam vor, als wäre das Gesicht der Majlrath von einer sonderbaren Blässe überzogen. Ja, jetzt war es sogar, als unterdrücke sie ein nervöses Zittern.

„Majestät — die Mannschaft —" stieß Sarolta hervor.

„Die Mannschaft?" drängte Sissy verwundert. „Was ist mit der Mannschaft? So reden Sie!"

„Der Matrose, der eben hier hereinschaute, als wir — als Majestät und wir —"

„Nun, als wir versuchten, eine Seance zu halten. Sprechen Sie es ruhig aus. Es ist kein Verbrechen geschehen."

„Doch, Majestät, doch! Dieser Farlini zumindest scheint es für etwas ähnliches zu halten."

„Der Mann ist verrückt", fand Sissy.

„Aber auch die anderen — zumindest einige! Der Kapitän hat jetzt alle Mühe, die Leute zu beruhigen, denn sie glauben, ein Unglück werde geschehen!"

„Ein Unglück? Was denn für ein Unglück?" staunte Sissy kopfschüttelnd.

„Sie meinen, die Geister, die wir gerufen hätten, würden das Schiff ins Verderben führen — es würde ein Sturm kommen, oder irgendein anderes Malheur, Majestät, und wir alle wären verloren!"

Sissy mußte lachen.

„So ein verrückter Aberglaube!" rief sie. „Wie können erwachsene Männer bloß etwas derartiges annehmen!"

„Nun, Majestät", wandte Sarolta ein, „wir sind schließlich auch erwachsen — nicht weniger erwachsen als dieser Farlini — und glauben doch auch an Geister!"

„Aber das ist doch etwas ganz anderes", wehrte Sissy ab. „Ich sehe schon, ich muß selbst hinaufgehen und mit der Mannschaft reden!"

„Das würde ich lieber nicht tun, Majestät", wandte Sarolta furchtsam ein. „Frau von Sztaray bemüht sich ohnedies, beruhigend auf die Männer einzuwirken…"

Nun wurde Sissy ernst.

„Was soll das heißen?" fragte sie streng. „Sind wir nun auf meinem Schiff oder nicht? Soll das etwa eine Meuterei sein, Sarolta, was da oben vor sich geht?"

„Die Männer haben Angst, Majestät!"

„Das sind furchtsame Memmen und keine Männer. Was haben wir denn bloß für eine Mannschaft? Die meisten dieser Leute kenne ich nicht. Konnten wir denn keine besseren kriegen?"

Sie hegte Gedanken des Vorwurfs gegen den Kapitän und empfand nicht die geringste Furcht. Sie war hier die Herrin und gesonnen, dies auch mit aller Deutlichkeit auszusprechen.

Sarolta trat beiseite und ließ Sissy durch die Tür. Dann folgte sie ihr. Heimlich gestand sie sich ein, daß es diesmal wohl wirklich das bessere war, ihr den Vortritt zu lassen. Denn als man sich der Treppe näherte, die zum Deck emporführte, wurde das Stimmengewirr, das von oben herunterdrang, empfindlich laut.

Es kam aus der Gegend der Kommandobrücke, und kaum hatten die beiden Frauen das Deck betreten, als sie auch schon sehen konnten, daß sich vor der Brücke etliche Leute aus der Mannschaft drängten und ihrem Unmut und ihrer abergläubischen Furcht mit erregten Worten und Gebärden Luft machten.

Frau von Sztaray stand neben dem Kapitän auf der Brücke und suchte soeben vergeblich, sich den Männern verständlich zu machen. Da erblickte sie die Kaiserin und Sarolta. Unwillkürlich reckte sie den Kopf in ihre Richtung und schwieg.

Auch der Kapitän sah Sissy kommen. Er machte eine gebieterische Handbewegung, und auf diese hin verstummte endlich der Lärm. Eine Gasse tat sich auf. Betretenes Schweigen folgte den Äußerungen von Unmut, die Männer wichen zur Seite und gaben den Weg zur Brücke frei.

Gefolgt von Sarolta, schritt Sissy erhobenen Hauptes durch das Spalier finster blickender Gestalten auf die Brücke zu. Sie schaute nicht rechts noch links. Es war, als sähe sie die Männer gar nicht. Nur den Kapitän behielt sie fest im Auge.

Der Mann wurde immer verlegener. Er nahm Haltung an und salutierte. Die Sztaray konnte sich eines Lächelns nicht länger erwehren. Sissy dankte dem Kapitän für seinen Gruß mit einem leichten Neigen des Kopfes, dann wandte sie sich den Männern zu.

„Ich dachte, ich wäre zusammen mit Männern an Bord", begann sie, „auf deren Schutz ich mich verlassen kann. Statt dessen muß ich erleben, daß ihr euch vor Gespenstern fürchtet. Ich möchte nicht annehmen, daß ihr eine Meuterei im Sinn hattet, denn dies müßte der Kapitän melden, und es würde euch übel ergehen. Vielmehr glaube ich, daß ihr bloß neugierig seid zu erfahren, was in meiner Kabine passiert ist. Ich bin euch keine Rechenschaft darüber schuldig, aber ihr sollt es dennoch wissen. Wo ist dieser Farlini, der so dummes Zeug daherredet? Ah, dort steht er. Vortreten, Farlini. Sagen Sie den Kameraden, was Sie gesehen haben — aber nicht, was Sie zu sehen glaubten!"

„Nun", stotterte Farlini verlegen, „ich sah, wie Eure Majestät am Teetisch saßen…"

„Weiter", forderte ihn Sissy ungeduldig auf.

„Und mit Ihnen saßen noch Frau von Majlrath und Frau von Sztaray an dem Tisch."

„Und war sonst noch jemand im Zimmer? Ein Geist oder dergleichen?"

„Ich habe nichts gesehen", gestand Farlini.

„Schön. Und wenn drei Damen an einem Teetisch sitzen, dann muß deswegen das Schiff untergehen, denken Sie", meinte Sissy kopfschüttelnd.

Alle begannen zu lachen. Farlini fühlte sich beschämt und schlich zu seinen Kameraden zurück.

„Wir werden noch öfter an dem Tisch sitzen", erklärte Sissy, „wir werden dort Tee trinken oder vielleicht ein Spielchen machen oder plaudern. Ich kann euch versichern, es war kein Geist da und das Schiff war nicht im geringsten gefährdet. Und jetzt, denke ich, ist es wohl das klügste, wenn wir die ganze Geschichte vergessen!"

Sie trat von der Brücke ab. Die Sztaray folgte ihr schweigend. Auch der Kapitän hielt es für besser, die Affäre so zu beenden, und bald ertönten wieder seine lauten Kommandos, wie gewohnt, und die Mannschaft arbeitete mit größerem Eifer. Denn alle hatten wohl das Gefühl, daß es nicht ratsam wäre, die Kaiserin weiter zu ärgern — das konnte schlimme Folgen haben; mit dem Seegericht war nicht zu spaßen.

„Majestät, das haben Sie fabelhaft gemacht", fand die Sztaray hernach bewundernd.

„Ach", wehrte Sissy ab, „mit derlei muß man rechnen; es war auch zu dumm, daß dieser Matrose gerade in dem Augenblick kommen mußte, als wir mit der Seance begannen. Möglicherweise hat ihn auch der Anblick Saroltas erschreckt. Sie ist ja jetzt noch ganz blaß. Ich denke, wir lassen dergleichen lieber in Hinkunft bleiben."

Das Wetter war gut und das Meer ruhig. Kein Matrose muckte mehr auf; auch Farlini nicht, der es sichtlich vermied, der Kaiserin unter die Augen zu kommen. Aber der abergläubische Südländer nahm deswegen die Angelegenheit keineswegs als jene Bagatelle hin, als die die Kaiserin sie dargestellt hatte.

Nach außen hin war an Bord alles ruhig, doch in den Mannschaftsräumen herrschte eine kaum verhohlene Spannung, deren Ursache im Verhalten Farlinis lag, der mit jeder Bewegung auszudrücken schien: Laßt die Kaiserin nur reden, was sie will — ich weiß es besser, und meine Augen trügen nicht.

Und dann kam es ganz von selbst, daß sich einige bei günstiger Gelegenheit an ihn heranmachten und ihn bedrängten, doch Näheres auszupacken.

„Ich sage kein Wort. Ich will mich ja nicht unglücklich machen", wehrte er dann jedesmal ab. „Denkt, was ihr mögt, und laßt mich in Frieden. Ich jedenfalls weiß, was ich weiß. Und das genügt mir…"

„Genügt, wofür? Was hast du vor?" lauteten daraufhin die flüsternd gestellten Fragen.

„Ihr werdet es schon sehen, wenn wir den nächsten Hafen anlaufen", wich er dann aus. „Ich tue jedenfalls, was ich für richtig halte. Im nächsten Hafen, sage ich — falls wir ihn überhaupt heil erreichen."

Im allgemeinen war die Disziplin auf den kaiserlichen Jachten ausgezeichnet. Es kamen nur ausgewählte Männer zum Dienst auf der Miramar oder dem Greif in Frage. Schließlich war ihnen das Leben und die Sicherheit der Kaiserin und Königin anvertraut. Doch seit der letzten Überholung des Greif, der seines Alters wegen nur mehr beschränkt seetüchtig war und überhaupt nur mehr ausfuhr, weil sich der Kaiser und die Kaiserin von dem liebgewonnenen „Kahn" nicht trennen wollten, waren neue Leute in Dienst gestellt worden, deren Erprobung offenbar zu wünschen übrig ließ. Zwar waren sie allesamt tüchtige Seeleute, auch Farlini, darüber bestand kein Zweifel. Doch das genügte nicht.

Der nächste Hafen, auf den Farlini mit seinen geheimnisvollen Worten anspielte, war Algier. Hier rechnete die Mannschaft mit Landurlaub, denn sicherlich wollte die Kaiserin wieder ihre gewohnten Spaziergänge durch die Basare und Eingeborenenviertel aufnehmen. Möglicherweise mietete sie auch Kamele für einen Wüstenritt zu den nahen Oasen. Das nahm unter Umständen eine Woche in Anspruch.

In dieser Zeit konnte natürlich mancherlei geschehen. Doch was hatte Farlini wirklich vor? Am naheliegendsten war noch die Annahme, er würde einfach das Schiff verlassen und irgendwo untertauchen, aus Furcht, die Geisterbeschwörung könne doch noch späte Folgen zeigen.

Tatsächlich rechnete er damit, bei einem Landurlaub ausrücken zu können. Er hatte Bekannte in Algier, die ihn verstecken konnten, falls der Kapitän etwa eine Streife ausschickte, um nach ihm zu suchen und ihn festnehmen zu lassen. Sein Vorhaben wäre möglicherweise geglückt; doch Farlini hätte sich dann in keinem österreichischen Hafen mehr blicken lassen dürfen.

Der erste Leutnant, Wangenheim, bekam Wind von der Sache, als er bei einer Inspektion durch die Mannschaftsmesse einige halblaut geflüsterte Worte vernahm. Zwei Triestiner steckten mit Farlini die Köpfe zusammen und redeten in italienischer Sprache aufgeregt aufeinander ein. Sie verstummten sofort, als Wangenheim eintrat.

Er tat, als habe er nichts bemerkt, denn er nahm mit Recht an, daß kein vernünftiges Wort aus ihnen herauszubringen wäre. Eher hätten sie verstockt alle möglichen Ausreden vorgebracht, wenn er sie scharf befragt hätte. Doch in Anbetracht der Vorfälle von neulich hielt er es für ratsam, dem Kapitän seine Beobachtung mitzuteilen.

„Wir müssen ein Auge auf diesen Burschen haben", fand der Kapitän. „Ich bereue es, ihn mitgenommen zu haben.

Sind wir erst wieder in Triest, muß er durch einen anderen Mann ersetzt werden."

Sissy hielt die Angelegenheit für erledigt. Sie dachte längst an die romantische Kasba von Algier und an einen Kamelritt im Mondschein; ihre dichterische Ader regte sich wieder. Vielleicht sollte sie doch wieder zur Feder greifen.

Und dann kam der Augenblick, in dem der Ausguck meldete, daß die Küste Nordafrikas zu sehen sei. Man näherte sich also dem ersten Ziel der Reise, dem Hafen von Algier.

Sissy fuhr gern zur See, sie fühlte sich auf Schiffsplanken wie zu Hause und war niemals seekrank. Sie hatte schon schwere Stürme erlebt, bei denen sie nicht vom Deck gewichen war, um das Naturschauspiel voll genießen zu können. Doch diesmal freute sie sich darauf, wieder festen Boden unter die Füße zu bekommen. „Land in Sicht" — das war ein Ruf, den sie gerne hörte.

3. Die Kasba

Landgang! Für die Mannschaft eines Schiffes wirkt dieses Wort stets wie die Ankündigung eines Festes. Auch für Sissy hatte jeder Hafen, den ihre Jacht anlief, den Reiz des Interessanten, Neuen — auch wenn sie ihn, wie den Hafen von Algier, längst kannte.

Hier in Algier genoß sie den Zauber von Tausendundeiner Nacht. Die Stadt mit den schlanken, weißen Minaretten ihrer Moscheen, mit den verschwiegenen, ummauerten Gärten des Eingeborenenviertels, den engen, winkeligen Gassen, in denen Handwerker ihr uraltes Gewerbe unter freiem Himmel betrieben, oder den von Lärm erfüllten halbdunklen, nach fremdländischen Gewürzen duftenden Basaren war für sie immer wieder reizvoll.

Da eine Schale aus Messing, dort ein Teppich, eine Karaffe aus Alabaster, eine kunstvoll geflochtene Matte oder ein von Frauenhand gewirkter Schal; Sissy kaufte für sich, Freunde und Verwandte, denen sie ein Andenken von ihren Reisen mitbringen wollte. Sie gab viel Geld aus, ohne es zu bemerken, denn sie wählte nur; das Bezahlen erledigte stets ihre „wandelnde Reisekasse", die diesmal als Irma von Sztaray hinter ihr herlief. Sie hatte zu bezahlen, was Sissy einem mitgenommenen Matrosen für den Transport übergab.

Zu diesem Zweck hatte der österreichische Konsul in weiser Erwartung von Sissys Einkaufs-Abenteuern gleich zwei Tragesel bereitgestellt, die vor der Botschaft im Schatten der Palmen gemächlich Disteln fraßen, als Palomini, der als Begleiter abkommandierte Matrose, seufzend erschien, um seines Amtes zu walten.

Mit diesem Matrosen, ihren Hofdamen und dem Griechischlehrer strebte Sissy den Basargewölben zu. Von der Höhe eines Minaretts herab ertönte der eintönige Singsang eines Muezzins. Die Mohammedaner wandten ihr Gesicht in Richtung Mekka und begannen auf offener Straße ihr Gebet zu verrichten. Sissy kümmerte sich nicht darum, sondern eilte weiter.

Sie ging wie stets in Schwarz, aber natürlich unverschleiert, ebenso wie auch ihre beiden Hofdamen. Das rief augenscheinlich den Unwillen einiger strenggläubiger Mohammedaner hervor. Der Matrose mit den beiden Eseln konnte sich kaum durchzwängen, und da er dabei, um in der Nähe der Kaiserin zu bleiben, mitunter recht energisch wurde, kam es zu Unmutsäußerungen.

Ohnedies verhielten sich die Mohammedaner den ausländischen Ungläubigen gegenüber sehr reserviert. Wenn diese sich aber auch noch im Viertel der Eingeborenen derart unmöglich benahmen, forderten sie Beschimpfungen geradezu heraus.

„Ungläubige, Ausländer, fremdländische Heiden! Was haben sie hier zu suchen, im Schatten der Moschee, in der Kasba? Jagt sie fort!"

„Das kann heiter werden", fand die Sztaray. „Am liebsten kehrte ich um und ginge zurück zum Konsul, oder noch lieber aufs Schiff, um gleich wieder von hier abzudampfen. Denn hier gefällt es mir überhaupt nicht!"

„Hoffentlich kommen wir heil wieder heim", ängstigte sich Sarolta. „Ich sehe nirgends Polizei... Weiß man denn nicht, daß die Kaiserin von Österreich unterwegs ist?"

„Das ist den Leuten anscheinend völlig egal", meinte die Sztaray stirnrunzelnd. „Schuld daran ist auch Ihre Majestät selbst. Sie will ja stets, daß kein Aufheben um ihre Person gemacht wird und reist deshalb inkognito unter dem Namen einer Gräfin Hohenembs. Sie hat ausdrücklich verlangt, daß von Empfängen Abstand genommen wird und es keinen Kordon zu ihrer Sicherheit gibt."

Tatsächlich machte sich Sissy keine Sorgen, obwohl sie inzwischen die feindselige Stimmung bemerkt hatte. Doch schließlich hatte sie das Halbdunkel des Basars erreicht.

Basare waren ihre Leidenschaft. Stundenlang konnte sie hier in den Schätzen der Händler kramen. Der Basar war ein zum Schutz gegen die grelle Sonne mit Matten überdeckter Straßenzug, in dem ein noch dichteres Gedränge herrschte und der Matrose mit den beiden Eseln hoffnungslos in der Menge steckenzubleiben drohte.

Inzwischen hatte der Kapitän den Matrosen für einen Landgang freigegeben. Nur Farlini wollte er den Urlaub nicht genehmigen, doch schließlich gab er auf dessen Bitten hin nach.

Dieser spazierte nun mit zwei Kameraden aus Triest in die Stadt. Ihr Ziel war zunächst eine Matrosenkneipe, wo sie sich einen Schluck zur Stärkung genehmigen wollten; dann aber wollten sie in ein Eingeborenencafé in der Kasba, in dem Bauchtänzerinnen zu sehen waren und auch Feuerschlucker und Schlangenbeschwörer auftraten.

Diese Art von Zauber des Orients faszinierte Farlini immer wieder. Die vom kalten Rauch der Wasserpfeifen und dem Dunst aromatischen arabischen Kaffees geschwängerte Atmosphäre des von bunten Lichtern seltsam erhellten, oft dichtbesetzten Lokals übte auf ihn einen eigentümlichen Reiz aus. Dort hockten die abenteuerlichsten Gestalten auf Teppichen und Polstern im Kreise rund um eine kleine Schaufläche, auf der das Programm dargeboten wurde. Das Publikum bestand ausschließlich aus Männern. Die einzigen Frauen waren Tänzerinnen, die verschleiert und in weiten Pluderhosen, jedoch mit nacktem Oberkörper ihre Gelenkigkeit bewiesen. Bedient wurde von kleinen Araberjungen. Neben der Schaufläche saß eine kleine Gruppe von Musikanten. Der Rhythmus ihrer Trommeln und der eintönige Klang der Flöten produzierten eine fremd wirkende, eigenartige Melodie, die bis vor das Lokal tönte, so daß man selbst im Gewirr des Basars die Richtung nicht verfehlen konnte.

„Gleich sind wir da", rief denn auch Farlini, als er die ersten Flötentöne hörte, die vom dumpfen Schlag der Handtrommeln begleitet wurden. „Ich möchte wetten, Fatima tanzt eben; kommt, beeilen wir uns; sowas seht ihr nicht alle Tage!"

Farlinis Begleiter ließen sich das nicht zweimal sagen und schoben sich durch das Gedränge vorwärts. Da bemerkten sie vor einem Teppichhändler, der hübsche, orientalische Schwerter und Räucherfässer aus Messing anbot, eine Menschenansammlung, aus der eben erregte Rufe laut wurden.

„Was ist denn hier los?" fragte Farlini. „Man kommt ja

hier kaum weiter. — He, Leute, macht Platz, wir wollen durch!"

Unwillig drehten sich die Orientalen um und starrten die drei Matrosen mit haßerfüllten, dunklen Augen an.

Plötzlich entstand vor ihnen eine heftige Bewegung. Für Sekunden sah Farlini drei Frauen und einen Mann, die in die Menge förmlich eingekeilt waren.

„Die Kaiserin", rief er seinen beiden Kameraden zu, „das ist die Kaiserin mit ihren beiden Hofdamen und dem Sprachlehrer!"

Und plötzlich sahen sie, wie ein Araberjunge der Gräfin Sztaray, die eben zahlen wollte, das Täschchen entriß. Die Gräfin schrie entsetzt auf und wollte nach dem Täschchen greifen, doch der Junge stieß sie respektlos zurück, und blitzschnell tat sich vor ihm eine Gasse auf; schadenfroh wichen die Umstehenden zur Seite, um dem kleinen Dieb einen Fluchtweg zu ermöglichen. Farlini wußte, was kommen würde: gleich hinter dem Dieb würden diese Leute wieder zusammenrücken und eine Verfolgung unmöglich machen.

Doch der hatte die Rechnung ohne die drei Matrosen gemacht. Was es auch sonst an Bord für Differenzen geben mochte — sie sahen nicht nur die Kaiserin und ihre Begleiter brüskiert; es war ihnen, als hätte man sie selbst angegriffen und beleidigt.

„Heda, du Schlingel", rief Farlini empört, denn unglücklicherweise rannte der kleine Dieb geradewegs auf die drei Matrosen zu.

Entsetzt wollte der Junge ausweichen, doch es war schon zu spät. Sie packten ihn und hielten ihn fest; alles Sträuben und Murren der Umstehenden half nichts — er mußte seine Beute wieder herausrücken.

4. Farlini rehabilitiert sich

Farlini hielt den Übeltäter fest, der sich wie ein kleines, wildes Tier gebärdete, um sich schlug und sogar zu beißen versuchte. Als er dem Dieb die Handtasche der Gräfin Sztaray entwunden hatte, übergab er ihn seinen beiden Kameraden, die auch nicht gerade zimperlich zupackten, und drängte sich bis zu den Damen durch, die noch immer ganz erschrocken waren.

„Majestät", rief Farlini, „Frau Gräfin — hier ist das Geld! Ich habe es!"

„Gott sei Dank, guter Mann", rief die Gräfin erleichtert. „Das war unsere ganze Einkaufskasse für heute!"

Die Kaiserin lächelte. Sissy schien der Vorfall bloß amüsiert zu haben.

„Tun Sie dem kleinen Jungen nichts", meinte sie. „Wir wollen ihn laufen lassen. Diese Leute sind sehr arm — ich möchte ihm sogar ein bißchen Geld schenken."

Die Sztaray schüttelte den Kopf: „Das wäre aber nicht sehr gescheit, Majestät, wenn ich bemerken darf! Dann würde sich der Dieb ja auch noch belohnt fühlen!"

Doch Sissy beharrte: „Geben Sie ihm eine Kleinigkeit, Sztaray. Ich denke auch, das würde auf die Leute hier einen guten Eindruck machen. Sie sehen ganz danach aus, als ob sie auf uns nicht gerade gut zu sprechen wären."

Die Sztaray schien unschlüssig, wie sie den Befehl ausführen sollte. Da meinte Farlini: „Wenn Majestät erlauben, dann regle ich das."

„Ich bin überrascht", sagte Sissy. „Sind Sie nicht der abergläubische Mann aus Triest?"

„Jawohl, der bin ich, Majestät", gestand Farlini verlegen.

„Nun, dann können Sie ja jetzt Ihre Unbesonnenheit wieder gutmachen. Sztaray, geben Sie dem Matrosen ein paar

Münzen, damit er die Sache für uns erledigt, und dann bezahlen Sie die Messinglampe. Ich komme mir vor wie im Märchen. Erst kaufen wir Aladins Wunderlampe, und dann kommt auch noch ein Dieb!"

„Wir sind aber nicht im Märchen, Majestät", bemerkte die Sztaray. „Der Junge hatte es auf unser Bargeld abgesehen. Wir hätten die Lampe gar nicht bezahlen können, die sich Majestät gewünscht haben!"

„Dann hätten wir sie eben dagelassen, hätten neues Geld vom Schiff geholt und wären später wiedergekommen", meinte Sissy unbekümmert. „Aber nun haben wir ja die Lampe und wollen weiterbummeln!"

Farlini war unterdessen zu seinen beiden Schiffskameraden zurückgekehrt, die noch immer den Dieb festhielten.

„Dir gebührt zwar eine Tracht Prügel, mein Junge", verkündete Farlini dem Schlingel, „aber die Kaiserin will gnädig sein. Sie schenkt dir sogar etwas. Da, nimm, und laß dich nicht wieder blicken — sonst ziehe ich dir die Ohren lang von hier bis Bagdad!"

Der Bub schaute ungläubig drein, als er losgelassen wurde und anstatt der erwarteten Strafe ein paar Münzen in seiner Hand klimpern fühlte. Er konnte diese Fremden wirklich nicht begreifen; als er aber merkte, daß die Sache tatsächlich abgetan war, rannte er davon und war binnen Sekunden in der Menge untergetaucht. Vielleicht fürchtete er, die seltsamen Ausländer könnten sich's doch noch anders überlegen.

Sissy behielt recht: Die Art und Weise, wie der Vorfall durch ein Geschenk an den kleinen Dieb entschärft wurde, löste ringsum beifälliges Gemurmel aus, und man betrachtete nun die Kaiserin und ihr kleines Gefolge mit etwas mehr Wohlwollen. Farlini und seine beiden Kameraden aber verzichteten auf den Besuch bei den Bauchtänzerinnen und fühlten sich als Beschützer der Kaiserin, nachdem Herr Pali, der Griechischlehrer, ganz offensichtlich dieser Aufgabe nicht gerecht wurde. Ohne zu fragen, schlossen sie sich einfach den Spaziergängern an und hielten sich bereit, jederzeit einzugreifen. Sehr zur Erleichterung der Gräfin Sztaray.

„Majestät sehen, daß so eine kleine Eskorte doch zu etwas gut sein kann", bemerkte sie denn auch.

Herr Pali, dem die ehrenvolle Aufgabe zufiel, „Aladins Wunderlampe" zu schleppen, brummte etwas Unverständliches. Sissy aber meinte: „Ich werde Farlinis Eingreifen dem Kapitän gegenüber wohlwollend erwähnen. Wenn ich nur wüßte, wie man ihn von seinem Aberglauben kurieren kann."

„Farlini ist ein Seemann, und alle Seeleute sind mehr oder weniger abergläubisch, Majestät", erklärte Sarolta vorsichtig.

„Aber wir leben doch schließlich in einer aufgeklärten Zeit", entgegnete Sissy.

„Verzeihen, Majestät, aber wenn Majestät versuchen, über den Tisch mit Geistern Verstorbener Kontakt aufzunehmen, ist mir selbst ganz unheimlich zu Mute", gestand Sarolta ehrlich. „Ja, ich fürchte mich... Und daß es zu etwas Gutem führen kann, kann ich mir schwer vorstellen. Ich kann deshalb diesen einfachen Triestiner Matrosen verstehen."

Sissy runzelte die Stirn und dachte nach. Was Sarolta da sagte, schien ihr einzuleuchten.

„Das hat etwas für sich, Sarolta. Doch vielleicht ist alles nur eine Frage der Zeit."

Ziellos schlenderte man weiter durch das Basarviertel und machte noch einige Einkäufe. Die drei Matrosen gingen jetzt an der Spitze, um den Weg für die folgende Gruppe freizumachen. Unwillkürlich schlugen sie dabei die Rich-

114

tung nach ihrem ursprünglichen Ziel ein und näherten sich dem Eingeborenen-Kaffeehaus, aus dem auch bald die Musik hörbar wurde.

Sissy blieb stehen und spitzte die Ohren. Sie kannte zwar die Stadt, doch so weit war sie noch nie vorgedrungen. Ohne darauf zu achten, war man den drei Matrosen bis in das verrufenste Viertel der Kasba gefolgt.

„Was ist das?" fragte Sissy. „Wo sind wir hier?"

„Nicht weit von einer kleinen Moschee, Majestät", erklärte Farlini.

„Nein, nein", wehrte Sissy ab. „Ich möchte wissen, wo diese Musik herkommt!"

Farlini wurde hoch verlegen und lief beinahe rot an.

„Oh, das ist nichts Besonderes, Majestät", versuchte er abzulenken. „Aber gar nicht weit von hier gibt es einen kleinen Platz, wo Hahnenkämpfe veranstaltet werden."

„Hahnenkämpfe kenne ich", wehrte Sissy ab. „Wo diese Musik herkommt, möchte ich wissen. Sagen Sie es, Farlini", beharrte sie. „Ich sehe, Sie kennen sich in der Kasba aus wie zu Hause."

„Majestät, das ist ein Kaffeehaus", stotterte Farlini verlegen.

„Ein Kaffeehaus — mit Musik? Das möchte ich sehen!"

„Nein, nein", rief Farlini entsetzt. „Das ist nichts für Frauen. Frauen dürfen dort überhaupt nicht hinein!"

„Ach, Unsinn", versetzte Sissy. „Ich möchte den sehen, der mich davon abhält, ein Kaffeehaus zu besuchen, in dem musiziert wird!"

„Alle, Majestät, alle würden es tun — das ist hier gegen die Sitte! Frauen ist der Zutritt nicht erlaubt."

„Nun, da steckt doch etwas Besonderes dahinter", meinte Sissy nun erst recht neugierig. „Rücken Sie schon damit heraus, Farlini, ich will es wissen!"

„Dort sieht man Tänzerinnen", erklärte der Triestiner wohl oder übel, „sie haben nicht viel an und drehen und verrenken den Bauch, als wären sie Schlangenmenschen!"

Herr Pali kicherte unverhohlen. Frau von Sztaray riß entsetzt Mund und Augen auf.

„Sowas zu sehen, habe ich mir schon lange gewünscht", sagte hingegen Sissy allen Ernstes.

Einen Augenblick blieb es still. Alle starrten Sissy an.

„Was habt ihr denn bloß?" fragte Sissy verwundert. „Das ist Folklore... genau das ist es, was ich mir vom Orient erwarte."

„Nein, nein, nein!" rief Farlini warnend. „Majestät haben heute schon einmal um ein Haar Pech gehabt, und es könnte noch schlimmer kommen. Majestät sollten bloß die Gestalten sehen, die dort bei ihren Wasserpfeifen hocken..."

„Das will ich ja gerade", lachte Sissy eigensinnig.

„Majestät, diese Menschen sind gewalttätig — sie haben Messer und Pistolen! Und man hört hier auch von Frauenhandel —"

„Wie aufregend", rief Sissy entzückt. „Farlini, Sie entwickeln sich zu einer unbezahlbaren Perle. Man wird Sie befördern!"

„Jawohl, ins allertiefste Loch der Monarchie, wenn Majestät womöglich in einem Harem landen und die beiden Gräfinnen dazu!"

Farlini sah es bildhaft vor sich. Das mußte unter allen Umständen verhindert werden!

„Ausgeschlossen, Majestät", erklärte er fest, „dazu gebe ich mich nicht her, das kann kein Mensch von mir verlangen. Seine Majestät ließen mich glatt vierteilen, köpfen und hintendrein auch noch aufhängen!"

„Seien Sie doch kein Hasenfuß", lachte Sissy. „Ich will in das Lokal und damit basta."

116

Da griff die Sztaray ein.

„Der Mann hat recht", erklärte sie. „Wir dürfen auf keinen Fall unliebsames Aufsehen erregen. Vielleicht kann es der Konsul arrangieren, daß sich so eine Besichtigung gefahrlos durchführen läßt."

„Ach, unser Konsul!" rief Sissy ärgerlich aus. „Kann ich denn nicht einmal bloß Mensch sein? Darf sich denn eine Kaiserin auf gar nichts freuen? Muß immer alles für mich ‚arrangiert' werden? Ich will nichts Arrangiertes. Ich will ganz einfach hingehen wie alle anderen auch und sehen, was in dem Kaffeehaus los ist."

„Aber Frauen ist der Zutritt nicht erlaubt", wiederholte Farlini beschwörend. „Diese Leute hier sind Mohammedaner. Hier ist alles anders als bei uns. Es könnte wirklich schlimme Folgen haben!"

Sissy schaute in die Gesichter ihrer Begleiter und zuletzt in das von Farlini. Und der sah obendrein durchaus so aus, daß man seine Warnung lieber nicht in den Wind schlagen sollte.

Sie gab sich geschlagen. Seufzend hob sie die Schultern und meinte traurig:

„Also gut, wenn ich nun eben nicht darf... Wenn es das Schicksal nicht haben will, dann gehen wir halt nicht in dieses Kaffeehaus."

„Das ist gescheit", atmete die Sztaray erleichtert auf. „Das ist sehr vernünftig, Majestät!"

„Vernünftig — dieses Wort kenne ich von meinem Mann zur Genüge", brummte Sissy und wandte sich in die entgegengesetzte Richtung. „Immer soll ich ‚vernünftig' sein. Ich bin aber nun eben nicht immer vernünftig."

„Wohin gehen wir jetzt, Majestät", fragte Sarolta, die das Thema wechseln wollte.

„Zurück aufs Schiff", erklärte Sissy, der die Enttäuschung deutlich anzumerken war. „Mir macht der ganze Spaziergang jetzt keine Freude mehr."

Sie ging voran und schritt energisch aus. Plötzlich hatte es den Anschein, als könne sie nicht schnell genug dem Gewinkel der Kasba entkommen. Sie blieb auch bei keinem Laden mehr stehen. Ihr Weg glich fast einer Flucht, und ihre Begleiter hatten Mühe, mit ihr Schritt zu halten.

Einigermaßen außer Atem erreichte man das Konsulat, von wo aus der Spaziergang seinen Ausgang genommen hatte. Hier erfuhr Sissy freilich, daß Farlini mit seiner Warnung vollkommen recht gehabt hatte und daß ein Besuch des Kaffeehauses in der Kasba übel ausgehen hätte können.

Nachdenklich kehrte Sissy auf den Greif zurück. Dort ließ sie den Kapitän kommen.

„Dieser Farlini hat sich ausgezeichnet verhalten", lobte sie den Triestiner und schilderte, was am Nachmittag vorgefallen war. „Ich schlage daher eine Belobigung vor", schloß sie.

Der Kapitän hörte das nur zu gern.

„Beinahe hätte ich dem abergläubischen Burschen Unrecht getan", bekannte er. „Offenbar ist er also doch in Ordnung — von ein bißchen Gespensterfurcht abgesehen!"

5. Das Inselparadies

Die kaiserliche Jacht legte an der Mole an. Der Anker rasselte in die Tiefe.

„Wie schön", rief Sarolta aus und blickte nach oben, wo aus dem Grün das Achilleion schimmerte.

Dort war schon alles zum Empfang bereit. Schon vor Wochen hatte die Dienerschaft damit begonnen, das Schloß

118

für Sissys Aufenthalt vorzubereiten. Nun prangte alles in frischem Putz, die Räume waren durchweht vom Duft unzähliger Blüten in den Gärten.

Sissy stieg an Land. Tief atmend sog sie die würzige Luft in die Lungen.

„Daheim", sagte sie zufrieden. „Endlich wieder daheim!"

Sie hatte sich ihr Buen retiro auf dem „schönsten Fleck auf Erden", wie sie Korfu nannte, erbaut. Es war ein neuzeitlicher Bau, der mit allem Komfort jener Tage ausgestattet war und dennoch Erinnerungen an die Antike weckte.

„Schafft alles nach oben", befahl sie der Mannschaft und begann dann als erste die Treppe zu erklimmen, die zum Achilleion emporführte.

Der Greif barg in seinem Laderaum all die Schätze, die Sissy unterwegs in den Häfen, die man angelaufen hatte, für hier eingekauft hatte. Die sollten nun ausgeladen und ins Haus hinaufgeschafft werden — und das war kein leichtes Stück Arbeit.

Für die Mannschaft des Greif würde der Aufenthalt auf Korfu nicht nur Freizeit bedeuten; denn das Schiff mußte gründlich überholt und für die nächste Reise seeklar gemacht werden.

Sissys Reisegefährten aber waren froh, wieder festen Boden unter den Füßen zu haben.

„Mir sitzt noch der Schreck über unser Abenteuer in der Kasba in den Gliedern", gestand die Sztaray Sarolta. „Majestät hat sich ja bloß darüber amüsiert, aber ich glaube immer noch, es hätte auch schlimm für uns enden können."

„Nun, hier kann uns sowas ja nicht passieren", meinte Sarolta optimistisch. „Und hier gibt's auch keine ‚Weiße Frau' wie in der Hofburg in Wien."

„Nein, die gibt's hier nicht", nickte Frau von Sztaray. „Aber ich weiß nicht, ob das wirklich ein Vorteil ist. Ich finde, zu einem richtigen Schloß gehört auch ein Schloßgespenst."

„Gott behüte!" rief Sarolta entsetzt. „Verschreien Sie's nur nicht, Gräfin! Am Ende fängt es hier auch noch an zu spuken. Die Nächte sind hier ohnehin manchmal recht unheimlich."

„Sie sind ein Angsthase", lachte die Sztaray, die Sarolta bloß necken wollte. „Sehen Sie nur! Ihre Majestät ist schon weit droben, und wir stehen immer noch hier und tratschen. Nun müssen wir aber sehen, daß wir sie einholen! Kommen Sie!"

Ja, Sissy beflügelte die Freude, wieder „daheim" zu sein. Freilich, war nicht ihr wahres Zuhause bei Franzl in Wien? — Das Leben in Wien brachte Unannehmlichkeiten und Pflichten mit sich, denen sie hier, auf Korfu, entronnen war. Und auch die Ärzte fanden übereinstimmend, das Klima hier täte ihr gut. Wozu sich also Gedanken machen, sagte sie sich frohen Sinnes. Hier ist Freiheit, Luft, Licht und Sonne! Franzl kann ja auch hierherkommen, wenn er will. Ja, das sollte er wirklich, ich werd's ihm noch heute abend schreiben...

Aus dem Greif wurden inzwischen bereits Koffer und Kisten ausgeladen. Die Matrosen schwitzten. Im Schloß aber wartete schon ein festlich gedeckter Tisch im Speisesaal. Teller und Bestecke trugen das Zeichen des Delphins, und selbst in die Tischtücher und Servietten war es eingestickt.

„Wir wollen uns nur noch frisch machen", erklärte Sissy ihrem Majordomus. „Dann aber kommen wir und lassen's uns schmecken."

Auch beim Essen war Sissy guter Laune.

„Wir wollen unser Inselparadies genießen", meinte sie und hob ihr Glas. „Korfu und die Freiheit sollen leben!"

120

Vor dem Schlafengehen wanderte sie durch den gepflegten Park, in dem mächtige Agaven wuchsen und Palmen an den kiesbestreuten Wegen rauschten. Als sie zurückkehrte, ging sie noch auf die Terrasse, von der aus sie den herrlichen Blick auf die abendliche Insel und das Meer genoß.

Doch plötzlich war sie sehr müde. In ihrem Schlafzimmer waren die Fenster weit offen, und die Vorhänge bauschten sich im Wind. Sissy ging zu Bett und schlief bald fest ein.

Schon am folgenden Morgen unternahm sie einen Ausflug. Sie turnte und sprang mit Leichtigkeit auf den Wiesen umher und animierte Sarolta und Irma zum Ballspiel; es war, als würde sie hier auf Korfu wieder so jung und lebendig wie einst, als sie ihre Schwiegermama, Erzherzogin Sophie, einen „bayrischen Wildfang" gescholten hatte.

Auch heute noch war Sissy das Naturkind aus Possenhofen geblieben, dessen Vater liebend gern den Beruf eines Zirkusdirektors ergriffen hätte, der aber zu seinem Leidwesen als Herzog geboren worden war. Sie gab sich gern, wie sie dachte und fühlte, und haßte das Sich-Verstellen der Höflinge und Diplomaten.

Als sie ganz außer Atem an einer Wasserquelle haltmachten und Sarolta aus einem Picknickkorb Erfrischungen nahm, setzte sich Sissy lachend ins Gras.

„Ist das nicht herrlich, dies alles hier?" rief sie. „Ist das nicht viel schöner als zwischen all den Ahnenbildern, verstaubten Vorhängen, Lustern und Tapeten in den alten Schlössern? — Ich glaube, wenn mein Mann dies nur einmal erleben würde, er würd's machen wie ich — einfach Schluß machen mit all dem dummen Kram und hier ausspannen!"

„Er würd's ja wohl gern, Majestät, wenn er bloß könnte", erinnerte Sarolta. „Nur ist es ein wenig weit hierher."

„Es kann gar nicht weit genug sein", meinte Sissy, „nicht weit genug von den Hofschranzen in Wien!"

Hier auf Korfu war das alles ein ferner Traum, war es nicht Wirklichkeit. Hier trank man Ziegenmilch, aß Ziegenkäse und die Früchte des Meeres, welche die Fischer mit ihren Booten einbrachten. Das Meer war warm, die Luft milde und würzig und das Achilleion ein kleines Schlößchen, in dem sich niemand verirren konnte.

Und doch fand sie auch hier keine Ruhe. Wenn sie des Nachts wach lag und die Vorhänge ihrer offenen Fenster sich im Mondlicht bauschten, wenn die seltsamen Geräusche dieser südlichen Nächte an ihr Ohr drangen — Geräusche, die so gänzlich anders waren als die der Nächte in Wien —, dann wanderten ihre nimmermüden Gedanken übers Meer nach Schönbrunn. Oder in die Hofburg, wo vor Sissys Zimmern die tappenden Schritte der Wachtposten erklangen. Posten, welche für die Sicherheit einer Monarchin sorgten, die gar nicht anwesend war...

Hatte nicht ein solcher Posten einige Zeit vor Rudis Tod die ‚Weiße Frau' zu sehen geglaubt? Jenes Hausgespenst der Habsburger, das in der Hofburg umging und Unheil ankündigte? — Hier hatte sie keine Macht, war außerstande, Furcht und Schrecken zu verbreiten!

Auf Korfu gingen Sissy mancherlei Gedanken durch den Kopf. Krause Gedanken, sprunghafte Gedanken. Gedanken, die sie selbst irritierten und mitunter sogar erschreckten. Und dann kam wieder die alte Angst über sie, die Angst eines jeden Abkömmlings der Wittelsbacher. Die Furcht vor der ‚Familienkrankheit', dem Wahnsinn.

Nein, diese Furcht hatte sie aus dem Inselparadies nicht auszusperren vermocht. Sie war nicht in Wien zurückgeblieben. Sie verfolgte sie überall hin, wohin sie auch zu fliehen versuchte. Die Furcht vor dieser Krankheit, von der sie oft glaubte, daß auch sie ihr anheimfallen könne.

Eine Bäuerin, die Lebensmittel ins Schloß brachte, erzählte von einer Hexe, die in einem der Dörfer hausen sollte. Sissy hörte davon.

„Ich möchte sie sehen und kennenlernen", erklärte sie.

Da Sarolta sich offensichtlich fürchtete, nahm Sissy nur Irma und Herrn Pali mit, der sich auch nicht sonderlich entzückt über diese Exkursion zeigte.

Nach etlichen Fragen kamen sie in das Dorf und fanden auch das Haus, in dem die angebliche Hexe hausen sollte. Doch die alte Frau, die von ihrer Umgebung aufgrund ihres sonderbaren Benehmens gefürchtet und verspottet wurde, besaß keine übernatürlichen Fähigkeiten; sie verstand gar nicht, was Sissy von ihr wollte.

In der Lehmhütte, in der die Alte hauste, sah es fürchterlich aus, und der Gestank war unerträglich. Sie hatte einen unheimlichen Blick, redete wirres Zeug und verscheuchte ihre Besucher mit drohenden Gebärden.

„Die Frau ist geisteskrank", stellte Herr Pali die durchaus zutreffende Diagnose.

Der Rückweg zum Achilleion verlief schweigsam. Sissy war plötzlich sehr bedrückt. Es war, als verfolge sie der Blick der Alten bis ins Schloß, und als sie nachts aufwachte, glaubte sie, sie an ihrem Bett stehen zu sehen.

„Nein", rief sie entsetzt und sprang auf. „Nein — ich will sie nicht sehen!"

Das Kammermädchen, das davon aufwachte und erschrocken herbeieilte, begriff nicht, was geschehen war.

6. Die Bahn wird modernisiert

Während Sissy auf der fernen Insel Korfu ihre Tage mit Wandern, Träumen und Griechischunterricht verbrachte, wartete Franzl in Wien auf die nun wieder seltener eintreffenden Briefe, in denen sie ihm von ihren Erlebnissen berichtete.

In Wien ging alles seinen gewohnten Gang. Das bedeutete hektische Betriebsamkeit in der Innen- wie in der Außenpolitik, und dazwischen gab es immer wieder Ereignisse, bei denen der Kaiser einfach „dabei" sein mußte, um ihnen durch sein persönliches Erscheinen die rechte Bedeutung zu verleihen.

Auch Franz Ferdinand war nun wieder häufiger in Wien. Daß der junge Erzherzog die Thronfolge antreten werde, war entschieden; in bezug auf seine Heirat aber beharrte der Kaiser auf seiner Meinung.

Die Ärzte hatten unterdessen in Franz Ferdinands Befinden eine erstaunliche Besserung festgestellt. Sein Lungenleiden war so gut wie auskuriert; die Mediziner schrieben das nicht zuletzt dem eisernen Willen des jungen Erzherzogs zu, ohne zu ahnen, daß da noch jemand anderer am Werke gewesen war, wenn auch nur im geheimen.

Die von Frau von Mikes schlau eingefädelte Postverbindung mit der Komtesse Sophie Chotek von Chotkowa und Wojnyn klappte nämlich ausgezeichnet. Und als Sissy in Korfu davon erfuhr, war sie selbst darüber so froh, daß sie einen Tag voll ungetrübt guter Laune verbrachte.

Dem jungen Erzherzog aber brachte der wiedergewonnene Kontakt mit seiner Soph' Kraft und Lebensmut, was er zur Überwindung seiner Krankheit so nötig brauchte. Sophie ermunterte ihn immer wieder, seine Ungeduld zu zügeln und allen Anordnungen der Ärzte strikt Folge zu leisten. Dabei appellierte sie an seinen Glauben an eine gemeinsame Zukunft, die es dann geben würde, wenn es ihm gelang, den heimtückischen Bazillen Widerstand zu leisten. Franz Ferdinand, der sich über Professor Eisenmenger früher oft lustig gemacht hatte, tat dies nun nicht mehr. Er

124

schluckte brav und folgsam jede Medizin, die ihm der Professor verschrieb, und unterzog sich ohne Murren jeder ärztlichen Vorschrift.

Ja, er wollte gesund werden! Ja, er wollte leben, an der Seite von Sophie und für sie. Kinder wollten sie beide haben. Eine Familie sollte es werden, die ein Herz und eine Seele war. Doch das schwor sich Franz Ferdinand: auf die Krone würde er trotzdem nicht verzichten, schon um das Vermächtnis Rudolfs erfüllen zu können.

Sein Herz war voll Dankbarkeit für Sissy. Am liebsten wäre er selbst nach Korfu gereist, um ihre Hände küssen und ihr zu danken für das, was sie für ihn und Soph' getan hatte. Denn es war ja schon sehr viel erreicht. Mit ihrer Hilfe war die unsichtbare Mauer, welche Soph' und ihn trennen sollte, durchbrochen worden.

Der Kaiser ahnte nichts von der heimlichen Korrespondenz. Er hoffte immer noch, seinen Neffen von der Notwendigkeit des Verzichts auf diese Heirat aus Gründen der Staatsraison überzeugen zu können. Wenn er jetzt dienstlich mit Franz Ferdinand zusammentraf, vermied er dieses Thema; er tat, als wäre diese Angelegenheit erledigt, und Franz Ferdinand seinerseits wagte nicht, den Onkel daran zu erinnern, wenn er dessen strengen blauen Augen auf sich gerichtet fühlte.

Während Franzl auf die gute Einsicht seines Neffen baute und seinem eigenen strengen Pflichtgefühl gemäß annahm, daß sich der Erzherzog, vor eine endgültige Wahl gestellt, doch für Krone und Herrscheramt entscheiden würde, baute Franz Ferdinand auf die weitere Hilfe Sissys, deren Einfluß auf den Onkel er ja kannte. Freilich stand es noch in den Sternen, auf welche Weise sie es schaffen würde, ihren Mann umzustimmen, doch daß es ihr letzten Endes glücken würde, daran hegte er keinen Zweifel.

Sissy benachrichtigte Frau von Mikes aus Korfu, daß sie in absehbarer Zeit nach Venedig kommen werde; dort hoffte sie, mit ihr zusammenzutreffen. Und von Venedig sollte es nach Ischl gehen; denn die rumänische Königin Carmen Sylva, die Dichterin auf dem Königsthron, habe geschrieben, sie möchte Sissy in Ischl treffen.

Auch Franzl erfuhr von dem Plan. Sissy schrieb ihm so herzlich, daß er sich auf das bevorstehende Wiedersehen besonders freute. Und insgeheim hegte Franzl deshalb auch wieder die Hoffnung, daß es in diesem Jahre wie in schöneren, vergangenen Zeiten wieder ein Weihnachten in Gödöllö geben werde, das Sissy so besonders liebte.

Eines Morgens, beim Kaffee mit Kathi, eröffnete Franzl seiner Freundin, daß er am kommenden Samstag in die Hinterbrühl müsse; dort müsse er die elektrische Bahn von Mödling in die Brühl eröffnen.

„Das wird ein großer Tag für die Leute von der Bahn", meinte er gut aufgelegt. „Sie hoffen auf gute Geschäfte. Und ich glaube, sie werden recht behalten; denn viele Wiener werden sich die Gelegenheit nicht entgehen lassen, diese neue Bahn zu einem Sonntagsausflug in die herrliche Brühl zu benutzen."

„Die Gastwirtschaft in der Höldrichsmühle wird davon auch profitieren", meinte Kathi. „Diese braven Leute kenne ich. Sie halten das Andenken von Franz Schubert hoch in Ehren, der mit seinen Freunden dort so gern eingekehrt ist."

„Ich bin schon ewig nicht mehr dort gewesen", gestand Franzl.

„Und dabei ist es doch nur ein Katzensprung vor den Toren Wiens", meinte Kathi vorwurfsvoll.

„Liebe Freundin", schmunzelte Franzl, „wie gern würde ich mit Ihnen gemeinsam so einen Sonntagsausflug machen, und noch lieber, wenn auch Sissy mit dabei wäre.

126

Doch Sissy unternimmt ihre Ausflüge lieber in Korfu, Algier oder Ägypten, und für mich ist die Höldrichsmühle in der schönen Hinterbrühl schon zu weit weg. Zu weit deshalb, weil ich einfach keine Zeit für so einen schönen Ausflug habe! Was würden meine Minister sagen, wenn ich alles stehen und liegen ließe und sagte: Meine Herren, heute ist Feiertag, und deshalb mach' ich einen Ausflug!"

„Sie würden sagen, daß Sie sich das wohl verdient haben, Majestät", entgegnete Kathi resolut. „Wenn Sie wollen, rede ich selbst mit den Herren. Und was die neue Eisenbahn in die Hinterbrühl angeht, von der die Zeitungen ja schon Wunderdinge schreiben, werde ich mir für meine Person eine solche Vergnügungsfahrt nicht entgehen lassen!"

„Das ist ein gescheites Wort", nickte Franzl. „Aber vorerst muß ich die Bahn noch eröffnen. Ich bitt' also noch um ein paar Tage Geduld, liebste Freundin!"

Die neue elektrische Bahn sollte die Hinterbrühl mit Mödling — einer kleinen Stadt in der Nähe Wiens — verbinden.

Die Eröffnung war einer jener Anlässe, bei welchen das Volk den Kaiser sehen wollte. Neue Schulen, Spitäler, Brükken, Ausstellungen und dergleichen mehr riefen Franzl zur Pflicht der Repräsentation, und er mußte kommen, ob er nun wollte oder nicht.

In der Hinterbrühl wäre er lieber auf die Jagd gegangen wie sein Sohn Rudolf. Mayerling war nicht weit entfernt, wo Rudolf sich in der alten Meierei des Stiftes Heiligenkreuz seinen Jagdsitz errichtet hatte. Doch Franzl wollte nicht an Mayerling erinnert werden an diesem Tag, an dem der Wettergott es mit ihm und den Mödlingern gut meinte; die Sonne schien. Trachtenkapellen waren aufmarschiert und spielten österreichische Märsche. Alt und jung war auf den Beinen, und Franzl wunderte sich, daß es überhaupt so viele

Leute in Mödling und Umgebung gab. Aber natürlich, viele waren ja von weither gekommen, um den Kaiser zu sehen; das war die Lösung des Rätsels!

Von Kirchentürmen, öffentlichen Gebäuden und dem neuen, mit Girlanden geschmückten Stationsgebäude der neuen Bahn wehten die schwarzgelben Fahnen, die Hausfarben Habsburgs. Kleine, weißgekleidete Mädchen streuten Blütenblätter auf den Weg, den der Kaiser nehmen sollte.

Sein Kommen kündigte sich schon durch die immer lauter anschwellenden Hoch-Rufe des dichten Menschenspaliers an; der Kaiser kam in einem offenen Gespann vom Mödlinger Rathaus, wo er vom Bürgermeister begrüßt worden war.

Die Glocken läuteten wie an einem hohen Festtag in den sonnigen Himmel. Transparente und girlandengeschmückte Bögen hießen den Kaiser willkommen. Die Eröffnung der Bahn erschien fast Nebensache. Franzl saß im Wagen, seine Augen blitzten gutgelaunt, er freute sich und winkte in die Menge.

Scin Adjutant saß ihm gegenüber. Der Platz an seiner Seite aber war leer. Hier hätte Sissy sitzen sollen. Immer wieder empfand Franzl es schmerzlich, daß sie fehlte, und die Leute dachten wohl ebenso. Zu gern hätten sie auch ihre Kaiserin begrüßt.

Doch dann, vor dem Bahnhof, als die Kutsche des Kaisers haltmachte und zwei weißgekleidete Kinder, ein Bub im Matrosenanzug und ein Mädchen in festlichem Kleid, dem Kaiser einen Blumenstrauß überreichten, blickte er wieder froh in die Menge.

Franzl trat auf die schüchternen Kinder zu, und der Knabe setzte an, sein Sprüchlein aufzusagen. Schon seit Wochen hatte er sich bemüht, den Text zu behalten und die rıchtige Betonung zu finden. Gestern endlich hatte es geklappt.

Doch nun, da er dem Kaiser gegenüberstand, fühlte er zu seinem Entsetzen eine nie gekannte Leere in seinem Gehirn; alles war wie verflogen! Der Knabe tat den Mund auf; und er brachte nicht mehr hervor als ein

„Eure Majestät...
An diesem schönen oh — ah — eh —"

„Na laß nur", meinte Franzl schmunzelnd, nahm dem knicksenden Mäderl den Strauß ab und sagte wohlwollend: „Ich bin sicher, du hast es brav gelernt. Wie heißt du denn?"

„Franz Joseph", antwortete der Knabe stolz.

„Nein, sowas", staunte Franzl. „Grad' so wie ich! Und wie heißt das Mäderl?"

„Das ist meine Schwester Sissy!" kam es lautstark zurück.

„Na siehst, wir unterhalten uns ja ganz fabelhaft", fand Franzl und streichelte beiden die Schöpfe. „Und was willst einmal werden?"

„Lokomotivführer", erklärte sein kleiner Namensvetter.

„Das ist g'scheit, daß d' kein Kaiser werden willst", fand Franzl. „Einen guten Lokomotivführer braucht man genauso. Weißt, der eine wird das, und der andere das... Hauptsach', man macht seine Sach' ordentlich..."

Die Menge schaute auf die kleine Szene voll Rührung. Die beiden waren die Kinder des Stationsvorstandes der neuen Bahn. Und man hatte sie seinerzeit — so wie viele andere Kinder in der Monarchie — auf die Namen des Monarchenpaares taufen lassen, aus Liebe zur Dynastie und aus Patriotismus.

Franzl hielt dann noch eine kleine Rede und setzte sich in den ersten Zug, der hinaus in die schöne Hinterbrühl dampfte. Die Lok war mit Girlanden geschmückt, die Fenster der Waggons zierten Blumen, und entlang der Strecke gab es winkende Zaungäste, Hochrufe und Transparente.

Am Ende des Festes versicherte der Kaiser allen, daß es sehr schön gewesen sei.

Heimgekehrt nach Schönbrunn, setzte er sich müde an seinen Schreibtisch und schrieb Sissy.

> „Mein geliebter Engel!
> Habe heute die neue elektrische Bahn von Mödling in die hintere Brühl dem Verkehr übergeben..."

Und dann schilderte er ihr mit herzlichen Worten sein kleines Erlebnis mit seinem Namensvetter Franz Joseph, der sein Sprüchlein vergessen hatte, und legte seinem Brief ein paar Blümlein von der kleinen Sissy bei, als Gruß an die Große in ihrem Schloß in Korfu.

Er fühlte sich einsam. Er hegte keinen Groll gegen Sissy, dazu liebte er sie zu sehr. Nun waren sie seit 1854 verheiratet, jenem launischen 24. April. Einundvierzig Jahre währte nun schon diese Ehe mit all ihren Höhen und Tiefen, den Kindern, die lebten, und jenen, die gestorben waren: Rudolf und die kleine, so früh dahingegangene Sophie. Ihr Tod war der erste, harte Schicksalsschlag gewesen, der sie beide getroffen hatte, nach erst dreijähriger Ehe.

Franzls Mutter hatte der jungen Frau die Schuld gegeben. Wie schmerzlich mußte dies Sissy getroffen haben! Jetzt, nach so vielen Jahren, sah er Sissys bleiches, liebes Gesicht wieder vor sich, das Antlitz einer noch mädchenhaften Mutter.

Mädchenhaft war sie nun nicht mehr. Wind und Wetter, denen sie sich so gerne aussetzte, die Schicksalsschläge, die sie erlitten, und die Jahre hatten sie gewandelt. Franzl rief sich ihr Antlitz ins Gedächtnis. Er fand, die Zeit habe seine Frau gereift und veredelt.

130

Sie ist ein ungewöhnlicher Mensch, sagte er sich. Ein Mensch, den man nicht leicht begreifen kann — den man aber lieben muß, hat man ihn erst einmal akzeptiert.

Und er beendete seinen Brief. Es war nicht Routine, sondern kam ihm aus dem Herzen, als er schrieb:

„Ich küsse Dich aus der Ferne. Dein Dich liebender, sich nach Dir sehnender, armer

Franzl."

7. Stille Betrachtungen

Das Jahr 1894 neigte sich seinem Ende zu. Es war Herbst, die Blätter fielen, und man war wieder im lieben, alten Gödöllö nahe von Budapest. Jenem alten Schloß, das die Kaiserin für sich hatte restaurieren lassen und das einer ihrer liebsten Aufenthaltsorte in der Monarchie geworden war.

Das Treffen mit Carmen Sylva in Bad Ischl war nicht zustande gekommen. „Vielleicht nächstes Jahr", hatte die dichtende Königin ihre Absage mit Pflichten der Repräsentation in ihrem Land entschuldigt.

Sissy war ein wenig traurig darüber, doch sie kannte ja dergleichen aus eigener Erfahrung.

Auch sonst hatte sich einiges getan. Nach dem Tod seines Vaters war Nikolaus II. auf den Zarenthron gelangt — gegen seinen Willen, wie man versicherte. Die Geschichten, die sich um seine Thronbesteigung rankten und die von Petersburg nach Wien und Budapest durchgesickert waren, hatten auch vor dem Tor von Gödöllö nicht haltgemacht. Teils mit Amusement, teils mit Bedauern kommentierte man in den Salons des Schlosses, was dem armen Nikolaus da widerfahren war. Doch niemand ahnte, wie tragisch Nikolaus' Regentschaft für ihn und seine Familie enden sollte. Vorläufig hielt man seine Abneigung gegen den Thron für die Marotte eines weltfremden und verweichlichten Zarensohnes.

Die Gräfin Mikes, nun wieder in Gesellschaft Sissys, hatte der gespannt zuhörenden Kaiserin erzählt, daß der Briefkontakt zwischen Erzherzog Franz Ferdinand und der Komtesse Sophie Chotek noch immer zur Zufriedenheit der beiden Liebenden funktioniere. Offenbar leisteten Sophies Briefe an den jungen Erzherzog auch einen wesentlichen Beitrag zu dessen Genesung.

Franzls Hoffnung, daß Sissy über Weihnachten in Gödöllö bleiben würde, sollte sich nicht erfüllen. Sie wollte wieder nach Algier und von dort weiter nach Korfu; im nächsten Jahr sollte endlich Kronprinz Rudolfs Denkmal fertig sein und im Garten des Achilleion aufgestellt werden.

Irma Sztaray und Sissy unternahmen gemächliche Ausritte in die ländliche Umgebung und manchmal bis an den Stadtrand von Budapest. Von Sissys Reitstall war nicht mehr viel übrig geblieben; sie hatte noch einige Pferde, die in Gödöllö das Gnadenbrot genossen und von denen sie sich nicht trennen wollte. Die hölzerne, überdachte Reitschule existierte auch noch. Doch die Zeiten der wilden Fuchsjagden waren dahin.

Der Kaiser, der in Budapest Regierungsgeschäfte zu erledigen hatte, wurde nach den Herbstmanövern für ein paar Tage in Gödöllö erwartet. Sissy wußte, daß er wieder versuchen würde, sie umzustimmen, über die Weihnachts- und Neujahrsfeiertage in Ungarn zu bleiben. Doch er hätte ihre Antwort schon kennen müssen. Er tat ihr leid — doch war sie hier, mußte sie sich den Repräsentationspflichten beugen, und dies wollte und konnte sie nicht.

Und dann kam Franzl. Allzulang war man diesmal nicht

132

getrennt gewesen, man hatte einander im Sommer in Ischl gesehen — wo auch Kathi in der Villa Felicitas ihren Urlaub verbrachte —, und hernach blieb Sissy in der Hermesvilla. Doch nicht für lange. Sobald sie wieder ihre Sachen für die Weiterfahrt beisammen hatte, hatte sie wieder ihren Hofzug bestiegen und war nach Gödöllö gefahren.

Und nun war Franzl wieder da, und man saß beisammen.

„Sissy", redete er ernst auf sie ein, „möchtest du nicht endlich zur Ruhe kommen? Wer weiß, wieviel Zeit uns noch unser Herrgott zugemessen hat; denn wir werden beide nicht jünger. Eines Tages wirst du erkennen: die letzten Jahre, die Jahre nach Rudolfs Tod, waren für uns eine einzige versäumte Gelegenheit."

„Du denkst doch nicht etwa ans Altwerden?" scherzte sie.

„Ich denke nicht nur daran — ich weiß, daß wir nicht mehr jung sind, mein Engel. Du bist bald sechzig und lebst noch immer wie ein Schmetterling."

„Oh, beim Reiten merke ich schon, daß es nicht mehr so ist wie früher. Aber du bist heut' gar nicht galant. Zu einer Dame spricht man nicht von ihrem Alter, Löwe."

„Es ist ja nicht nur das Alter, mein Engel", versuchte er ihr seine Sorgen begreiflich zu machen. „Mir sitzt noch immer das Attentat auf Carnot in den Knochen. Die Anarchisten, diese ganzen linken Revolutionäre haben es auf den Tod der Regenten abgesehen."

„Aber ich regiere ja nicht", meinte Sissy, „das weiß ein jeder. Ich bin nur dem Namen nach Kaiserin und Königin. Auf den heftigen Wunsch deiner lieben Mama — Gott hab' sie selig — habe ich aller Politik entsagt."

„Na, da sind die Ungarn aber anderer Meinung", widersprach er. „Und glaube ja nicht, daß du vor diesen Wirrköpfen sicher bist, die ich allesamt für Verführte und bedauernswerte Steigbügelhalter fremder Interessen halte, die ihre eigene Haut für Machtstreber zu Markt tragen, die sich wohlweislich im Hintergrund halten."

„Gott wird mich schützen", sagte Sissy einfach.

„Das dachte sich der französische Ministerpräsident auch. Und doch hat ihn im vergangenen Sommer dieser Caserio in Lyon ermordet."

„Die Polizei hat versagt", fand Sissy gelangweilt. „Du änderst nichts an meinen Entschlüssen, Franz. Wechseln wir doch bitte das Thema. Nehmen wir unseren Tee."

Der Tee wurde in feinem, hauchdünnem Chinaporzellan serviert; sein Duft erfüllte die heimelige Atmosphäre des mit Bildern des ungarischen Malers Kiraly geschmückten intimen Salons, von dessen Fenstern aus man einen Blick hinab auf den herbstlichen Schloßpark hatte, der in melancholischen Farben prangte und von leichtem Nebel verhangen war.

„Seit dem Attentat versucht Wilhelm vergeblich, eine Gesetzesvorlage durchzubringen, die die Strafen für umstürzlerische Tätigkeiten erheblich verschärft", blieb jedoch Franz Joseph sorgenvoll bei seinem Gedankengang. „Aber die Sozialdemokraten sind im preußischen Abgeordnetenhaus schon zu stark. Sie arbeiten auf den Sturz der Monarchie hin und versuchen mit glatter Lügenpropaganda, Stimmen dazuzugewinnen."

„Daß Wilhelm nicht so viel Sympathien genießt wie du, ist verständlich", fand Sissy und nippte von dem heißen Getränk. „Ich mag den Schwadroneur auch nicht."

„Aber darum geht es doch gar nicht", widersprach Franzl heftig. „Es geht um die Macht; um den Zugriff zu den Mitteln zur Macht. Sie halten sich an das System dieser Herren Marx und Engels. Und sie machen sich auch die Ideen dieser radikalen Anarchisten zunutze. Man kann gar nicht begreifen, daß die geistigen Schöpfer des Anarchismus ausgerechnet Leute aus dem Hochadel waren."

„Die Fürsten Kropotkin und Bakunin werden gewußt haben, warum sie ihre Bücher über die Schaffung einer neuen Gesellschaft der unbeschränkten Freiheit, Gerechtigkeit und Solidarität geschrieben haben", versetzte Sissy stirnrunzelnd, „und was sie sagen, ist richtig."

„Aber undurchführbar", stellte Franzl fest. „Es steht im Widerspruch zum Verhalten unserer Zeitgenossen. Charakterlosigkeit, Mangel an Verantwortungs- und Ehrgefühl, Mangel an Achtung vor dem Mitmenschen, dafür aber rücksichtsloses Streben nach Gewinn, Macht und Vorteil um jeden Preis, selbst wenn der Weg dazu über Leichen führt — das ist es, womit wir zu tun haben. In unserer Monarchie hat jeder so viel Freiheit, wie er nur will und vertragen kann — sofern er die vom Gesetz bestimmten Grenzen beachtet."

„Wechseln wir doch bitte das Thema", beharrte Sissy. „Kaiser Wilhelm hat sich einen famosen Helfershelfer geholt — den Fürsten Hohenlohe-Schillingsfürst, der bei der Entmachtung meines Cousins, des Königs Ludwig von Bayern, eine so schöne Rolle gespielt hat."

„Der Hohenlohe macht das Kraut auch nicht fett", brummte Franzl. „Der Karren scheint mir verfahren."

„Es ist Wilhelms Karren, nicht deiner."

„Ich kann Nikolaus verstehen", kam Franzl auf den frischgebackenen Zaren zu sprechen. „Verständlich, daß er sich mit Händen und Füßen dagegen gesträubt hat, gekrönt zu werden. Leider ist ihm und seiner Alexandra in der Nacht vor der Krönung die Flucht aus dem Palast nicht geglückt; sonst säße er jetzt in Paris und lachte sich ins Fäustchen."

„Es hätte einen Skandal sondergleichen gegeben! Merkwürdig, daß du so sprichst, Franzl — so kenne ich dich ja gar nicht!" meinte sie, forschend zu ihm aufblickend. „Ich habe mit meiner Einstellung offensichtlich auf dich abgefärbt; du siehst also, daß unser Zusammensein zu Weihnachten gar nicht gut ist, es wäre fast staatsgefährlich."

„Ach, Nikolaus hat andere Sorgen", brummte er. „Der Krieg zwischen China und Japan hat auch in Europa seine Spuren hinterlassen. Da hat sich gezeigt, wie wichtig den Briten ihre Stützpunkte sind."

„Eigentlich hätte ich Lust, mir in London die neue Brükke über die Themse anzusehen", sinnierte Sissy, deren Gedanken auf anderen Geleisen liefen. „Die Brücke am Tower — sie soll ein neues Wahrzeichen von London geworden sein."

„Lange genug hat man ja daran gebaut", brummte Franzl. „Volle acht Jahre hat es gedauert."

„Dafür ist sie angeblich ein wahres Wunderwerk geworden. Ja, ich möchte sie ganz gern sehen, wenn sie wegen des Schiffsverkehrs aufgezogen wird. Sie teilt sich in der Mitte, heißt es, und beide Teile werden in die Höhe gezogen."

„Ja, die Technik", war Franzl endlich bei einem neuen Thema. „In Frankreich gibt es jetzt sogar schon Automobilrennen. Vielleicht lenkt das die Leute vom Dreyfus-Skandal ab."

„Glaubst du wirklich, daß dieser Hauptmann Dreyfus für Preußen spioniert hat?"

„Möglich ist alles", brummte Franzl. „Der Prozeß wird es ja erweisen."

„Er soll im Dezember beginnen, nicht wahr?"

„Ja, so steht es in den Zeitungen. Die Stimmung ist gegen diesen Dreyfus. Ich kann mir nicht vorstellen, daß, wie einige behaupten, die Vorwürfe gegen ihn unbegründet sind."

„Aber er sagt, er sei unschuldig und das Opfer einer Intrige!"

136

„Das sagen andere Spione auch", brummte Franzl. „Darin haben wir genug Erfahrungen. Schließlich liegt es doch wohl tatsächlich in Wilhelms Interesse, die französischen Aufmarschpläne in die Hände zu kriegen. Und was die Wahl seiner Mittel betrifft, so war Wilhelm noch nie besonders wählerisch."

„Und wenn man diesem Hauptmann nun Unrecht tut?"

„Das Gericht wird es feststellen", schloß Franzl das Thema ab. „Der Prozeß wird ihm noch im Dezember gemacht werden. Im übrigen ist das eine Sache der Franzosen und der Deutschen. Dreyfus hat nicht für uns gearbeitet. So ein Skandal hätte uns gerade noch gefehlt — ich habe genügend andere Sorgen."

„Zum Beispiel mit mir, Löwe."

„Jawohl, auch mit dir. Ich kann dich nicht überall so beschützen, wie ich es möchte. Das haben deine heurigen Abenteuer in der Kasba gezeigt. Und nun willst du schon wieder hin!"

„Eben deswegen. Es war ja so spannend. Und vielleicht schaffe ich es doch noch, in dieses Eingeborenencafé hineinzukommen, in das Frauen nicht dürfen."

„Du bist unverbesserlich", seufzte Franzl und warf einen hilfesuchenden Blick zur Decke.

„Du Armer", sagte sie, zärtlich lächelnd.

Da stellte er seine Teetasse hin, trat zu ihr und schloß sie in seine Arme.

„Mir bleibt wirklich nichts erspart", stellte er fest. „Warum mußte ich ausgerechnet dich heiraten!"

Und er küßte sie wieder und wiederum.

„Wenn du wüßtest, wie sehr du mir fehlst und wie sehr ich mich um deine Sicherheit sorge, wenn du unterwegs bist", meinte er dann, „könntest du nicht so grausam sein, mich immer so lange allein zu lassen!"

„Aber ich bin nun einmal die Besitzerin des Achilleion, die Gräfin Hohenems und Dame mit dem gekrönten Delphin. Nächstes Jahr wird Rudolfs Statue fertig."

„Und du bist auch die Königin von Ungarn und Kaiserin von Österreich. Das Millenniumsfest kommt auf uns zu. Die Ungarn rüsten schon jetzt, wie du weißt. Du mußt den Platz neben mir auf dem Thron der Ungarn einnehmen."

„Ich weiß", seufzte sie ergeben. „Nun, mir bleibt auch nichts erspart."

„Wir werden diese Tage überstehen, mein Engel."

„Sicher", sagte sie. „Wenn es nur schon vorüber wäre!"

„Aber du liebst doch die Ungarn. Du bist ihre Königin und mußt ihnen schon den Gefallen tun."

„Ich weiß", seufzte Sissy. „Und du bist ja bei mir. Das macht es halb so schlimm, Franzl. Geteiltes Leid ist halbes Leid, sagt man. Werden die Zeremonien sehr anstrengend?"

„Ziemlich. Natürlich wird vorher alles genau einstudiert. Man sitzt nicht ungestraft auf dem Goldenen Thron."

„Auch dann nicht, wenn man gar nicht darauf sitzen will, so wie ich", stellte Sissy fest. „Ich für meine Person sitze lieber auf einem Kamelhocker in der Kasba — vielleicht sogar in dem interessanten Café, in das man keine Frauen hineinläßt!"

„Man wird schon wissen, warum."

„Oh, es gibt schon Frauen da drin — Bauchtänzerinnen. Das wär' doch was für dich, Franzl!" neckte sie ihn. „Oder genügt dir deine liebe Freundin Kathi?"

„Die hab' ich noch nie mit dem Bauch tanzen gesehen", erklärte er ernsthaft. „Im Burgtheater kommt sowas nicht vor auf der Bühne."

„Schade", nickte Sissy. „Darum gehe ich auch nicht mehr hin."

„Pfui über dich, mein Engel."
Leider gingen die Tage in Gödöllö für den Kaiser schneller dahin, als ihm lieb war.

8. Das Fest des Thrones kommt in Sicht

Es war tatsächlich so, wie der Kaiser gesagt hatte. In Budapest nahmen die Hotels jetzt schon Buchungen für Quartiere über die Zeit des Millenniumsfestes entgegen. Es sollte das Fest der Feste werden, das Fest des ungarischen Königsthrones — oder genauer gesagt das der Krone des Heiligen Stephan. Wenn Sissy in die Nähe der Hauptstadt kam und sie in Begleitung der Gräfin Irma Sztaray erkannt wurde, sah sie sich sofort von alt und jung umringt und herzlich begrüßt. Ein jeder wollte der Königin eine Aufmerksamkeit bereiten; einmal hatte sogar eine Marktfahrerin ihrem Patriotismus dadurch Ausdruck verliehen, daß sie der Königin einige Krauthäupteln spendierte, die dann die arme Irma, sehr zu Sissys Belustigung, schleppen mußte — allerdings nur so lang, bis Sissy einer armen alten Frau ansichtig wurde, die sich ihrerseits für das nahrhafte Geschenk ganz gerührt zeigte.

Die Fabrikanten, welche Millenniums-Souvenirs erzeugten, hatten schon jetzt Aufträge in Hülle und Fülle. Die Konfektionäre, Hutmacher, die Schirmfabrikanten, die sich auf eine Kopie des von Sissy bevorzugten weißen, mit Spitzen verzierten Sonnenschirms spezialisierten, hatten Hochbetrieb. Die königliche Münze prägte Gedenkmünzen aus Gold, Bronze und Kupfer. Und die Juweliere hatten zusätzliche Gehilfen für ihre Werkstätten aufnehmen müssen.

Auch bei den Fabrikanten von Feuerwerkskörpern herrschte arge Personalnot, und in den Öfen der Budapester

Porzellanmanufaktur brannten schon jetzt die zierlichen, kleinen Nippes, welche den König und die Königin en miniature darstellten, und die dann noch in den Werkstätten von geschickten Händen in Geschenkkartons verpackt werden mußten.

Selbst die große Kerzen- und Seifenfabrik an der Donau wollte an dem Millenniumsgeschäft ihren Anteil haben. Sissys Bildnis prangte auf der Verpackung fein parfümierter Toiletteseifen, auf Zierkerzen sah man den König und die Königin und in den Tabakläden Pfeifen á la Franz Joseph mit dem emaillierten Bildnis des Königs in Honved-Uniform.

Und doch war es noch fast ein Jahr bis zu dem großen Fest. Aber schon allein der Umstand, daß an der Budapester Burg sichtbare Renovierungsarbeiten in Angriff genommen wurden — das Gebäude war teilweise eingerüstet —, ließ erkennen, daß die Monate bis zu den kommenden, großen Tagen rasch genug verfliegen würden. Natürlich wurden auch die Gemächer renoviert, brachte man alles auf Hochglanz, und die Handwerker kamen und gingen mit zufriedenen Gesichtern, denn über die Entlohnung konnten sie sich nicht beklagen.

In den Gazetten konnte man lesen, daß die Budapester Oper mit besonderen Kunstgenüssen aufzuwarten gedenke. Doch nicht nur die Theater, sondern vor allem die vielen kleinen Vergnügungslokale, die Gaststätten, in denen die Zigeunerkapellen ihre feurigen Weisen erklingen ließen, sie alle dachten sich Besonderes aus, um an dem zu erwartenden Gästestrom reichlich zu verdienen.

Reichlich verdienen wollte auch die k.u.k. Hofschneiderin.

„Lassen Sie noch vor meiner Abreise Madame Fuchs kommen", befahl Sissy dann auch der Sztaray.

140

Marika Fuchs, die k.u.k. Hofschneiderin in Budapest, hätte nach eigenen Angaben verhungern müssen, hätte sie von den Aufträgen des Kaiserhauses leben müssen. Nur zu selten „bestellte" die Kaiserin etwas bei ihr; Sissy hatte ihre Schneiderinnen in Wien, Paris, London und ließ manchmal sogar in Genf arbeiten. Zum Anlaß des Millenniums aber rechnete sich Madame Fuchs aus, daß es diesmal schon aus Gründen des Patriotismus unumgänglich für die Königin sein werde, zumindest einiges bei ihr in Auftrag zu geben; und dementsprechend würde sich dann auch der ungarische Hochadel einfinden. Sie hatte jetzt schon siebzig Näherinnen in der Werkstatt an den Tischen sitzen und schätzte, daß es wohl hundert werden würden, wenn man im Laufe des nächsten Frühjahres — wie sie hoffte — „ins Gedränge" käme.

Natürlich erschien Madame Fuchs persönlich in Schloß Gödöllö. Die Hunde verbellten ihr Auto, mit dem sie angeschnauft kam und das ihnen — wie übrigens auch dem Schloßpersonal — ein noch recht ungewohnter Anblick war. Doch Frau Fuchs hielt es mit dem Neuesten, nicht nur in punkto Mode, und wußte, was sie dem Ruf ihres „Mode-Ateliers" schuldig war, in dem nur exquisite Entwürfe in Einzelanfertigungen entstanden, deren Schnitte wie ein Staatsgeheimnis gehütet und gewahrt wurden. Bis die Kundin diese stoffgewordenen Träume selbst ans Licht der Öffentlichkeit führte.

Madame Fuchs kam mit Gefolge, das heißt, mit ihrem „Maître de Mode", der die Entwürfe auszudenken und zu Papier zu bringen hatte, sodann mit der „Stoffmamselle", die ganze Kollektionen von kostbaren Stoffmustern mitschleppte, und schließlich auch noch mit Mademoiselle Cobal und Gehilfinnen, die Maß nehmen sollten. Sie schleppten eine Schneiderpuppe mit. Die Puppe war nach Sissys

Maßstäben angefertigt worden, doch war dies schon einige Jahre her, und Madame Fuchs fürchtete, daß Korrekturen nötig sein würden. Mademoiselle, die ihr anvertraute kostbare Puppe und drei Mädchen kamen übrigens in einem Liefergespann, das in gehörigem Respektabstand dem Auto von Madame gefolgt war.

Sissy war nicht begeistert, als ihr diese „Modegesellschaft" gemeldet wurde, empfing sie aber sofort. Im Ankleidezimmer sollte Maß genommen werden; dorthin begab sich die Cobal mit ihren Gehilfinnen, wo sie Sarolta empfing. Madame Fuchs und ihr Maître de Mode aber wurden zu einem Gespräch, das die grundsätzlichen Wünsche Sissys klären sollte, im Kleinen Salon empfangen.

Madame Fuchs, mittelalterlich, juwelengeschmückt, spitznasig und steif geschnürt, versank in einem ehrerbietigen Knicks beinahe zur Gänze im Teppich, während der Maître, den Sissy nicht mochte, weil er das Gehaben eines Frauenzimmers an den Tag legte, eine Verbeugung von tänzerischer Eleganz vollführte. Das ‚Haus Fuchs', versicherte Madame höchst glaubwürdig, schätze sich überglücklich und fühle sich durch das königliche Vertrauen, welches es voll zu rechtfertigen bestrebt sein wolle, auf das allerhöchste geehrt.

„Madame", begann Sissy mit etwas spröder Stimme, „es ist der Wunsch des Königs, meines Mannes —"

Und damit drückte sie so ziemlich genau aus, was zu sagen war. Das vermochte die geschäftstüchtige Madame jedoch nicht von ihrem Vorhaben abzuschrecken, aus diesem Auftrag herauszuholen, was nur immer herausgeholt werden konnte.

Unauffällig, jedoch scharfblickenden Auges taxierte sie die Laune Sissys und fand sie mäßig; daher ließ sie sogleich die verlockendsten Stoffmuster kommen, von denen sie sicher war, daß diese Kollektion ein jedes Frauenherz höher schlagen lassen mußte.

Sie stellte fest, daß sich Sissys überschlanke Figur kaum verändert hatte. Ihre Haarpracht war noch immer beneidenswert und ihre Züge wie gemeißelt; doch ihr Blick war reserviert und ihr Mund ein wenig verkniffen.

Sie hat heute keinen guten Tag, sagte sich die Fuchs. Na, wir werden sie schon aufheitern... Und dann kamen die Mappen mit der Musterkollektion. Seide, Satin, Damast, alles in den prächtigsten Mustern und Farben.

„Majestät müssen sich das am Körper vorstellen; und dazu noch bei künstlichem Licht!" versicherte der Maître. „Es sind die neuesten Entwürfe. Viel wird sich nicht ändern, wir sind ja immer schon um eine Saison voraus, und dies ist gewissermaßen bereits der Vorgriff auf das große Ereignis."

„Wenn sich Majestät für eine engere Wahl entschieden haben, lassen wir die Ballen kommen. Denn an den Körper angelegt, macht alles natürlich noch einen ganz anderen Eindruck." Madame Fuchs war voll erwartungsfroher Hoffnung und total konsterniert, als Sissy kaum einen Blick auf die kostbare Kollektion warf, die ihr dargeboten wurde.

„Dies alles geht nicht, Madame", erklärte sie. „Sie haben, wie ich sehe, lebhafte Farben mitgebracht —"

„Oh, wenn Majestät gedeckte Nuancen wünschen —"

„Madame, ich bin kein junges Mädchen, sondern eine trauernde Mutter. Ich werde zum Millennium in Schwarz erscheinen oder gar nicht."

„Zu diesem Anlaß — in Schwarz?" staunte die Fuchs, und der Maître riß seine dünnen Augenbrauen bis zu den Haarwurzeln empor und meinte ungläubig: „Wie apart!"

„Meinen Majestät nicht, daß dies — vielleicht — von manchen Menschen als ein Affront empfunden werden könnte?" wagte die Fuchs einen Einwand.

„Ein Affront — gegen wen und was?" erwiderte Sissy scharf. „Ich wünsche niemanden zu beleidigen. Doch ich erwarte Respekt und Verständnis für mein persönliches Leid. Oder erwarte ich da zu viel von meinen Ungarn?"

Sie hatte ein Talent, bei solchen Gelegenheiten den richtigen Ton zu treffen. Madame Fuchs und ihr Maître de Mode wagten keinen Einwand mehr. Ein Satz von Sissy hatte selbst Madames scharfes Mundwerk außer Gefecht gesetzt.

Die Fuchs und der Maître sahen sich an, während Sissy mit steinerner Miene, die Mundwinkel ein wenig spöttisch verzogen, am Tisch saß.

„Ja, dann —" sagte schließlich der Maître in höchster Verlegenheit und warf einen hilfesuchenden Blick auf Madame, die dann auch notgedrungen vollendete: „Dann, Majestät, müssen wir wohl noch einmal wiederkommen! Doch immerhin, wir können etwas tun. Das Maß an der Puppe korrigieren, meine ich, wenn Majestät gütigst gestatten wollen."

„Bitte", nickte Sissy bloß einfach, erhob sich und ging voran ins Ankleidezimmer, wo die Probierpuppe bereits aufgestellt und alles fürs Maßnehmen bereit war.

Sissy wußte, daß sie ihr Kleid ablegen mußte. Das besorgten ihre Zofen. Danach wurde die Taille über dem Korsett gemessen, das sie eng umspannte.

„Achtundvierzig Zentimeter", stellte Mademoiselle Cobal respektvoll und anerkennend fest. „Noch genau wie an der Puppe! Ist die Frage erlaubt, wieviel ihre Majestät augenblicklich wiegen?"

„Zweiundfünfzig Kilo", antwortete Sissy bereitwillig. „Ich muß wieder einen Orangentag einlegen."

„Majestät halten bewundernswert Figur", fand die Cobal. „Seit zwei Jahren hat sich nichts verändert! Wir können an dieser Puppe arbeiten, wie beim letztenmal!"

144

„Schön", nickte Sissy zufrieden. „Dann braucht ihr ja bei Madames nächstem Besuch nicht nochmals nach Gödöllö herauszukommen."

„Nur zur Anprobe, Majestät."

„Nun, die wird wohl vor Mai oder April nicht möglich sein", sagte Sissy. „Ich reise nämlich in ein paar Tagen ab. Ich bin zu den Feiertagen wahrscheinlich in Spanien."

Konsterniert trat Madame Fuchs den Rückzug an. Immerhin hatte der Maître schon eine gewisse Vorstellung im Kopf. Er stellte sich die seltsame, auch von ihm bewunderte Königin an der Seite ihres Gatten in einem majestätischen, schwarzen Kleid mit Schleppe vor und knobelte nur noch an der Kopfbedeckung, die er mit der Marchand d'Mode besprechen mußte. Das Kleid? Brokat! Dazu schwarze Brüsseler Spitzen, die auch vom Haupt rieseln sollten. Oder doch nicht? Sollte man wirklich dieses Haar verdecken? Genügte nicht eine Art Barett? Oder etwas ähnliches wie ein Kardinalshut? Ausgefallen sollte es sein, die Schleier sollten das Gesicht verhüllen, aber Haar und Nacken freilassen; diesen majestätischen Nacken konnte man doch nicht den Blicken entziehen!

Franzls Uniformschneider hatten es da leichter. An den Uniformen änderte sich traditionsgemäß nicht viel. Franzl wußte, was er zu jenem Anlaß tragen würde; auch für ihn gab es übrigens eine Probierpuppe in Wien, sein Hofschuhmacher hatte sogar Maßmodelle seines linken und seines rechten Fußes, die nicht ganz gleich waren. Und da Franzl keine Geduld beim Anprobieren zeigte, sondern es als eine unnütze Zeitverschwendung betrachtete, würde die Garderobefrage bei ihm problemloser und sicherlich auch weniger kostspielig verlaufen als bei Sissy.

In einer kleinen ungarischen Garnison ritt indessen ein junger Offizier nach Dienstschluß zur Poststation und gab

145

auf der Posthalterei einen postlagernden Brief nach Böhmen auf. Der Beamte am Schalter erstarrte fast vor Ehrfurcht, denn er sah Erzherzog Franz Ferdinand vor sich.

Dieser hatte wieder einmal an seine Soph' geschrieben. Sie machte noch immer Dienst als freiwillige Krankenschwester. Und sie verkehrten brieflich postlagernd miteinander, so wie manche andere Liebespaare. Franz Ferdinand und seine Soph' glaubten freilich, in der ganzen weiten Monarchie gäbe es kein Paar, dem man so viele Hindernisse in den Weg legte, um sie daran zu hindern zusammenzukommen.

„Geliebte Soph!

Nun halte ich es einfach nicht mehr länger aus ohne Deine Gegenwart. Wir haben es oft genug hinausgezögert, diesmal aber muß es sein. Wir müssen uns sehen und miteinander sprechen. Verzeih meine Ungeduld, aber es ist schmählich, was man mit uns macht, und ich habe nun wirklich kein Verständnis mehr dafür.
Soll das Jahr zu Ende gehen, ohne daß wir einander gesehen, gesprochen, in die Augen gesehen haben? Sollen im Frühjahr die Rosen von Konopischt wieder blühen ohne Dich? Schreib mir, daß es nicht der Fall ist.
Schreibe mir an die übliche Adresse, wann und wo genau ich Dich sehen darf. Ich fiebere dem Wiedersehen entgegen.
Dein unglücklicher

Franz Ferdinand."

Er gab den Brief auf, zahlte das Porto und schwang sich draußen wieder auf sein Pferd.

Am Freitag nachmittag ging Sophie wie gewöhnlich auf

146

ihr Postamt, um nachzufragen, ob für sie Briefe gekommen seien. Sie riß den Umschlag noch auf dem Rückweg auf und las mit klopfendem Herzen.

Währenddessen blieb sie stehen, und ein leises Beben befiel ihre schlanke Gestalt. Die Finger zitterten, und Blut schoß ihr in die Wangen.

Als sie zu Ende gelesen hatte, schob sie das Schreiben hastig in ihren Umhang und schritt erregt zurück zum Spital.

Schon mehrmals hatte Franz Ferdinand sie um ein Rendezvous gebeten, doch stets hatte sie das ihrem Vater gegebene Versprechen eingedenk seiner dringenden Bitten abschlägig beantwortet. Doch sie war sich im klaren darüber, daß, je länger die Trennung von ihr währte, seine und nun langsam auch ihre Ungeduld wuchs. Ja, Franz Ferdinand hatte ein jähes, trotziges Temperament. Nur ihre wiederholten Mahnungen, daß es in ihrer beider Interesse läge, jetzt die Form zu wahren und niemandem Anlaß zur Klage zu geben, hatte ihn bis jetzt vor einem unüberlegten Schritt bewahrt.

Sie wußte es nicht sicher, fürchtete aber, von Spitzeln überwacht zu werden. Und sie konnte sich vorstellen, daß man auch den Kronprinzen nicht aus den Augen ließ. Ein unbemerktes Treffen war also fast ein Ding der Unmöglichkeit und konnte tatsächlich unliebsame Folgen haben.

Sie ging auf dem Rückweg in eine Kirche und setzte sich auf eine Bank. Hier war es einsam und still, und sie konnte in Ruhe ihre Gedanken sammeln. Sophie verstand Franz Ferdinands Ungeduld. Und sie sehnte sich selbst nach ihm.

Sie überlegte angestrengt, wie sie es anstellen könne, daß sie beide einander träfen, ohne Argwohn zu erregen. Er mußte Urlaub nehmen, Urlaub nach Konopischt! Sein Verwalter sollte ihm einen Brief schreiben. Das würde es glaubhaft machen, daß er auf seinen Besitz in Böhmen mußte, wegen irgendeiner dringlichen Angelegenheit. Und dann...

Er mußte über Blumau fahren, hier aussteigen und weiterreisen mit dem nächsten Zug. Denn nach Konopischt mußte er ja, für alle Fälle... Und es sollte an einem Freitag nachmittag sein, zur Stunde, zu der sie Ausgang hatte!

So konnte es gehen... Sie wußte auch eine kleine Gaststätte in einer Seitengasse, kannte den Wirt dort, dessen Gattin im Spital in Pflege gewesen war. Diesen Mann mußte sie bitten, ihr für jenen Nachmittag das Extrazimmer frei zu halten.

Was er sich dabei wohl denken würde? — Nun, er mußte sie gut genug kennen, um nichts Schlechtes anzunehmen.

Sophie versuchte zu beten. Doch ihre innere Erregung hinderte sie daran. Unwillkürlich dachte sie zurück an den November des Jahres 1894, als ihr Franz Ferdinand zum erstenmal begegnet war.

Das war auf einer Soiree des Statthalters von Böhmen in Prag. Die Choteks waren — als eine der Familien des böhmischen Uradels — unter den auf den Hradschin geladenen Gästen. Doch nur sie ging hin. Alles, was in Prag Rang und Würde hatte, war zugegen.

Der Zeremoniär rief gerade laut in den Saal: „Fürst und Fürstin Lobkowitz!"

„Seine Durchlaucht, Fürst Esterhazy und Gemahlin!"

„Seine Durchlaucht, Fürst Schwarzenberg... und Graf Rohan! Fürst und Fürstin Auersperg... Komtesse Sophie Chotek von Chotkowa und Wojnyn..."

Und irgendwann an diesem Abend hatte es auch geheißen: „Seine kaiserliche Hoheit Erzherzog Franz Ferdinand..."

Sie war gewohnt, bei solchen Anlässen Mauerblümchen zu sein. Das schöne Schloß Weltrus, nördlich von Prag, das den Choteks seit Generationen gehörte, zehrte gewaltig am

Vermögen des Grafen und Geheimen Rates Bohuslav Chotek, Sophiens Vater, der im diplomatischen Dienst in Belgien tätig war. Die Ehe des Reichsgrafen war zudem mit acht Kindern gesegnet, die versorgt sein wollten. Sophie hatte sich für diesen Abend in der Statthalterei keine jener Garderoben leisten können, mit der die Fürstinnen glänzten; ihr Kleid stammte bloß aus einem Atelier für den Mittelstand, und sie trug keinen Schmuck.

Auch war sie dreiundzwanzig und fühlte sich noch zu jung, um es ihrer Schwester Henriette gleichzutun, die, wie man sagte, „die Überfuhr versäumt" hatte und in das Prager Adelige-Damen-Stift eingetreten war.

Nein, Sophie hatte noch nicht resigniert. Sie war auf ihre Weise hübsch, und sie besaß Charme. Aber sie hätte nie zu hoffen gewagt, daß ein Erzherzog, und noch dazu der Kronprinz, sich für sie interessieren würde!

Sie fiel ihm vielleicht gerade deshalb auf, weil sich von den Kavalieren im Saal so offensichtlich niemand für sie interessierte. Sie war einsam, wirkte wie verloren, und genauso kam er sich selber vor. Sein Herz war allein wie das ihre.

Als Franz Ferdinand den Graf Wurmbrand darum ersuchte, sich danach zu erkundigen, wer denn die hübsche junge Dame sei, konnte Leo Wurmbrand ihm gleich Auskunft geben, ohne viel fragen zu müssen. Denn die Komtesse, von Freunden und Verwandten schlichtweg „Soph" genannt, war eine entfernte Verwandte; und das gab den Ausschlag, daß der sonst Damen gegenüber eher schüchterne Franz Ferdinand ersuchte, vorgestellt zu werden.

Als der Walzer erklang, schwebte sie in seinen Armen über das Parkett, selig an ihn geschmiegt; sie konnte es kaum glauben und genoß es, plötzlich im Mittelpunkt zu stehen, denn dieses Paar zog alle Augen auf sich.

„Komtesse", hatte er ihr zugeflüstert, „ich bin bezaubert... Ich muß Sie wiedersehen. Erlauben Sie mir, Ihnen zu schreiben? Werden Sie antworten?"

Sie hatte nicht geglaubt, daß es ihm ernst damit sei.

„Was können Kaiserliche Hoheit schon an mir finden?" hatte sie ihm verwirrt geantwortet. „Kaiserliche Hoheit haben sicher andere, hübschere Freundinnen. Und überhaupt — was könnte ich Kaiserlicher Hoheit schon bedeuten?"

„Alles", preßte er hervor.

Sie erschrak, wie er dies sagte und sie dabei fixierte.

„Sie müssen wissen", versuchte er zu erklären, „ich bin ein gehetzter, einsamer Mann. Und krank noch dazu. Ich habe niemanden, dem ich vertrauen, dem ich mein Herz ausschütten kann. Auch ein Erzherzog ist nur ein Mensch. Und ein Mann... können Sie das nicht verstehen?"

„Aber warum gerade ich?" fragte sie. „Und was soll daraus werden?"

Diese Frage war sehr begründet. Sophie war das anständige, gut erzogene Kind einer hochangesehenen Familie. Für eine Liebschaft, wie sie so mancher Erzherzog unterhielt, würde sie sich nicht hergegeben haben. Doch für eine echte Beziehung, die zu einer Heirat führen konnte, fehlte die gesellschaftliche Basis: sie war dem Erzherzog „nicht ebenbürtig".

Das wußte auch er. Doch er hielt sie wie einen Rettungsanker an sich gepreßt, von einem jäh aufwallenden Gefühl übermannt, das er bis dahin noch nicht gekannt hatte.

„Weisen Sie mich nicht ab", bat er. „Komtesse, ich könnte es nicht ertragen!"

Der Walzer verklang, und er führte sie als „seine Dame" nach nebenan in einen kleinen Salon. Sie folgte ihm wie betäubt, ihrer Sinne nicht mächtig.

150

„In weniger als einer Stunde", drängte er, „muß ich wieder fort. Zu meiner Truppe nach Budweis. Doch ich will und kann nicht glauben, daß dann alles zu Ende sein soll."

„Kaiserliche Hoheit kennen mich doch gar nicht", flüsterte sie abwehrend.

„Auch das", sagte er, „kann ich kaum glauben... Vielleicht, daß wir einander in einem früheren Leben begegnet sind. Ich lüge nicht, es ist mir, als wären wir einander seit langem vertraut. Ihre Blicke, Ihre Gesten, Ihr Haar — wie Sie es tragen —, mir ist, als ob ich dies alles schon lange kennen würde! Und als hätte ich nur darauf gewartet, es wiederzusehen... Lachen Sie mich nicht aus, Komtesse!"

Sie lachte nicht. Es war seltsam, aber Sophie fühlte ähnlich wie er.

Gottes Fügung, murmelte sie fromm. Und wenn es so ist, wird Gott es auch zu einem guten Ende führen.

Er hatte ihr an jenem Abend eine postlagernde Adresse zugesteckt und sie beschworen, ihm zu schreiben. Sie hatte es versprechen müssen. In dem ersten Brief, den sie ihm nach Budweis schrieb, hatte sie eine Gegenadresse angegeben.

Franz Ferdinands Diener Janaczek holte ihre Briefe von der Poststation ab, und sie ging in Prag selbst heimlich zum Postamt und las mit heißen Wangen, was er schrieb.

Von nun an wußten sie alles voneinander — obwohl sie einander nicht sahen. Und Franz Ferdinand erfuhr eines Tages, daß sie die Stellung einer Hausdame und Erzieherin bei Franz Ferdinands Verwandten, dem Erzherzog Friedrich in Preßburg, angenommen hatte.

Aus der Ehe des gemütlichen, bärtigen Brillenträgers, der trotz seiner Kurzsichtigkeit gern auf Jagd ging, mit dem „Hausdrachen", der Erzherzogin Isabella, waren sechs Töchter hervorgegangen, von denen Maria Christina das achtzehnte Lebensjahr erreicht hatte.

151

„Man wird glauben, ich fahre ihretwegen nach Preßburg,
wenn ich dich dort besuchen komme", schrieb Franz Ferdi-
nand listig an seine Soph'.
Und Mama Isabella glaubte das auch und fühlte sich
schon als künftige Schwiegermama und Kaiserin-Mutter
von Österreich. Bis zu jenem Tag, an dem Franz Ferdinand
nach einer Tennispartie seine Uhr samt Medaillon vergaß,
und die neugierige Erzherzogin darin das Foto von Soph'
entdeckte...

„Vielleicht war das so ganz gut", murmelte Sophie vor
sich hin. Und sie fühlte sich merkwürdig gestärkt, als sie
bald darauf die Kirche verließ, fest dazu entschlossen, den
Antwortbrief noch heute abend zu schreiben. Auch sie erfaßte jetzt Ungeduld, in Erwartung des Wiedersehens.

9. Überraschungen in Wien

Franzl war schon wieder unterwegs nach Wien. In der
Burg von Ofen hatte er noch Amtsgeschäfte erledigt. Nun
endlich rollte sein Zug wieder Wien zu, und Franzl erkannte
schon aus der Ferne die gewohnte Silhouette von Türmen
und Dächern und den sanften Bogen des Wienerwaldes.
Jedesmal genoß er diesen Anblick, denn er war sehr hei-
matverbunden und Sissys ewige Reiselust ging über seinen
Horizont. Dabei gingen ihm die Gedanken nicht nur über
Wien durch den Kopf, sondern auch über die Monarchie,
deren Einheit in der Theorie eine ideale Sache war. In der
Praxis aber scheiterte sie an menschlicher Unzulänglichkeit.
Kronprinz Rudolf, der diesen Vielvölkerstaat erhalten
wollte, sah den Ausweg aus den Streitigkeiten zwischen den
einzelnen Völkern in der Umwandlung in einen modernen

Bundesstaat nach amerikanischem Vorbild. Er unternahm schon Schritte zur Realisierung dieses Planes von weltpolitischer Bedeutung und mußte sterben. Sein Vermächtnis ruhte nun in den Händen des jungen, ehrgeizigen Erzherzogs Franz Ferdinand. In einem Staatsgebilde, wie es Rudi vorschwebte, hätte es nicht viel ausgemacht, daß die Frau an der Seite des Repräsentanten der höchsten Autorität „nur" eine Komtesse Chotek war.

Franz Ferdinand hütete Rudolfs geheime Aufzeichnungen wie einen Augapfel. Sie wanderten von Geheimfach zu Geheimfach. Mißtrauisch, wie er war, hielt er es nicht für ratsam, sie an einem ständigen Ort aufzubewahren, weil er fürchtete, sie könnten in unberufene Hände fallen. Er glaubte, sicher zu sein, daß ein bestimmter Personenkreis um die Existenz dieser Papiere wußte. Es waren ihm bereits Drohungen zugegangen. Er mußte vorsichtig sein.

Franzl wußte um die Brisanz einer möglichen Umwandlung der Monarchie in bezug auf Außen- und Innenpolitik. Er war daher für eine andere Art der Lösung des Problems. Gewohnt, wie seine Ahnen in Generationen zu denken, war er für eine Politik kleiner Schritte. Und immer, wenn er sich seiner Residenzstadt näherte, war er aufs neue von der Richtigkeit des eingeschlagenen Weges überzeugt. Dieses neue, von ihm geschaffene, prächtige Wien war ein sichtbarer Ausdruck und Bestandteil seiner Politik. In Wien verstummte jeder Nationalitätenhaß. Hier trafen einander Menschen aus den verschiedensten Teilen der Monarchie, von Wien redete man, und nach Wien wünschte man sich in Laibach ebenso wie in Czernowitz oder Przemysl. Hier lebten und arbeiteten Angehörige, gab es die besten Ärzte, die schönsten Theater, die besten Schneider, Juweliere und die hübschesten Frauen. Wer abends durch die Kärntner Straße oder über den Ring flanierte und wer den Deutschmeistern zujubelte, wenn sie mit klingendem Spiel durch die Straßen zogen, war kein Dalmatiner und kein Steirer mehr, kein Ungar oder Pole. Er war einfach Österreicher und genoß, es zu sein.

Und deshalb freute sich Franzl auch diesmal wieder auf Wien. Und nicht zuletzt auch auf eine gewisse gemütliche Villa in der Gloriettegasse.

Dort wurde eben heftig die Klingel gezogen. Kathis Magd erschien und sah sich einem fremden Mann gegenüber.

„Ich bin der Baron von Kiss", sagte er barsch. „Lassen Sie mich ein. Ist meine Frau nicht zu Hause?"

Die Magd ließ erschrocken den Baron auf der Straße stehen. Bald darauf jedoch kam Kathi aus dem Haus gestürzt.

„Nikolaus", rief sie fast erschrocken, jedenfalls sehr überrascht. „Du hier, in Wien? — Komm herein!"

„Ich habe dich in unserer Wohnung in der Elisabethstraße nicht angetroffen", erklärte er tadelnd, „und erfahren, daß du hier draußen bist. Also mußte ich auch noch hierher fahren. Aber um elf geht bereits mein Zug nach Triest."

„Komm", sagte Kathi und geleitete ihren Mann rasch ins Haus. „Leg ab und setz dich... Du wirst doch wenigstens einen Schluck trinken und etwas essen?"

Der Baron nickte, setzte sich in der Veranda auf den gleichen Korbsessel, in dem sonst gewöhnlich Franzl saß. Das ahnte er nicht, obgleich der Kaiser der Grund seines Kommens war.

Die Magd brachte Gebäck, Schinken, Eier, Käse und Wein. Der Baron griff zerstreut zu.

„Es ist schön", sagte Kathi, „daß du mich, obwohl du so in Eile bist, besuchst! Ich wußte gar nicht, daß du in Europa bist. Du hast mir lange nicht geschrieben."

„Ich komme aus Ungarn", erklärte Kiss, „von unseren Gütern. Muß aber schon wieder nach Kairo in die Botschaft zurück."

154

„Und — wie geht es dort? In Ungarn, meine ich."

„Schlecht", bekannte der Baron. „Deshalb bin ich hier."

„Erzähl", forderte Kathi ihn auf, während er hastig einen Schluck Wein trank.

„Unsere Güter sind ohne genügend Geld nicht hochzuwirtschaften. Der Verwalter sieht sich außerstande. Wenn es so weitergeht, bleibt nichts übrig, als zu verkaufen. Aber eher erschieße ich mich! Es ist alter Familienbesitz, das Erbteil meines unglücklichen Onkels."

„Aber, Nikolaus!" wehrte sie erschrocken ab.

Doch er sagte mit schneidender Schärfe: „Ich weiß, daß du das nicht begreifen kannst. Du bist keine geborene Kiss. Bist kaum jemals dort, hast ganz andere Interessen. Aber du hast in die Kiss-Familie eingeheiratet und trägst den Namen!"

„Und", fragte Kathi erstaunt und unangenehm berührt, „was kann ich tun? Was erwartest du von mir, Nikolaus? — Ich habe kein großes Vermögen!"

Er machte eine wegwerfende Handbewegung.

„Wem verdanken wir dieses Unglück?" fragte er bedrückt. „Deinem Freund, dem Kaiser!"

Kathi sprang auf.

„Das ist nicht dein Ernst", sagte sie erbleichend.

„Doch", erwiderte Kiss ernst. „Er hat meinen Onkel Ernö hinrichten lassen. Die Güter wurden von der Krone konfisziert. Die Einkünfte wurden beschlagnahmt. Nach der Amnestie, als ich das Erbe antrat und die Güter bekam, waren sie zugrunde gewirtschaftet!"

„Dafür kann er doch nichts", sagte sie heftig. „Das alles liegt Jahre zurück! Ich war noch nicht geboren, als es geschah."

„... und als dein Herr Vater der Erzherzogin Marianne höchstwahrscheinlich das Leben gerettet hat", ergänzte er,

„als er sie im Jahr der Revolution in Baden versteckte! Ich weiß! Die Schratts haben schon immer zu den Habsburgern gehalten."

„Und die Kiss essen heute ihr Brot", ergänzte Kathi verweisend. „Du bist Diplomat in des Kaisers Dienst. Du bist Botschafter am Hof des Khediven. Der Kaiser hat einen Schlußstrich gezogen!"

„Kein Kiss", murmelte der Baron, „wird je vergessen können, was damals geschah. Die Kiss sind Ungarn."

Er schob den Teller von sich, trank den Wein aus und zog die Uhr, die an einer schweren goldenen Kette hing, hervor.

„Es wird Zeit", stellte er fest. „Mein Wagen wartet draußen an der Ecke. Laß es mich kurz machen! Ich möchte, daß du beim Kaiser intervenierst. Ich müßte einen Kredit aufnehmen, und das kann ich nicht. Nicht in dem Umfang, der eine echte Sanierung bewirken würde."

„Soll ich etwa Seine Majestät anbetteln?" fragte Kathi entsetzt.

Der Baron verzog sein Gesicht zu einer Grimasse.

„Anbetteln!" rief er. „Ich will mein eigenes Geld, verstehst du? Unser Geld! Die Beträge, die uns aus der Zeit der Konfiskation vorenthalten sind. Wenn ich diese Summen bekomme, dann reichen sie vollkommen. Sprich mit ihm! Ich weiß, er kommt hierher. In dieses Haus, Gunstbeweis für dich. Nun sollst du endlich einmal diese Gunst benutzen. Für die Familie, der du angehörst — für die Kiss…"

Er verabschiedete sich in Eile, gehetzt. Kathi wollte ihm darauf vieles erwidern, doch es war nicht mehr möglich. Die Magd konnte dem Herrn Baron kaum seinen Hut in die Hand drücken, der im Vorraum am Kleiderständer hing. Dann rannte er auch schon, in der Furcht, den Zug nach Triest zu verfehlen, hinaus, und das schmiedeeiserne Tor klappte hinter ihm lärmend zu.

156

Kathi setzte sich wieder hin. Sie war wie betäubt. Zu überraschend war dieser Kurzbesuch ihres Gatten gewesen, zu belastend der Wunsch, den er geäußert hatte. Zu deprimierend auch die Situation, aus der dieser Wunsch entstanden war.

Die Kiss-Ittebe waren eine stolze, geachtete ungarische Baronie. Unter normalen Umständen wäre es dem Baron Nikolaus wohl nie eingefallen, einen solchen Ausweg zu suchen. Es mußte sehr schlecht stehen um den Familienbesitz in Ungarn.

Wie aber sollte sie das Verlangen ihres Mannes dem Kaiser vorbringen? Sie hatte sich bisher noch nie für ihren Mann verwendet und sich auch sonst gehütet, jemanden zu protegieren. Der Baron Kiss stand als angesehener Diplomat im Dienst des Kaisers. Höchstwahrscheinlich hatte Franzl gar keine Ahnung davon, daß er sich — respektive, daß sich dessen rückerstatteter Gutsbesitz — in einer Notlage befand. Das erfuhr auch sie erst heute. Doch das war kein Wunder. Ihr Mann, im diplomatischen Dienst fast stets im Ausland tätig, traf sie und schrieb ihr nur sehr selten. Sie selbst aber war durch ihren Vertrag ans Burgtheater und durch ihre Freundschaft mit dem Kaiser in Wien festgehalten. Als Gattin eines Botschafters nach Ägypten zu gehen, war ihr nie in den Sinn gekommen.

Die Situation war heikel und entbehrte nicht einer traurigen Ironie. Kathi war die Gattin eines Mannes, der den Kaiser, ihren Freund, für den Tod seines Bruders verantwortlich machte, der als Kossuth-Revolutionär nach dem Aufstand in Ungarn hingerichtet worden war...

Die Krone hatte die Güter der verurteilten Aufständischen beschlagnahmt und für verfallen erklärt. Aus dem Ertrag derselben versorgte man eine Zeitlang die Witwen und Waisen der beim Kampf um die Wiederherstellung der

Rechte Habsburgs Gefallenen. Doch nach Jahren, als es zur Aussöhnung und zum Ausgleich kam, war es eine kaiserliche Versöhnungsgeste, diese Besitztümer den betroffenen Familien wieder zurückzugeben.

Sie befanden sich allerdings meist in einem traurigen, nicht mehr ertragsfähigen Zustand. Die Versöhnungsgeste erwies sich in solchen Fällen als ein Danaergeschenk. Und alte Gräben wurden nicht zugeschüttet, sondern wieder aufgebrochen.

Franzl ahnte nichts von Kathis Problemen, als er in der Hofburg vorfuhr, und er war noch keine Stunde in Wien, da wurde er schon mit einer Angelegenheit befaßt, die offenbar in Wien ein Tagesgespräch bildete.

Im Jahre 1194 schenkte Herzog Friedrich I. von Österreich ein damals nahe der Stadt Wien gelegenes Stück der Donauauen dem Adelsgeschlecht de Prato. Von da an nannte der Volksmund das Gebiet „Prater", das im Jahre 1567 wieder in kaiserlichen Besitz gelangte; Kaiser Maximilian II. ließ das ganze Gebiet einzäunen und machte einen kaiserlichen Forst daraus, dessen Tore aber Josef II. dem Volk öffnen ließ. Böllerschüsse kündeten bei Einbruch der Dunkelheit die Schließung an. Wer zu diesem Zeitpunkt nicht draußen war, mußte damit rechnen, bis zum folgenden Morgen eingesperrt zu bleiben.

Der an den Prater angrenzende Teil des 2. Wiener Gemeindebezirks wurde vom Magistrat der Stadt Wien erworben und bekam die Bezeichnung „Stadtgut". Hier entstanden auf von der Gemeinde verpachteten Parzellen Vergnügungsetablissements und volkstümliche Belustigungsstätten. Der „Wurstelprater" rückte somit immer näher an den „Kaisergarten" heran, der schließlich nur noch das Gebiet vom Beginn der Hauptallee bis zum Weltausstellungsgelände, auf dem die Rotunde errichtet wurde, umfaßte.

Um dieses letzte Stück kaiserlichen Privatbesitzes entbrannte nun ein heftiger Kampf. Der prominente Show- und Theatermann Gabor Steiner bombardierte die Kaiserliche Güter- und Arealverwaltung mit Eingaben, ihm diesen Praterteil zu verkaufen. Und Franzl weigerte sich. Daß er nicht wollte, brachte die Wiener gegen ihn auf. Und das bekam er sogleich bei seinem Eintritt in seine Amtsräume in der Reichskanzlei zu spüren.

„Bedenken Majestät die Stimmung unter den Wienern!"

„Bedenken Majestät doch bloß den zu erwartenden Umsatz!"

„Majestät können sicher sein, daß es dergleichen ein zweitesmal auf der Welt nicht geben wird!"

„Sollten Majestät etwa nicht darüber informiert sein, daß ‚Venedig in Wien' nicht nur im Millenniumsjahr, sondern vermutlich viel, viel länger ein Magnet sein wird? — Es ist vermutlich die Schau des Jahrhunderts!"

„Sorgen haben die Leut'", seufzte Franzl gottergeben und ließ sich in seinen Stuhl fallen, um Herrn Steiners dringliche Eingaben noch einmal durchzulesen.

„Ich danke Ihnen, meine Herren", erklärte er.

„Majestät, die billigen Preise, die Herr Gabor Steiner als Entree kalkuliert, werden es jedermann ermöglichen, sich im Wiener ‚Venedig' zu vergnügen! Herr Steiner denkt an zwanzig Kreuzer am Wochentag, und an Sonn- und Feiertagen wird man an den Kassen bloß fünfzig Kreuzer Eintrittsgeld bezahlen; Konsumationen natürlich extra!"

„Meine Herren", beendete Franzl den Wortschwall endgültig, „ich danke Ihnen, es hat mich gefreut, Sie wiederzusehen. Ich sehe mir das alles noch einmal durch und werde dann meinen Entschluß bekannt geben."

Aber Herrn Steiners umfangreicher Akt mußte dennoch noch ein bißchen warten. Auch wenn die Wiener offenbar nichts anderes für so wichtig hielten wie Herrn Steiners neuen Vergnügungspark, so gab es für den Kaiser doch noch andere und wichtigere Geschäfte.

Danach fuhr Franzl müde hinaus nach Schönbrunn.

Am nächsten Tag, Punkt halb sechs Uhr früh, stand er wieder vor dem Haus in der Gloriettegasse und klingelte. Und wie an jedem Morgen, wenn er kam, öffnete Kathis Haushälterin.

„Guten Morgen, Majestät. Haben Majestät gut geschlafen?"

„So halbwegs", brummte Franzl. „Ist die gnä' Frau schon auf?"

„No, wo werden die gnä' Frau denn nicht auf sein, wo doch Majestät zum Frühstück kommen", klang es vorwurfsvoll zurück.

Schmunzelnd ging Franzl weiter. Das Gespräch begann jeden Morgen auf die gleiche Weise. Und dieses „Gnä' Frau" hatte weit über die Gloriettegasse hinaus die Runde gemacht. Ganz Wien nannte Kathi nur mehr „Gnä' Frau".

„Guten Morgen, Majestät, alles ist schon bereit — der Kaffee und der Guglhupf, fein gezuckert und mit viel Rosinen", begrüßte ihn Kathi auf der Veranda. Der kleine, heimelige Raum war von würzigem Duft erfüllt. Wohlgefällig setzte sich Franzl auf den polsterbedeckten Korbstuhl.

Und wurde plötzlich gewahr, daß Kathi verhalten schluchzte.

10. Venedig in Wien

„Sehen doch nur, Majestät, was die Wiener Zeitungen berichten", sagte die Sztaray und legte Sissy das Blatt auf den Tisch.

160

„Ach, das ist nicht so wichtig", meinte Sissy, „die finden doch immer etwas, um ihre Leser zu unterhalten. Das ist schließlich ihr Beruf."

Sie war darauf gefaßt, daß in einer Stunde Madame Fuchs samt Gefolge wieder aufkreuzen würde, und eben in ihrem Ankleideraum, um sich schnüren zu lassen.

Diese Marter, der sie sich unterzog, um der Fuchs und ihren Mamsellen die gleiche Figur zu bieten, wie die vor Jahren angefertigte Probierpuppe aufwies, dauerte nun schon fast zwei Stunden. Sissy wollte um alles in der Welt nicht zugeben, daß ihre Figur mit der Puppe nicht mehr so sehr übereinstimmte, wie sie es gern gehabt hätte. Man mußte fertig sein, wenn die Fuchs kam.

„Noch ein bißchen enger, es geht noch", feuerte sie ihre Zofen an. „Ich halte es schon aus, ich muß es aushalten!"

„Wenn Majestät dann die Kleider tragen, die Frau Fuchs für das Millennium anfertigen läßt, werden Majestät kaum atmen können und in aller Öffentlichkeit in Ohnmacht fallen", warnte Sarolta besorgt.

„Bis dahin nehme ich wieder ab", schüttelte Sissy energisch den Kopf. „Dieses Wohlleben von Gödöllö bekommt mir einfach nicht. — Was steht denn in dieser Wiener Zeitung?"

„Gabor Steiner kämpft um sein Projekt mit dem Kaiser, steht hier", las die Sztaray vor. „Und der Wiener Gemeinderat fürchtet, daß es ohne diese neue Praterattraktion wegen des Millenniumsfestes in Budapest einen Nächtigungsrückgang in Wien geben wird!"

„Von dieser Sache weiß ich überhaupt nichts", schüttelte Sissy den Kopf und schnappte in dem engen Korsett nach Luft. „Mein armer Mann! Was hat er denn nun wieder durchzustehen?"

„Die Wiener Hoteliers sind besorgt wegen des Budapester

Millenniums", erklärte die Sztaray. „Die Budapester Hotels sind jetzt schon zum Teil ausgebucht. Des einen Freud ist des anderen Leid, Majestät, oder zumindest des anderen Kummer."

„Und womit will dieser Herr Steiner die Wiener vor einer Pleite retten?"

„Er will im Prater ein Venedig en miniature bauen, Majestät", schilderte Irma Sztaray. „Mit richtigen Kanälen und Gondolieri, die er aus Venedig kommen lassen will. Mit Häusern, Restaurants, Cafés, Vergnügungsbetrieben. Eine echte, kleine venezianische Stadt, die man gegen Eintrittsgeld betreten kann. Nun, Herr Steiner versteht sein Geschäft — er ist ja ein bekannter Theaterdirektor."

„Die Idee finde ich reizvoll", mußte Sissy zugeben. „Das würde ich mir selbst ansehen! Aber weshalb kämpft er darum mit dem Kaiser? Mein Mann ist doch dafür gar nicht zuständig, und er kann doch auch nichts dagegen haben?"

„Herr Steiner kann sein ‚Venedig' nicht bauen, weil ihm der kleine kaiserliche Park, der von der ehemals großen Anlage noch verblieben ist, im Wege ist. In diesem Park steht ein Pavillon, den Majestät erhalten und nicht abreißen lassen will."

„Ah, der Pavillon, den kenne ich, ich bin früher öfter hingeritten. Ja, der ist hübsch. Kann Herr Steiner denn sein Venedig nicht anderswo errichten? Braucht er denn ausgerechnet das letzte Stückchen kaiserlichen Areals dazu?"

„Es handelt sich um das Gelände der Venediger Au, Majestät. Dort, wo die Venezianische Glasbläserei steht, die aus Venedig nach Wien übersiedelt ist, als Österreich Venedig abtreten mußte."

„Und jetzt will Herr Steiner ganz Venedig einfach in diese Wiener Praterau verpflanzen! Eigentlich ein sehr patriotischer Gedanke!" fand Sissy.

162

„Vor allem verspricht sich Direktor Steiner davon ein Riesengeschäft", meinte die Sztaray. Und sicher wird es auch eine echte Attraktion, wenn er es richtig anpackt, woran nicht zu zweifeln ist, wie man ihn kennt. Im Augenblick hat er jedenfalls die Unterstützung aller Wiener Lokalpatrioten, denen das große Fest in Budapest ein Dorn im Auge ist."

„Schon wieder dieser Lokalpatriotismus", seufzte Sissy. „Kann das nie ein Ende nehmen? Warum sollen denn die Budapester nicht ihre Tausendjahr-Feier haben? Sie dauert doch nur eine Woche! Das kann doch nicht das Ende des Wiener Fremdenverkehrs bedeuten!"

„Nun, es fährt doch auch aus Wien alles nach Budapest, was immer nur dabei sein will", fand die Sztaray. „Wien wird sich in diesen Wochen wahrscheinlich tatsächlich ein bißchen leeren. Zumindest, was die Gesellschaft und die wohlhabenden Bürger angeht, reist sicher so ziemlich alles ab. Das Millennium will man schließlich gesehen haben!"

„Und ich muß mich deswegen quälen lassen", ärgerte sich Sissy. „Fehlt noch viel in der Taille?"

„Höchstens ein halber Zentimeter, Majestät."

„Dann macht doch endlich; die Fuchs muß ja gleich kommen. Au! — Ist es jetzt endlich zu?"

„Jawohl, es ist ganz zu, Majestät", berichtete die Kammerzofe erleichtert. „Benötigen Majestät das Riechfläschchen?"

„Nein, ich halte es aus. — Was wird denn dieser Herr Steiner nun tun, wenn mein Mann den Park und den Pavillon nicht verkaufen will?"

„Er sagt, dann muß er das Projekt fallenlassen, und deshalb ist jetzt alle Welt böse auf Seine Majestät."

„Die Wiener denken also, mein Mann will ihnen den Spaß verderben? So ein Unsinn!"

„Majestät, die Menge versteht nicht, daß er den alten Pavillon erhalten will. Nach dem Entwurf von Herrn Briosci muß er aber leider weg..."

„Briosci ist ein guter Mann. Daß er ihn beauftragt hat, spricht für Steiner."

Hoftheatermaler Anton Briosci war weithin berühmt; er war ein Makart des Bühnenbildes und traf an der Hofoper mit seinen üppigen Dekorationen haarscharf den Geschmack seiner Zeitgenossen. Die Zuschauer applaudierten schon, wenn der Vorhang aufging, noch ehe ein Sänger auf der Bühne stand. Der Beifall galt Briosci, der mit einem kleinen Heer hochqualifizierter Kräfte wahre Wunderwerke schuf, die freilich in Franzls Privatschatulle, aus der die Defizite der Hoftheater gedeckt wurden, mitunter Ebbe verursachten.

Während man in Gödöllö über Franzls Weigerung zu Herrn Gabor Steiners Projekt diskutierte, saß Franzl in der Gloriettegasse einer totenblassen Kathi gegenüber, die ihr Gesicht schamerfüllt hinter ihren Händen verbarg.

Sie hatte das Ansinnen ihres Gatten vorgebracht. Es hatte sie viel Überwindung gekostet. Und Franzl hatte ihr mit verständnislosem Kopfschütteln zugehört.

„Der Baron", sagte er danach, „ist doch Beamter! Er muß doch wissen, daß man ein solches Gesuch auf dem Dienstweg einzureichen hat. Ansonsten wär' doch der Freunderlwirtschaft Tür und Tor geöffnet. Er weiß doch: bei mir gibt's keine Protektion."

„Majestät", schluchzte Kathi, „ich hätte auch nie gewagt —"

„Ist schon gut", wehrte er ab und schaute bedauernd auf den Kaffee, von dem er fürchtete, er würde kalt werden. „Ich versteh' nur Ihren Gatten nicht. Auch nicht in anderer Hinsicht. Er meldet da einen Anspruch an. Ob der tat-

164

sächlich besteht, will ich gar nicht entscheiden. Sein Onkel war zum Schluß einer der führenden Köpf' in der Kossuth-Armee. Ich wollt' ihn ja begnadigen und die anderen auch, aber meine Mutter und der Kempen war'n dagegen."

Franzl hatte es, als er als halber Knabe den Thron bestieg, zunächst einmal sehr schwer. Er mußte den großen ungarischen Aufstand niederwerfen. Und danach war es mühsam gewesen, für Ruhe und Ordnung in Ungarn zu sorgen.

„Sie wissen, wer damals in Wien mit eiserner Hand durchgriff", sagte er. „Das war nicht ich — das war Kempen. Er saß im Palais der ungarischen Garde. Kempen von Fichtenstamm!"

„Ungarn zitterte vor ihm, Majestät", sagte Kathi.

„Ja", erinnerte sich Franzl. „Ich hatte ihn zum Generalinspektor einer Truppe ernannt, die er selbst schuf, nach dem Vorbild Napoleons, der für die Sicherheit der ländlichen, von ihm besetzten Gebiete die ‚Gendarmerie' erfand. Kempens Gendarmen waren eine Mischung von Militär, Polizei und Geheimpolizei. Ihre Aufgabe war es, versteckte Rädelsführer auszukundschaften und jede Verschwörung im Keim zu ersticken."

„Mein Mann sagt, daß viele Freunde der Kiss ihr Opfer wurden."

„Das mag sein, mag sein... Kempen zog sein Netz schließlich über die ganze Monarchie, und meine Mutter befürwortete das. In Ungarn aber wuchs der Haß gegen mich mit jedem Todesurteil, das mir Kempen abzwang. Ich erinnere mich noch deutlich genug an seine Worte: ‚Im Interesse des Reiches und der Dynastie', sagte er, ‚und mit der Bitte, mich in meinen traurigen Funktionen weiter gewähren zu lassen...' Sie waren wirklich traurig. Wie oft ich eines solchen Urteils wegen mit Kempen stritt, habe ich meiner Frau oft genug in unserer jungen Ehe erzählt!"

„Stammt etwa daher der Haß der Ungarn auf die Böhmen, weil Kempen aus Böhmen kam?" fragte Kathi.

„Er stammte aus einer böhmischen Offiziersfamilie. Im Alter von sechzehn Jahren war er Fähnrich und nach Kossuths Niederlage General... Er war ein fähiger Kopf als Pionier, beim Bau von Kasernen und anderen militärischen Einrichtungen. Meine Mutter hielt viel von ihm. Ich trage aber noch heute daran... Ihr Gatte, Baronin, ist nicht der einzige, der seinetwegen schlecht von mir denkt. Vielleicht können Sie ihm das — ohne Dienstweg — von mir bestellen!"

„Ich werd's nicht versäumen, Majestät", versicherte Kathi.

„Und im übrigen", meinte Franzl noch, „wie g'sagt, der Dienstweg... Und jetzt ist der Kaffee endgültig kalt. — Macht nichts, werd' ich halt noch schöner!"

Kathi faßte sich, wischte sich die Tränen vom Gesicht und goß ein.

„Übrigens", fragte Franzl, das Thema wechselnd, „was halten Sie von der Idee vom Gabor Steiner?"

Kathi überlegte nicht lang.

„Ja, wie ich hör', will er ein richtig's kleines Theater und sogar einen Zirkus bauen. Da könnt' man ja auftreten!"

„Sie, Baronin, im Zirkus?" staunte Franzl erschrocken.

„Aber nicht doch, Majestät", wehrte sie ab. „Im Theater natürlich... Es soll ein Abbild werden vom Teatro Venice, hab' ich mir sagen lassen. Ganz genau nachgebaut! Und da könnt' man doch spielen, natürlich zu wohltätigen Zwecken!"

Sie war schon wieder die Schauspielerin mit Leib und Seele. — Franzl verabschiedete sich an diesem Morgen einigermaßen nachdenklich. Er spazierte durch den Schönbrunnerpark zum Schloß zurück, und es ging ihm eine Menge durch den grau gewordenen Kopf.

166

Das Ansinnen des Barons Kiss, über seine Frau an ihn herangebracht, war eigentlich ein Fauxpas, sagte er sich. Nun, er hegte eine gewisse Antipathie gegen diesen Mann und war froh, ihn möglichst weit weg, in Kairo, in seinem Dienst zu haben.

Aber an dieser Antipathie war vielleicht doch, das gestand er sich ein, die Sympathie für die Frau Baronin schuld und nicht nur die revolutionäre und längst pardonierte Vergangenheit der Kiss-Ittebe. Im Dienst aber hatten weder Sympathie noch Antipathie zu gelten. Und auch keine Protektion. Und so wie er selbst, der Kaiser, sich an diesen Grundsatz der Korrektheit hielt, hatten sich auch alle anderen daran zu halten.

Franzl war entschlossen, in bezug auf das zu erwartende Gesuch des Barons den Dingen ihren Lauf zu lassen.

Einige Tage später jubelten hingegen die Wiener bei der Lektüre ihrer Morgenblätter auf. Und auch Sissy las in Gödöllö in einer Budapester Zeitung, daß der Wiener Gemeinderat noch im Jänner das Projekt von Gabor Steiner beraten werde.

„Also verkauft er doch, der Franzl", meinte sie seufzend. „Er gibt seinen Pavillon her für die Wiener, und ich schleppe die engen Sachen von Madame Fuchs für die Leut' von Budapest. Und da soll noch jemand etwas gegen uns sagen und nicht mit uns zufrieden sein!"

In einem kleinen Ort in Böhmen aber trafen einander heimlich zwei junge Leute, die sich weder für desolate Güter in Ungarn noch für Herrn Gabor Steiners Sensationen interessierten. Selbst das Millenniumsfest bedeutete ihnen wenig.

Die beiden Leute waren ein Erzherzog und eine Komtesse. Er trug Zivil und sie die Tracht einer Krankenschwester. Dieses Treffen in aller Heimlichkeit war oft hinausgeschoben worden, schließlich aber dann doch zustande gekommen. Wie der Baron von Kiss hatte auch Franz Ferdinand wenig Zeit, und auch die Komtesse Chotek durfte nicht allzulange vom Spitalsdienst fortbleiben, ohne aufzufallen und Argwohn zu erregen.

Es war das verschwiegene Hinterstübchen einer einfachen Gaststätte, und der Wirt nahm die Bestellung entgegen: heißen Tee mit Rum, zweimal, und zweimal Pofesen mit Powidl...

Franz Ferdinand liebte Böhmen, dessen Volk, seine Bräuche und seine Musik, aber auch die böhmischen Speisen. Er würde den Böhmen ein guter König sein, nicht nur, weil Sophie aus diesem Kulturkreis stammte und dies nie verleugnete.

Der heiße Tee kam und wärmte. Die Pofesen schmeckten herrlich süß.

„Hausgemacht", meinte Franz Ferdinand und biß genüßlich zu. „Werden wir das auch auf Konopischt haben?"

„Sicher", meinte die künftige Schloßherrin und Hausfrau, „und noch eine Menge anderer köstlicher Dinge dazu!"

„In Wien in der Hofburg kennt man das gar nicht", bedauerte er. „Auch nicht die köstlichen, böhmischen Kartoffelpuffer!"

„Plačku", verbesserte sie lächelnd und sah ihn an. Sie freute sich, daß es ihm schmeckte.

„Ach, Soph'", seufzte er, „ich dachte schon, ich hielte es gar nicht länger aus ohne dich! Wir beide müssen zusammenhalten. Wir dürfen einander niemals aufgeben, hörst du?"

„Niemals", versprach sie.

„Nie", sagte er ernst und eindringlich, „bis daß der Tod uns scheidet."

168

„Das kann nicht einmal der Tod, Franz", hauchte sie kaum hörbar.

„Ja", meinte er, „das glaube ich auch. Wir müssen uns durchsetzen. Wenn dich doch der Kaiser sehen könnte . . . Wenn er bereit wäre, dich kennenzulernen! Dann wäre vielleicht alles ganz anders, dann müßt' er mich doch verstehen, Soph'!"

„Es wird geschehen, wie Gott es will", sagte sie zuversichtlich. „Das habe ich auch dem Bischof gesagt, den sie mir geschickt haben. Er hat vergeblich versucht, mich zu einem Verzicht auf dich zu überreden. Gegen den Herrgott kann auch ein Bischof nicht an, nicht wahr?"

„Kein Bischof", erklärte Franz Ferdinand entschlossen, „kein König und kein Kaiser..."

Dritter Teil

1. Einsame Weihnacht

Es schneite in Gödöllö. Die hohen Dächer des alten Schlosses schienen von der Schneelast erdrückt zu werden. Doch noch immer fiel der starke Flockenreigen ohne Unterlaß.

Der alte Janos und seine Gehilfen hatten alle Hände voll zu tun mit dem Forträumen der Schneemassen von der kleinen Brücke, über die das Schloßportal zu erreichen war. Die Mauern rings um das Anwesen ragten nur noch ein Stück aus dem Schnee, das Tor wollte nicht mehr recht schließen, und Janos fluchte, denn seine Finger waren schon ganz klamm.

„Die Kaiserin hat's gut, unsere Königin", brummte er verdrießlich. „Die wärmt sich an der italienischen Sonne und läßt den armen Kaiser, unseren König, wieder einmal über die Feiertage allein."

„Na", brummte Istvan, der sich auch mit der schweren Schaufel abmühte, „ich wäre froh, wenn ich an Stelle des Kaisers, unseres Königs, wäre und mich meine alte Marika für ein paar Wochen ungeschoren ließe. Aber unsereins hat's eben nicht so gut, um seine Alte so schön weit weg schicken zu können. Glaube mir, Janos, unser König ist wahrhaft zu beneiden."

„Na, ich glaube, so wie du denkt der nicht", brummte Janos. „Unser König kommt mir vor wie ein verdrießlicher, einsamer Mann. Nichts freut ihn so recht. Und das ist auch kein Wunder bei der Familie. Ein armer Mensch, sag' ich dir, unser König. Ich möcht' nicht in seiner Haut stecken. Ich frage mich bloß, wozu wir hier überhaupt schaufeln. In einer Stunde sieht es sowieso genauso aus wie vorher. Der heilige Petrus meint es zu gut; das will und will ja kein Ende nehmen!"

Franz Joseph saß tatsächlich ein wenig kopfhängerisch und verstimmt im kleinen Salon der Beletage am Kamin, in dem das Feuer lustig flackerte. Er war in seinen Gedanken weit weg — bei Sissy. Heute morgen hatte er einen Brief von ihr erhalten, aus Cap Martin. Sie schrieb, zu den Weihnachtsfeiertagen werde die englische Königin erwartet. Drei der größten Hotels wären für sie und ihre Begleitung ausgebucht; Urlauber hatten ihretwegen ihre Zimmer vorzeitig räumen müssen und waren höchst verstimmt umgezogen oder überhaupt abgereist.

Sissy wohnte in einer Mietvilla. Ihr und ihrer kleinen Begleitung genügte das. Sie freute sich zwar keineswegs über den Besuch, der aber nicht zu verhindern war, denn die Königin würde es als grobe Beleidigung empfinden, wenn Sissy unter einem Vorwand abreiste.

Hoffentlich wird die alte, dicke Königin nicht allzulang bleiben, schloß Sissy ihren Brief. Und ferner hoffe sie, Franzl möge sie, sobald der Rummel hier vorüber wäre, besuchen.

Wie stellt sie sich das bloß vor, ärgerte sich Franzl. Sie weiß doch genau: wenn ich nach diesen wenigen Weihnachtstagen nach Wien heimkomme, wartet wieder ein Berg Arbeit auf mich! — Aber es wäre schön, ein paar Tage an der Riviera blauzumachen, einfach auszuspannen und den ganzen Kram einfach zu vergessen! Oder vielleicht doch?

Franzl dachte dabei an ein besonderes Weihnachtsgeschenk, das er am Dreikönigstag in Empfang zu nehmen versprochen hatte. Das Geschenk kam von der Stadt Prag, seiner so stiefmütterlich behandelten „dritten Residenz", wie es Franz Ferdinand einmal mit beißender Ironie ausgedrückt hatte. Und im Hinblick auf die Bevorzugung der Budapester durch das Millenniums-Fest war dieses Geschenk nicht ohne politische Bedeutung.

Die Prager wollten ihn offensichtlich daran erinnern, daß sie auch noch da wären — und der prächtige Hofzug, den sie ihm schenkten, war wohl ein deutlicher Wink mit dem Zaunpfahl, ihn doch gelegentlich auch zu einer Reise nach Prag zu benutzen.

Nun, diesmal blieb ihm nichts anderes übrig. Und der Zug, den er noch gar nicht kannte, weckte tatsächlich Reisegedanken in ihm — freilich mit dem Ziel Riviera, wo Sissy war, nach der er sich sehnte.

Doch das Budapester Riesenfest — die Feiern sollten sich über ein Vierteljahr erstrecken, wobei Franzl und Sissy zumindest bei den Hauptveranstaltungen anwesend sein mußten — ärgerte nicht nur die Prager, sondern auch die Wiener, wenn auch aus anderen Gründen. Diese hatten zwar keinerlei Ursache, sich zurückgesetzt zu fühlen, dennoch hegten sie den Budapestern gegenüber Neidgefühle. Sie sahen voraus, daß die Augen der ganzen, großen Monarchie nun ein Vierteljahr lang nicht auf Wien, sondern auf die Schwesterstadt gerichtet sein würden und daß viele Menschen nach Budapest pilgern würden, um mit dabei zu sein. Das hieß für Wien: leere Hotels, leere Kaffeehäuser, Theater und Ballsäle. Das fürchtete man zumindest!

Und deswegen hatte Franzl schweren Herzens seinen Fischer-von-Erlach-Pavillon im Prater opfern müssen. Damit dieser Theatermann, dieser Herr Gabor Steiner — der zumindest seinem Vornamen nach ungarisches Blut in den Adern haben mochte — seine neue Attraktion, sein ‚Venedig in Wien' bauen konnte...

Alle hatten sie ihm gut zugeredet. Der Fischer-von-Erlach-Pavillon bedeutete ihnen in all seiner baulichen Schönheit nichts gegen die ‚Remasuri', welche Herr Steiner den Wienern versprach! Aber so waren sie nun einmal, die Wiener. ‚Eine Hetz muß sein', war einer ihrer Wahlsprüche.

Nun, der Kaiser hatte eingewilligt, und Herr Gabor mochte bauen.

Franzl hörte unten Wagen vorfahren und erhob sich. Marie-Valerie und Gisela, seine beiden Töchter, kamen mit ihren Familien. Das brachte nun doch Leben nach Gödöllö; wenn auch die Gattin und Mutter, Sissy, fehlte. Nein, ganz würden sie das traurige Gefühl der Einsamkeit nicht aus seinem Herzen verscheuchen können.

In solchen Stunden fühlte er das Alter heranschleichen. Das Alter, vor dem Sissy auf der Flucht war, wie vor so manchem anderen in ihrem Inneren, das an ihr nagte.

Franzl rieb sich die Hände am wärmenden Feuer, schaute in die Flammen und horchte nach draußen, wo auf der Treppe schon viele frohe Stimmen laut wurden. Es wurde Zeit, ihnen entgegenzugehen und sie zu begrüßen. Er wollte sie nichts von seiner Verstimmung fühlen lassen. Als er ans Fenster trat, sah er, daß aus den Schlitten eben eine Menge Pakete entladen wurden. Auch eine Tanne war darunter; ganz und gar verschneit war sie, und die Leute da unten waren dick in ihre Pelze und Mäntel gehüllt.

Weihnachten... Sissy hatte die Tradition begründet, Weihnachten in Gödöllö zu feiern. Nur Sissy selbst fehlte. Denn Rudolf... Das Bewußtsein, daß er nicht mehr dabei sein könne, ließ sie zu Weihnachten ihr geliebtes Gödöllö meiden, erklärte sie. Franzl versuchte, sie zu verstehen. Ganz vermochte er es nicht, obgleich natürlich auch er um seinen Sohn trauerte. Doch Mayerling war nun schon lange her. Wenn auch vieles dazu beitrug, daß man es nicht aus der Erinnerung verdrängen konnte.

„Nun, wenn sie nicht kommt, dann komme ich eben zu ihr", sagte er nun fest entschlossen zu sich.

„Der neue Zug aus Prag wird seine erste Fahrt an die Riviera machen! Zu Sissy!"

176

Und er sah dem neuen Jahr 1895 mit einiger Zuversicht entgegen.

2. Der Hofzug

Zum Dreikönigstag war der Prager Hauptbahnhof festlich geschmückt, und die Honoratioren der Stadt, nächst Herrn Kommerzialrat Ringhoffer, hatten sich auf dem roten Teppich aufgestellt. Die Gardemusik spielte auf. Der Bahnhof war schwarzgelb beflaggt und duftete ausnahmsweise nicht nach Kohle und Wasserdampf, sondern nach Tannenreisig.

Herr Ringhoffer stand links vom Bürgermeister. Er war ein wichtiger Mann. Dies war heute gewissermaßen sein Ehrentag — denn in seinem Werk, draußen in der Vorstadt Smichow, war der prächtige neue Hofzug Seiner Majestät gebaut worden.

Vor dem Bahnhof staute sich die Menge. Der Kaiser — hier König, wie in Ungarn — kam vom Hradschin in einem der neuen Autos, in denen er sich gar nicht wohl fühlte. Im zweiten Wagen saß der Thronfolger Franz Ferdinand. Die ganze Suite bestand aus sechs Fahrzeugen. Behelmte Polizisten säumten den Gehsteigrand und hielten die Neugierigen zurück.

Hätte Franzl sie erkannt, dann hätte er kurz vor dem Bahnhof auch ein gewisses Fräulein von Itzenberg begrüßen können. Die tapfere Winigard hielt Kälte und Gedränge tapfer aus, um einen Blick des Monarchen zu erhaschen.

Drin gab es dann die üblichen Begrüßungen und Reden. Franzl dankte in gewählten Worten für das schöne und kostbare Geschenk, das ihm ehrlich Freude machte, insbesondere, wenn er daran dachte, wohin seine erste Reise mit dem neuen Hofzug gehen sollte.

Und dann wurde die Schöpfung des Herrn Stephan Ringhoffer besichtigt; genauer gesagt, man marschierte unter Leitung des Herrn Ringhoffer und des Bürgermeisters durch sämtliche acht Waggons.

Es war eine Zugsgarnitur der Superlative, die da im wahrsten Sinne des Wortes blitzblank und neu auf den Geleisen prunkte.

„Zuerst, Eure Majestät, einmal die Lokomotive, die bis zu hundertzwanzig Stundenkilometer erreichen kann und das Sicherste und Modernste ist, was man nur bauen kann. Beachten Majestät auch besonders die elegante Bauweise des Kohlentenders, der an die Lokomotive angehängt ist, deren Führerstand drei Personen Platz bietet. Anschließend also kommt der Dienstwagen für das Zugspersonal. Er besitzt zugleich ein eigenes kleines Elektrizitätswerk, das den Zug mit Strom versorgt."

„Sehr schön, meine Herren", zeigte sich Franzl beeindruckt.

„Anschließend an den Waggon für das Zugspersonal kommt jener für die Dienerschaft Eurer Majestät. Er enthält mehrere Abteile und genügend Einrichtungen für die Bequemlichkeit. — Nun aber kommt als dritter Waggon, der Wagen für Majestät selbst — nicht zuletzt deshalb, weil bei eventuellen Unfällen erfahrungsgemäß die Lokomotive und die beiden ersten Waggons eines Zuges am meisten gefährdet sind."

„Hm", brummte Franzl, und man begab sich durch die gedeckte Verbindung, eine Art Ziehharmonika, in den nächsten, seinen speziellen Waggon, der bewundernde Ausrufe auslöste.

„Zunächst finden Majestät hier das Abteil für den Herren General-Adjutanten, der stets zu Diensten sein muß. Und nun betreten wir den Salon. Er enthält einen Schreibtisch für Eure Majestät sowie einen Konferenztisch und Fauteuils, die man mit ein paar Handgriffen in Schlafplätze umwandeln kann!"

Herr Ringhoffer ließ es sich nicht nehmen, dies persönlich zu demonstrieren. Er klappte die Fauteuils auseinander; sie luden wahrhaftig dazu ein, sich einfach auf ihnen auszustrecken.

„Großartig", lobte Franzl. „Auf was die Leut' heutzutag' kommen!"

„Anschließend an dieses Arbeitszimmer findet sich das Schlafzimmer für Majestät, bequemst ausgestattet mit Bett, Schrank, Nachttisch und Waschgelegenheit."

„Aber!" staunte Franzl. „Das ist ja bequemer als bei mir daheim in Wien!"

„Schließlich hat der Waggon auch noch ein Abteil für den Kammerdiener", schloß Herr Ringhoffer nicht ohne Stolz und verkündete, daß jetzt erst das rechte Prunkstück des Zuges zur Besichtigung bevorstünde: „Und jetzt — darf ich in den Speisewagen bitten! Zu ihm gelangen wir durch den vierten Waggon, den wir noch durchqueren müssen. Er enthält sechs bequem ausgestattete Abteile für die Suite Eurer Majestät sowie einen kleinen Salon."

„Ich bin überwältigt", gestand Franzl.

„Der Speisewagen ist das Prunkstück des Zuges, Waggon Nummer fünf. Wie Majestät sehen, gleicht er einem eleganten Eßsalon; beachten Majestät die Kristall-Beleuchtungskörper und das Deckengemälde!"

Man war vor Bewunderung still. Einen Eisenbahnwaggon mit Deckengemälde sah selbst Franzl nicht alle Tage.

„Der Speisewagen ist geteilt; die zweite Hälfte ist ein Rauch- und Spielzimmer und zur Entspannung gedacht."

Damit war man aber noch nicht zu Ende. Die Konstrukteure des Zuges hatten an alles gedacht. Der sechste, der Küchenwagen, bot alle Bequemlichkeiten einer zeitgemäßen Essenszubereitung und verfügte sogar über ein eigenes geräumiges Wasserreservoir samt Pumpwerk. Man brauchte nur die Hähne aufzudrehen...

Danach führte man Franzl noch in einen Waggon für begleitende höhere Hofbeamte. Der achte und letzte Waggon war für das Gepäck der Reisenden bestimmt. Seine Achsen würden unterwegs allerhand zu tragen haben; aber sie waren stark und vorzüglich gefedert, wie Herr Ringhoffer versicherte. Er war von Stolz geschwellt und im Gesicht gerötet. Ein Orden war das mindeste, was er sich ausrechnete; vielleicht winkte ihm sogar ein „von".

„Meine Herren, ich sage Ihnen aufrichtigen Dank. Ich bin wirklich überwältigt von dem Geschenk. Es ist wunderschön und freut mich sehr", versicherte Franzl leuchtenden Auges.

„Sollen wir den Zug nicht gleich ausprobieren? Es ist eine kleine Rundfahrt rund um Prag arrangiert, Majestät", lud der Bürgermeister ein.

„Steht das im Protokoll?" flüsterte Franzl seinem Adjutanten zu.

„Gewiß, Majestät", nickte dieser, gleichfalls im Flüsterton, und daraufhin gab Franzl gnädig seine Zustimmung.

Unter einem Tusch der Kapelle, der von der Wölbung der Bahnhofshalle widerhallte, gab die Lokomotive Dampf, und der Zug setzte sich in Bewegung.

„Majestät spüren kaum, daß er fährt", versicherte Herr Ringhoffer, als man die ersten Weichen passierte.

„Hoffentlich bleibt er nicht im Schnee stecken", brummte der Erzherzog mit gerunzelter Stirn.

„Du siehst gut und erholt aus, mein lieber Neffe", wandte sich Franzl forschend seinem Thronfolger zu. „Offenbar hast du deine Krankheit überwunden. Es freut mich, das festzustellen."

„Majestät, mein Herr Onkel, ich mag nicht lügen", erwiderte Franz Ferdinand. „Die Ärzte halten mich für gesund."

„Nun, das ist ja ganz ausgezeichnet!"

„Um die Wahrheit zu sagen, so glaube ich, daß ich dies nicht ihrer Kunst zu verdanken habe — oder zumindest nicht dieser allein."

„Wie soll ich das verstehen?" fragte Franzl argwöhnisch.

„Ehrlich gesagt, Majestät, mein Herr Onkel — ich fürchte, Ihren Zorn auf mich zu laden — und hier, vor allen Leuten —"

Franz Ferdinand zögerte mit dem Geständnis, das ihm schon lang auf dem Herzen lag, denn er fühlte sich im Recht und haßte Heimlichkeit.

Man hatte sich's in den einzelnen Waggons, vor allem aber im Speisewagen bequem gemacht und genoß die Aussicht auf die Prager Vororte und ihre Umgebung. Dazu wurden noch heiße Getränke serviert, womit der Küchenwagen gleich seine Funktionstüchtigkeit bewies.

„Komm mit in mein Privatabteil", schlug Franzl vor. „Dort sind wir wohl ungestört, hoffe ich."

Mit ernsten Mienen gingen Onkel und Neffe davon, um kurz darauf in dem Privatabteil des Kaisers zu verschwinden. Franzl zog die Tür hinter sich zu und blickte seinen Neffen forschend an.

„Also — was ist? Heraus mit der Sprach', Franz Ferdinand", verlangte er.

„Ich glaube", fuhr dieser nach kurzem Überlegen vorsichtig fort, „daß meine völlige Wiederherstellung nicht zuletzt auch eine Folge des Zuspruchs und der Ermunterung durch meine Braut ist und daß die Aussicht auf unsere Heirat mich beflügelt —"

„Aussicht auf Heirat? Beflügelt? Und Zuspruch, wieso?!" fragte Franzl barsch.

„Wir stehen in Briefverkehr", gestand Franz Ferdinand.

„Wie — ihr schreibt euch?!"

„Ja, so ist es."

„Und das untersteht ihr euch, obwohl —"

„Onkel — Tante Sissy hat es möglich gemacht! Und verdient Soph' nicht alle Anerkennung für das gute Werk, das sie an mir verrichtet hat? — Ich bin gesund, Onkel, und das — das sagen auch die Ärzte — habe ich meiner inneren Verfassung zu verdanken. Und diese innere Verfassung, die danke ich ihr!"

„Und dafür soll ich ihr wohl noch einen Orden verleihen, wie?" polterte Franzl. „Nicht einen schönen Tag hat man in seinem Leben, immer muß einem alles verdorben werden!"

„Aber wieso denn? Onkel, ich habe dir doch von meiner Genesung erzählt."

„Seit wann trefft ihr euch wieder?" kam es scharf zurück.

„Treffen? — Nein. Wir haben uns, seit sie im Kloster Zuflucht suchte, nicht persönlich gesehen. Aber wir schreiben uns. Du kannst alle ihre Briefe lesen, ich habe sie aufgehoben. Sie sind mein größter Schatz!"

„Du bist ein Träumer", seufzte Franzl, starrte in die schneeverhangene Landschaft und wollte Franz Ferdinand böse sein; aber er empfand, daß das diesmal nicht so leicht war. Möglicherweise war sogar das Deckengemälde im Speisewagen daran schuld — vielleicht aber auch die vertrauensvolle Offenheit dieses Verliebten.

„Und meine Frau hat den Briefwechsel ermöglicht?" fragte er, und es klang ein wenig besänftigt.

„Mit Hilfe einer ihrer Hofdamen, die Freunde in Böhmen hat", antwortete Franz Ferdinand. „Doch erlaube mir, ihren Namen für mich zu behalten. Ich möchte nicht, daß die gute Seele Nachteile hat und womöglich in Ungnade fällt. Ich jedenfalls bin ihr von Herzen dankbar."

„Behalte den Namen für dich", knurrte Franzl. „Ich kriege es sowieso heraus. Das ist ja das reinste Komplott! Ein Komplott von Weibern, hinter meinem Rücken..."

„Ach, Onkel, kannst du dich denn gar nicht ein bißchen darüber freuen, daß ich wieder gesund bin?" bat Franz Ferdinand. „Sie haben es doch alle gut mit mir gemeint. Ich glaube wirklich, daß ich seelisch zugrunde gegangen wäre. Und dann — sagt Professor Eisenmenger — hätte mir niemand zu helfen vermocht."

„Komtesse Chotek als Lebensretterin des Thronfolgers der Monarchie", spöttelte Franzl bitter.

„Onkel, meine Gefühle sind mir heilig", versetzte Franz Ferdinand todernst.

Franzl winkte ab.

„Duellieren werden wir uns ja wohl nicht wegen ihr", brummte er spöttisch. „Ich will dich nicht beleidigen und sie nicht herabsetzen. Ein jeder ist seines Glückes Schmied. Ich hoffe nur, daß du weißt, was du tust, Franz Ferdinand."

„Ich bin sicher, daß ich es weiß", erklärte der Erzherzog mit fester Stimme. Und nahm dabei unwillkürlich Haltung an. Sprach nun der Neffe oder der Thronfolger mit Franzl? War beides überhaupt noch zu trennen? Franzl hätte viel darum gegeben, wenn er dazu imstande gewesen wäre; aber offensichtlich war die Liebe dieser beiden Menschen stärker als sein Gebot, als das Hausgesetz.

Franzl wollte allein sein. Er nickte Franz Ferdinand zu, und dieser ging. Es schmerzte Franzl, daß ausgerechnet Sissy die Drahtzieherin des ‚Weiberkomplotts' gewesen war, daß sie gegen seine Interessen, ja gegen jene der Dynastie, der sie angehörte, gehandelt hatte.

Und dieser Schmerz dämpfte seine Freude auf ein Wiedersehen. Er fühlte sich hintergangen. Und ausgerechnet in diesem neuen Hofzug, mit dem er zu ihr eilen wollte, so schnell die Lokomotive nur konnte, mußte ihm diese Eröffnung gemacht werden!

Ein Lakai erschien und offerierte Sekt. Franzl erinnerte sich an seine Pflicht. Er kehrte zurück in den Speisewagen und prostete dem Bürgermeister und Herrn Ringhoffer zu.

„Wirklich sehr schön", lobte Franzl anerkennend, „meine lieben Prager haben mir wirklich eine große Freud' gemacht!"

„Möge Eure Majestät in diesem Zug angenehme und schöne Reisen machen!" wünschte der Bürgermeister.

Die Herren im Waggon hatten sich von ihren Sitzen erhoben, standen stramm, hoben ihre Gläser und ließen Franzl leben.

Er dankte ihnen. Die kurze Probefahrt näherte sich ihrem Ende. Die Bahnhofshalle kam in Sicht, der Zug rollte gut gefedert über zahlreiche Weichen, dann knirschten die Bremsen, und die Musikkapelle empfing die aussteigenden Gäste der Fahrt mit einem Tusch.

Der Hofzug sollte unter Dampf bleiben; Franzl wollte mit ihm noch am selben Tag nach Wien zurückfahren.

Auf der Fahrt zurück zum Hradschin saß Franz Ferdinand im Auto des Kaisers. Franzl hatte ihn aufgefordert, sich zu ihm zu setzen.

„Unangenehm und stinkend", fand er diese Dinger, die Autos, „doch du liebst ja diese Vehikel."

„Sie sind die Fahrzeuge der Zukunft", versetzte Franz Ferdinand. „Ich bin entschlossen, mit der Zeit zu gehen."

„Das bin ich auch", brummte Franzl, „wenngleich ich nicht alles gutheiße, was neu ist. Neu und gut ist zweierlei, mein lieber Neffe. Manchmal merkt man erst nach sehr langer Zeit, daß man sich in der Beurteilung geirrt hat."

Und im Hradschin standen sie sich dann noch einmal gegenüber.

„Was soll nun werden aus uns beiden — aus Soph' und mir?" fragte Franz Ferdinand. „Ich werde nicht auf meinen Thronanspruch verzichten. Und ebensowenig auf die Frau, die ich liebe."

„Also muß wohl ich, der Kaiser, es sein, der nachgibt?" fand Franzl kopfschüttelnd. „Das wäre wiederum neu; ob es gut ist, scheint mir die große Frage."

„Soph' und ich lieben uns ehrlich und aus ganzem Herzen", erklärte Franz Ferdinand feierlich.

„Allmählich fange ich selbst an, das zu glauben", brummte Franzl.

3. Überraschung in Cap Martin

In Cap Martin hatte es angenehme Temperaturen, der Frühling hielt schon mit frühem Blühen seinen Einzug, während in Wien daheim das naßkalte Februarwetter und eine Grippewelle die Stadt heimsuchten. Franzl freute sich auf ein paar sonnige Tage, er hatte sie redlich verdient, und die englische Königin war auch schon wieder abgereist, „mit ihrem ganzen Zirkus", wie sich Sissy ausdrückte — womit sie Dienerschaft, Gepäck und das offizielle Gefolge der Monarchin meinte.

Während der Zug südwärts rollte, eilte ein Telegramm voraus nach Cap Martin, das Sissy über die Ankunft ihres Gatten informierte.

Darüber war sie allerdings mehr erschrocken als erfreut. Denn dieser Besuch — so sehr sie sich auch danach sehnte, mit Franzl wieder beisammen zu sein — kam zu keinem günstigen Zeitpunkt.

Sissy fühlte sich elend. Ihre Beine waren aufgedunsen, so daß sie sich selbst über deren Anblick entsetzte. Bäder halfen nichts. Sie hatte gar kein richtiges Gefühl in den Beinen, und stets spürte sie das Empfinden, irgendwo Halt suchen zu müssen. Auch plagten sie Schwindelanfälle. Und der Arzt, der sie untersuchte, war betroffen. Er schaute die Kaiserin kopfschüttelnd an und meinte, er könne keine Verantwortung übernehmen; man möge doch aus Wien den Leibarzt der Kaiserin kommen lassen.

„Ist es etwas Ernstes?" drängte Sissy voller Sorge. „Sagen Sie es mir, wofür halten Sie es? Ist es ansteckend und gefährlich?"

Der Doktor wollte sich nicht recht äußern.

„Ansteckend sicher nicht, gefährlich aber schon, Majestät", antwortete er. „Ich habe solche geschwollene Beine oft genug gesehen — es ist eine Krankheit der armen Leute."

„Eine Krankheit der armen Leute?" fragte Sissy stirnrunzelnd. „Ich verstehe Sie nicht!"

„Hunger, Majestät! Hunger ist es. Majestät sind akut unterernährt. Bei einer Person Ihres Standes, die doch wahrhaftig keinen Mangel leiden müßte, eine höchst seltsame und verwunderliche Angelegenheit. Ich begreife wohl, daß Sie den Kopf schütteln. Deshalb habe ich auch darum ersucht, daß der Leibarzt eine Untersuchung vornimmt. Er wird es — zweifellos glaubhafter als meine Wenigkeit — bestätigen."

Er klappte seine Ärztetasche zusammen, nachdem er noch einmal Sissys Lungen abgeklopft und abgehört hatte.

„Die Lungen sind gottlob nicht angegriffen", stellte er danach beruhigend fest. „Immerhin ist Vorsicht geboten. Majestät leiden eindeutig an Hungerödem. Bei vernünftiger Ernährung wird die Geschwulst an den Beinen wieder zurückgehen, und das normale Kräfteverhältnis stellt sich wieder ein. Dann ist es auch mit den Schwindelanfällen und

Kopfschmerzen vorbei, an denen Majestät jetzt zu leiden haben. Meine Therapie lautet: ordentlich essen! Das ist alles."

Damit erhob er sich, wie es Sissy schien, mit heimlichem Kopfschütteln. Sie fand ihn einfach impertinent.

Aber an seiner Diagnose mußte etwas Wahres dran sein. Hatte man sie nicht immer wieder eindringlich vor ihren Hungerkuren gewarnt? Ihre Hofdamen, Doktor Widerhofer, Franzl vor allem, ja selbst Kathi, von der Sissy unverhohlen spöttisch fand, sie würde noch einmal auf offener Bühne aus ihrem Mieder platzen!

Doch Kathi, die um diese Ironie wohl wußte, machte sich offenbar nichts daraus und sah es lieber, daß sich das Publikum über ihre Leibesfülle das Maul zerriß, als daß sie sich in der Weise kasteite, wie es Sissy — sehr zum Nachteil ihrer Gesundheit — für nötig hielt.

Die Kaiserin von Österreich und Königin von Ungarn, erkrankt an Hungerödem, und das noch dazu im Jahr vor der Millenniumsfeier in Budapest… Was würde die Öffentlichkeit dazu sagen, wenn dies ruchbar wurde? Nicht auszudenken war es. Eine Schande, würde Franzl vermutlich sagen. Und nun kam er auch noch just zu diesem Zeitpunkt, der Franzl!

Sissy war ehrlich entsetzt. Wie sollte sie es ihm beibringen? Ein Glück, daß sie lange Röcke trug, die ihm den Anblick ihrer schrecklichen Beine verbargen. In einem Bad konnte sie sich jetzt überhaupt nicht blicken lassen. Aber essen mußte sie, da hatte der Doktor recht.

Daheim in Possi hatte Mama Ludovica ein Allerweltsrezept gegen derart üble Laune, wie Sissy sie jetzt hatte, gehabt. Ein Rezept, das bei der ganzen Familie gewirkt hatte und noch dazu höchst nahrhaft und wohlschmeckend war. Sie hatte sich selbst an den Herd gestellt und ein echt bay-

risches Schmankerl gekocht: Geselchtes, Kraut und Knödel…

Sissy lief bei dem Gedanken daran das Wasser im Munde
zusammen. Die bloße Erinnerung daran schien ein Gegen-
mittel gegen ihr Hungerleiden zu sein. Doch wo ließ sich
hier, in Cap Martin, etwas derartiges auftreiben?!

Sie wollte wenigstens wieder so halbwegs auf dem Damm
sein, wenn Franzl kam. Aber das ging wohl nicht so von
heute auf morgen. Und der Hofzug rollte unentwegt, und
mit ihm kam Franzl von Minute zu Minute näher… Er würde schön mit ihr schimpfen! Und feststellen, daß er mit seinen Warnungen wieder einmal recht gehabt hatte. Ich bin
doch wirklich ein unvernünftiges Frauenzimmer, schalt sich
Sissy und beauftragte die Sztaray, für eine ausgiebige war-
me Mahlzeit zu sorgen.

Die hörte kopfschüttelnd zu.

„Majestät", sagte sie — sie hatte offenbar vom Arzt im
Vorzimmer einige Verhaltensmaßregeln erhalten — „Majestät haben jetzt wochenlang nur Milch und Orangensaft
zu sich genommen. Wenn Majestät jetzt auf einmal so viel
essen, steht das der Magen nicht durch. Majestät können
jetzt nur langsam die Diät beenden, sonst gibt es die ärgsten
Übelkeiten und womöglich schlimmes Erbrechen… Das
werden Majestät doch nicht wollen, gerade jetzt, wo wir
Seine Majestät zu Besuch erwarten!"

„Nein, natürlich nicht", rief Sissy. „Aber wenn ich jetzt
erst langsam die Diät beende, geht doch die Geschwulst an
meinen Beinen nicht zurück, bevor Franzl da ist! Was wird
er sagen? Geben Sie mir doch bitte einen Rat!"

„Majestät hätten früher auf uns alle hören sollen", entgegnete die Sztaray kopfschüttelnd. „Alle haben es gesagt:
diese Orangendiät ist der reine Selbstmord! Nun sind die
Folgen da und müssen erst auskuriert werden."

„Sie haben recht!" rief Sissy. „Eine Kur, ich brauche eine neue Kur!"

„Nein, nicht schon wieder eine Kur!" rang die Sztaray entsetzt die Hände. „Majestät brauchen nichts als ein vernünftiges Maß an Nahrung, wie jeder andere Mensch auch. Dann wird alles von selbst wieder gut. Doch das wird nun eine Zeit dauern. Ich werde Majestät heute abend eine Hühnchenbouillon zubereiten lassen."

Hühnchenbouillon! Wie daheim in der Hofküche... Und dabei hatte sich Sissy auf etwas Kräftiges gefreut — auf Geselchtes, Kraut und Knödel.

Als Franzl in Cap Martin ankam und das Auto vor der Villa hielt, wo Sissy ihn erwartete, stand sie nicht am Gittertor, wie er gehofft hatte. Frau von Sztaray erwartete ihn, und Franzl fiel vor Schreck fast der Hut aus den Händen, den er höflich abgenommen hatte, als er ihre Miene sah.

„Um Himmels willen, Gräfin!" rief er entsetzt. „Sissy ist doch nicht etwa krank?"

„Majestät fühlen sich in der Tat nicht wohl", antwortete die Hofdame förmlich und mit Bedauern. „Majestät hüten auf ärztliche Anordnung das Bett und haben angeordnet, die Jalousien herabzulassen."

„Nein, sowas!" rief Franzl aus. Und nahm darauf gleich zwei der teppichbelegten Stufen auf einmal. „Wo ist ihr Zimmer?"

Die Gräfin, die ihm doch eigentlich den Weg zeigen sollte, vermochte ihm kaum zu folgen.

„Die zweite Türe rechts", rief sie ganz außer Atem. „Majestät —"

Doch Franzl hörte sie nicht mehr. Er klopfte kurz an, riß die Tür zu Sissys Schlafzimmer auf und trat ein. Bei ihrem Anblick überwältigte ihn Rührung. Und Sissy, die Schlaue, hatte durchaus auf diesen Effekt spekuliert. Das verriet der schalkhafte Ausdruck ihrer Augen, den Franzl nicht zu deuten wußte; doch sie war ihm ja schon immer ein reizvolles, schillerndes Rätsel gewesen.

Sie lag so zart, schmal und hilflos im Dämmerlicht des Raumes in ihren Kissen, daß er an ihrem Bett hinkniete, ihre Rechte ergriff und die zarten Finger küßte.

„Mein Engel", rief er aus, „was machst du bloß für Sachen!"

„Da bist du ja, Löwe", lächelte sie matt. „Weißt du, daß du eine ganz, ganz dumme Frau hast? Wirst du mich jetzt sehr bestrafen?"

„Strafen? Wofür?" fragte er verdutzt.

„Der Doktor sagt, ich hätte meine Kur übertrieben", gestand sie zögernd und verschämt. „Ich sehe jetzt ganz gräßlich aus, weißt du... du hättest keine rechte Freude an mir, und deshalb ließ ich die Jalousien herab. Du bist mir sehr, sehr böse?"

Jetzt mußte er herzlich lachen und erhob sich.

„Endlich", seufzte er erleichtert auf. „Ich habe es dir ja immer gesagt. Hoffentlich kommt die gute Einsicht nicht zu spät. Wenn es nichts anderes ist als dein Aussehen..."

„Nichts anderes als mein Aussehen!" rief sie empört und richtete sich im Bett auf. „Aber das ist es ja gerade! Ich wollte schön sein, für dich, für das Volk, meine Ungarn beim Millennium!"

„Das hast du jetzt davon", lachte er kopfschüttelnd. „Ein Glück, daß dich deine Ungarn jetzt nicht so sehen können. Ich danke dir aber trotzdem für deinen guten Willen; doch bin ich fast der Meinung, daß extra für dich am Wiener Hof die Sitten von Versailles eingeführt werden müßten... Die Könige von Frankreich, mein Engel, mußten in einem speziell dafür gebauten Schauhaus jeden Mittag öffentlich speisen. Jeder Franzose durfte zusehen und sich davon

190

überzeugen, daß der König für das Geld der Steuerzahler auch ordentlich verpflegt wurde. Die armen Könige mußten essen, was das Zeug hielt, auch wenn ihnen gar nicht danach zumute war. Für dich wäre das recht heilsam."

„Das ist ja verrückt!" rief Sissy. „Und die Königinnen?"

„Die mußten es nicht."

„Na, siehst du. — Komm, setz dich wieder zu mir. Was gibt es Neues in Wien? Erzähle!"

„Oh", leistete er ihrer Aufforderung Folge, während sie nach Tee und einem Imbiß für ihren Franzl schellte. „Herr Steiner reißt jetzt unseren schönen Pavillon im Prater nieder, damit die Wiener Ruhe geben und ihre Freud' haben. Na, und deine liebe Nichte Marie macht wieder einmal Ärger. Du weißt, Graf Larisch hat sich von ihr scheiden lassen, was ich ihm in Anbetracht der Rolle, die sie beim Tod unseres armen Rudi gespielt hat, nicht verdenken kann. Nun lebt sie in München. Jetzt heiratet sie dort einen Tenor der Hofoper. Damit wird sie wieder Schlagzeilen machen."

„Das können wir ihr aber nicht verbieten, daß sie wieder heiratet. Irgendwie muß sie ja ihr Leben fristen. Zurück in die Monarchie kann sie ja wohl nicht."

„Das wäre noch schöner", knurrte Franzl mit Zornesfalten auf der Stirn. „Nach allem, was sie uns angetan hat! Den Rudi, einen verheirateten Mann, mit dieser Baronesse Vetsera zu verkuppeln! Sie hat in unserer Nähe nichts mehr verloren."

„Dann soll sie doch mit diesem Opernsänger glücklich werden, wenn sie kann... Wie heißt er denn?"

„Brucks, oder so ähnlich."

„Josef Brucks? Von dem habe ich schon gehört... Er ist nicht übel, aber er trinkt, sagt man."

„Vielleicht schafft sie's, ihm das Trinken abzugewöhnen."

„Ich bin neugierig, wie der Krieg zwischen den Japanern und den Chinesen ausgeht."

„Er berührt uns kaum, mein Engel. Da schon eher die Engländer. Österreich ist keine Kolonialmacht, wir sitzen fest auf unserem alten Europa, das ist unser Boden und unser Revier. Und macht Sorgen genug. Ich habe nicht Wilhelms Ehrgeiz, der in Afrika Reichtümer scheffeln will. Ich glaube, er wird deswegen mit den Briten noch eines Tages in Konflikt kommen. Wir aber haben genug zum Leben in unserem guten, alten Österreich. Man soll uns bloß in Ruhe lassen."

„Wenn sie bloß alle wüßten, wie gut du es mit ihnen meinst", fand Sissy leise und streichelte seine Hand. „Sie haben doch alle genug Arbeit und Brot. Oder nicht? Nein, wohl nicht alle. Es gibt auch viel Armut in unserem Land. — Wie sagte doch der Doktor? Die Krankheit der armen Leute — der Hunger..."

Franzl horchte auf.

„Was sagst du da?" forschte er hellhörig. „Bist du etwa selbst —"

Sie nickte: „Ich wollt' dir's nicht verraten, doch nun ist es — ungeschickt wie ich bin — heraus."

Sie schüttelte den Kopf über ihr Mißgeschick.

„Nun", meinte er gedehnt, „daß es so arg ist — aber es soll dir eine Lehre sein! Alles, aber auch schon alles, was man übertreibt, ist schädlich, merk dir das! Nun, bis zum Millennium bist du längst wieder auf dem Damm, wenn du dir angewöhnst, vernünftig zu leben. Erhol dich nur recht gut hier in dem schönen, warmen Cap Martin."

„Aber ich möchte nach Korsika", berichtete sie.

„Nach Korsika?" staunte er. „Was willst du denn auf dieser schrecklichen Insel?"

„Was kann man schon auf Korsika wollen? Die Napoleon-Gedenkstätten besichtigen natürlich."

192

„Dagegen ist nichts einzuwenden; aber doch nicht um diese Jahreszeit. Da ist es ganz schlimm auf Korsika, nicht so gemütlich wie hier in der Sonne."

„Das kann ich mir gar nicht vorstellen; es ist doch gar nicht so weit von hier, liegt doch auch im Mittelmeer."

„Korsika hat andere klimatische Verhältnisse. Es ist ein rauhes Land, wenn auch nicht ohne Reiz."

„Du machst mir ja erst recht Lust hinzufahren", meinte sie.

„Es ist ein Land der rauhen Berge und der wilden Rebellen; die Leute dort haben heißes Blut, und daß sie einer österreichischen Kaiserin sehr gewogen wären, möchte ich bezweifeln", warnte er besorgt.

„Ach, ich reise ja bloß als einfache Gräfin Hohenembs", meinte sie beschwichtigend.

„Von der jeder weiß, wer sie in Wirklichkeit ist", schmunzelte Franzl. „Ich fürchte, mein Engel, du bist wirklich unverbesserlich. Hoffentlich belehrt dich eines Tages das Schicksal nicht — du hast es schon allzuoft herausgefordert."

„Ach, Franzl", wehrte sie ab, „schimpf doch nicht schon wieder mit mir! Sei froh, daß wir wieder beisammen sind!"

4. Ein dickköpfiger Engel

Die nächsten Tage, die für Franzl mit Erholung und der so bitter benötigten Entspannung verbunden waren, brachten Sissy nicht die reine Freude. Denn so nach und nach erzählte Franzl, daß er die Hofdame Jovanka von Mikes vom Dienst suspendieren mußte. Weil sie — wenn auch im Auftrag Sissys — gegen ihn „konspiriert" hatte, wie er sich halb im Scherz, halb im Ernst ausdrückte.

„Ich weiß, du hast es gut gemeint, mein Engel. Aber das geht doch nicht, daß ich eine Maßnahme treffe und du dagegen etwas unternimmst. Der Kaiser und die Kaiserin sollen — zumindest nach außen hin — eines Sinnes sein."

„Aber ich wollte dem Liebespaar doch nur helfen", verteidigte sich Sissy beim Tee, den sie auf der Terrasse mit Blick aufs Meer einnahmen.

„Das weiß ich. Und der Erfolg ist auch prompt eingetreten: die Komtesse und mein Neffe schreiben einander seitdem; und er behauptet, dies hätte bei ihm derartig Wunder bewirkt, daß er nun wieder ganz gesund ist. Das wollen wir auf die Probe stellen. Ich habe ihn jedenfalls nach Ungarn zum Dienst abkommandiert."

„Du hast sie also wieder getrennt — warum hast du ihn denn nicht in Prag gelassen?"

„Weil er als künftiger König von Ungarn auch die dortige Luft schnuppern soll. Seine Sophie beeinflußt ihn zu einseitig zugunsten der Böhmen. Ich denke, gerade du solltest das nötige Verständnis aufbringen, daß ich so gehandelt habe."

„Ja, ja", nickte Sissy blaß und ernst. „Ich hätte daran denken müssen, daß uns nicht wie allen anderen einfach Freiheit, Selbständigkeit und Glück vergönnt sind, sondern wir noch tausend Rücksichten nehmen müssen, die unser Dasein vergällen."

„Nun, Franz Ferdinand scheint durchaus gesonnen zu sein, sich nichts vergällen zu lassen", erzählte Franzl ernst. „Er besteht auf seinem Recht auf die Thronfolge und zugleich darauf, die Komtesse Chotek zu heiraten. Und sie — nun, ich weiß nicht, was ich von ihr halten soll. Sie ist entweder sehr schlau und wie ihr Vater diplomatisch begabt oder aber von einer naiven Wundergläubigkeit; denn sie kann doch nicht im Ernst annehmen, daß das gutgeht, was sie und Franz Ferdinand vorhaben."

194

„Und warum sollte es nicht gutgehen?" wandte Sissy ein. „Es mag sein, daß sie eine gute Diplomatin ist. Jede halbwegs gescheite Frau ist das, muß es einfach sein, wenn sie sich gegen euch Männer durchsetzen will. Naiv ist sie wohl nicht — eher verliebt. Und es kann sein, daß sie gerade deshalb an Wunder glaubt. Und vielleicht hat sie recht…"

„Sissy", staunte er und sah sie zweifelnd an. „Du bist also ganz auf ihrer Seite?"

„Ich bin eine Frau, Franzl; und Frauen sind immer auf der Seite des Herzens, nicht wahr? Nun, dies ist doch eine Herzensangelegenheit. Sieh es doch einmal von dieser Seite und nicht aus dem Blickwinkel der Staatsraison. Franz Ferdinand ist ein unglücklicher Mensch — war es zumindest, bis er seine Sophie kennenlernte. Er verlor früh seine Mutter, die er so liebte. Er galt als krank; deshalb traute ihm niemand eine Zukunft zu. Er fühlte sich verlassen, vom Schicksal verraten, von allen beiseite geschoben. Daher kommt das Mißtrauen, das er gegen jedermann hegt und das ihn so schroff macht. Und dann kam eines Tages ein Mensch, der ihn so akzeptierte, wie er war. Der seine innere Not erkannte und begriff, wie tapfer er gegen seine Krankheit kämpfte — als ein Soldat, wie er selbst sagt, der zur Erfüllung einer Pflicht berufen ist."

„Du meinst Komtesse Chotek?"

„Ja, ich meine seine Sophie. Versteh doch, daß sie es war, die ihm den Glauben an seine Zukunft, die Kraft, gegen die Krankheit zu siegen, sein Selbstbewußtsein und seine Lebensfreude wiedergab und — gibt. Ich glaube ihm aufs Wort, wenn er sagt, daß er ohne sie nicht leben kann!"

„Sissy", staunte Franzl immer mehr, „er hätte keinen besseren Anwalt für seine Sache finden können als dich!"

„Dazu sollte es doch gar keines Anwalts bedürfen. Dazu braucht es nur ein bißchen Vernunft — und Herz! Aber freilich — das Herz, es läuft wohl Gefahr, im Aktenstaub und im politischen Leben zu kurz zu kommen und zu ersticken, nicht wahr? Siehst du, das ist etwas, wovor ich dich bewahren möchte."

„Unser Hofkaplan scheint recht zu haben", brummte Franzl. „Er, der nie verheiratet war, sagte neulich bei einer Predigt, Ehen wären dazu da, daß zwei Menschen aneinander wachsen — damit einer vom anderen lerne. Ich glaube wirklich, daß wir voneinander lernen können, Sissy, auch jetzt noch, da wir schon nicht mehr die Jüngsten sind."

„Das ist schön, daß du das sagst", fand sie, beugte sich zu ihm und küßte ihn.

Von diesem Augenblick an fühlte sich Franzl sehr wohl. Sissy begann wieder zu essen und nahm wieder zu, die Anzeichen ihrer Mangelerkrankung bildeten sich zurück.

Doch das Glück der beiden an der Riviera dauerte leider nur kurz. Denn der Doyen der Familie, Franz Josephs Großcousin Erzherzog Albrecht, war hochbetagt in Wien verstorben; Franzl mußte daher seinen Urlaub auf Cap Martin schweren Herzens vorzeitig abbrechen und wieder heimfahren.

Mit Albrecht brach ein alter Pfeiler der Familie, gegen dessen erstarrte Ansichten schon Rudolf revoltiert hatte. Und erst recht tat es Franz Ferdinand. Doch Albrecht, der Enkel Leopolds II. und Neffe des gütigen Kaiser Franz — des Großvaters Franz Josephs —, war von seinen Ansichten felsenfest überzeugt. Auch er erkannte die Gefahren für die Monarchie, die sich aus den Veränderungen im Lauf der Zeit ergaben. Daher wehrte er sich gegen jede Veränderung, mochte sie auch scheinbar Vorteile bringen. Das Gewicht lag für ihn auf dem Wort „scheinbar", was eben nur dem Schein nach und nicht „tatsächlich" bedeutete.

Immerhin herrschten in der Monarchie nicht solche Verhältnisse wie in der französischen Republik, wo jetzt die Wogen wegen des Prozesses gegen den der Spionage verdächtigten Hauptmann Dreyfus hoch gingen und der Dichter Emile Zola gegen die Justizbehörde wetterte, die sich offenbar von der öffentlichen Meinung beeinflussen ließ.

In der Monarchie herrschte weitgehende Rechtssicherheit, und die Streitigkeiten im Reichsrat waren hauptsächlich auf das Nationalitätenproblem zurückzuführen, das auch der leidige Stein des Anstoßes bei jedem Versuch einer Heeresreform war. Immerhin konnte Erzherzog Albrecht — der Sieger in der Schlacht von Custozza im Jahre 1866 — mit Recht darauf verweisen, daß etwa innerhalb eines Infanterieregiments Burschen aus fünf verschiedenen Nationalitätengruppen ihren Dienst versahen: in dem in Ujvidek stationierten Infanterieregiment Nr. 6 erfaßte die Statistik 40% Deutschsprachige, 30% Serbokroaten, 15% Magyaren, 10% Slowaken und 5% Rumänen. Da konnte es doch nur eine gemeinsame Kommandosprache geben; und — im Zivilleben — eine gemeinsame Amtssprache, die alles zusammenhielt!

Franzl fiel der Abschied diesmal besonders schwer; in Gedanken sah er auf seinem Wiener Schreibtisch die Aktenberge sich türmen. Auch Sissy fühlte sich von dem unerwarteten Abschied betroffen. Sie wußten beide nicht, wann sie einander wiedersehen würden, zumal Sissy an ihrem Plan einer Reise nach Korsika festhielt.

„Du bist ein unverbesserlicher Dickschädel, mein Engel", hatte ihr Franzl versichert. „Ein Engel mit kleinen Hörnern, die er sich eines Tages noch festrennen wird."

Solche Worte reizten erfahrungsgemäß nur ihren Widerspruchsgeist. Allen Warnungen zum Trotz wollte sie hin. Und von dort weiter nach Korfu, ihrem zweiten Zuhause, wie sie das Achilleion nannte.

So kam der März des Jahres 1895 heran. Sissy hielt die Jahreszeit für fortgeschritten genug, um auf Korsika vor den prophezeiten Wettereinbrüchen sicher zu sein. Der Greif kreuzte vor Cap Martin auf und nahm Sissys kleine Reisegesellschaft an Bord. Und eine abenteuerliche Reise begann.

Man ging in Nizza an Bord, und in Ajaccio betrat Sissy die Insel. Schon auf der Reise durch das Ligurische Meer zog das von Franzl prophezeite Schlechtwetter auf. Der Greif hatte schwer mit den Wellen zu kämpfen, und da er ein altes Schiff war, standen die Passagiere einiges aus, bevor sie sichtlich erleichtert an Land gingen.

Sissys Reise- und Abenteuerlust tat dies jedoch keinen Abbruch. Sie konnte es kaum erwarten, diese Insel, das Geburtsland des großen Korsen, kennenzulernen. Immerhin war Erzherzogin Marie Louise aus dem Hause Habsburg mit Napoleon verheiratet gewesen, und deren Sohn, der so früh verstorbene Herzog von Reichstadt, der ‚junge Aar‘, wie ihn Napoleons Anhänger nannten, wurde von Franzls Großvater, Kaiser Franz, besonders verhätschelt.

Und nicht nur von seinem Großvater wurde er geliebt — es hieß, auch Franz Josephs Mutter Sophie fühlte sich zu dem hübschen Napoleon-Sohn sehr hingezogen.

Franzl war drei Jahre alt, als der Sohn Napoleons starb; Sophie hatte den Lungenkranken aufopfernd gepflegt. Seine Mutter, Marie Louise, kümmerte sich nicht um ihn. Sie heiratete in zweiter Ehe ihren Oberstallmeister, den Grafen Neipperg. Aus Neipperg oder Neuberg wurde „Montenuovo“, und der Graf, der die Kaisertochter heiratete, gefürstet.

Und jetzt war es ein Montenuovo, der glaubte, dem künftigen Kaiser Knüppel auf den Weg werfen zu müssen, weil der sich unterstand, eine Komtesse aus altem böhmischen Adel heiraten zu wollen!

Am 2. Juni 1764 heiratete Napoleons Vater Carlo Buonaparte die hübsche Letizia Ramolino im Dom zu Ajaccio. Buonaparte stammte aus der Toskana und war Rechtsanwalt. Die Buonapartes waren auf ihren alten Adel stolz; schon 1122 wurde ein Ratsherr, Ritter Ugo Buonaparte, in den Annalen der Stadt Florenz erwähnt. Seit dem 16. Jahrhundert aber lebten die Buonapartes auf Korsika. Auch die Braut entstammte einer Familie, die seit zweihundertfünfzig Jahren auf Korsika ansässig war, und leitete ihre Abkunft von den italienischen Grafen von Collalto ab.

Am 15. August 1768 landeten die Franzosen mit 10.000 Mann, um Korsika in Besitz zu nehmen. Ludwig XV. hatte die Insel käuflich erworben und fühlte sich im Recht, doch die Korsen wehrten sich verbissen. Ein Jahr später, es war wieder der Maria-Himmelfahrts-Tag, befand sich Letizia Buonaparte im Dom, als sie während der Messe von Wehen überrascht wurde. Zu Hause gebar sie ihren Sohn Napoleon. Der heranwachsende Junge sog beides in sich ein: den Kampfesmut und den Freiheitswillen der Korsen, aber auch die Sympathie für Frankreich. Denn der Comte de Marbeuf, der Gouverneur der Insel, tat alles, um sich mit den Korsen gütlich zu einigen. Er senkte die Steuern und ging durch die Straßen von Ajaccio nicht in seiner prächtigen Uniform, sondern in dem gleichen groben Wollzeug wie die korsischen Hirten und Bauern. Und hatte noch dazu binnen einem Jahr perfekt ihren Dialekt gelernt. Mit seiner Hilfe erhielt der heranwachsende „Nap" ein königliches Stipendium und durfte in Frankreich die Offiziersschule besuchen. Und gehörte dann doch zu jenen, die den regierenden König stürzten, um sich eines Tages selbst die Krone aufs Haupt und sich auf den Thron zu Versailles zu setzen.

Kein Wunder, daß ein solcher Mann, seine erstaunliche Karriere und sein späteres bitteres Schicksal Sissy faszinieren mußten. Sie ließ sich Naps Geburtshaus zeigen und durchstreifte die Gegend um Ajaccio in Gesellschaft ihrer Begleitung in oft stundenlangen Märschen, sie drang dabei immer tiefer in das Gebiet der unwegsamen Insel vor. Und das Wetter wurde immer schlechter.

Eines Tages wurde die ganze Gesellschaft von einem plötzlich hereinbrechenden Schneesturm unterwegs überrascht. Einem Schneesturm, der noch dazu von Blitz und Donner begleitet war. Die furchtsame Sarolta wurde von panischer Angst befallen. Man befand sich auf einem steinigen Felsweg inmitten zerklüfteter Hänge. Weit und breit war keine schützende Hütte in Sicht, und Sissy fühlte sich binnen weniger Minuten bis auf die Haut durchnäßt. Sie fror erbärmlich. Das eisige Schneetreiben wurde so dicht, daß man schließlich nur mehr einige Schritte weit sehen konnte. Heftige Blitze erhellten ein tobendes, weißes Inferno. Der Donner widerhallte schreckerregend von den Bergen, und die Temperatur sank erschreckend schnell.

„Berewiczy, Berewiczy!" rief Sissy nach ihrem Obersthofmeister, doch der schien in dem Schneetreiben verlorengegangen zu sein, oder er hörte sie nicht, denn der Sturm riß Sissy die Worte vom Munde weg.

Plötzlich fühlte sie sich an der Hand gefaßt.

„Majestät — ich bin es, Sztaray!"

„Gottseidank, Gräfin... Ich glaube, diesmal hätten wir wirklich besser daheim bleiben sollen."

Sie schalt sich nun selbst einen dickköpfigen Engel. Franzl hatte wieder einmal recht behalten; nun wollte sie so schnell wie möglich fort von Korsika, hin nach dem warmen, ewig sonnigen Korfu! Doch vorläufig sah es noch danach aus, daß sie viel Glück brauchten, um dieses Abenteuer heil zu überstehen...

5. Rudolf findet keine Ruhe

Der Schneesturm heulte und brauste. Sissy fühlte, wie die Gräfin am ganzen Leibe zitterte. Ganz in der Nähe schlug ein Blitz ein.

Sekundenlang war die Umgebung in blendendes Licht getaucht, dann warf die Wucht einer ungeheuren Sturmböe die beiden Frauen fast zu Boden.

Die Sztaray hatte in diesem schrecklichen Moment die Tuchfühlung mit Sissy verloren.

„Gräfin — wo sind Sie?!" hörte sie schwach durch das Sturmgebraus den Hilferuf der Kaiserin.

„Hier bin ich! Hier, Majestät!" schrie die Sztaray und tastete in das Dunkel, das ihr nach der Helligkeit des Blitzes doppelt undurchdringlich erschien; sie war wie geblendet.

Die Kaiserin sah und hörte sie offenbar nicht. Doch auch der Obersthofmeister, der Griechischlehrer, der sie wie stets begleitet hatte, und auch Sarolta von Majlrath schienen in dem Chaos wütender Elemente verlorengegangen zu sein.

Sissy richtete sich auf. Die Gewalt des eisigen Sturmes war so stark, daß sie immer wieder den Halt verlor und zu ersticken drohte. Es heulte und pfiff ihr um die Ohren; der mit Nadeln in ihrem Haar befestigte Hut war längst weggeblasen worden, das Haar war klitschnaß, und Sissy bebte vor Kälte am ganzen Leib. Dabei konnten die anderen nicht weit sein; doch sie sah niemanden, nicht einmal die Sztaray, die sie eben noch an der Hand gehalten hatte.

Plötzlich tauchte eine schemenhafte Gestalt vor ihr auf. Sissy blieb fast das Herz stehen. Kein Zweifel — sie kannte dieses Gesicht nur zu gut, das sie jetzt stumm aus traurigen Augen ansah.

Umweht von Schneeschwaden stand er stumm und anklagend vor ihr: ihr Sohn...!

„Rudi!!" schrie sie und sank bewußtlos zusammen.

„Majestät! Majestät!!" rief unterdessen der Obersthofmeister. Er war im Bewußtsein seiner Verantwortung für die Kaiserin ganz außer sich vor Entsetzen: „Majestät — wo sind Sie?"

Seine Stimme hörte aber nur Sarolta, die mit ihm zusammenprallte. Berewiczy glaubte schon, die Kaiserin gefunden zu haben. Doch als er ihr ins Gesicht sah, meinte er ärgerlich: „Ach, Sie sind es!"

„Wir haben sie verloren", stellte Sarolta fest.

„Aber sie kann doch nicht weit sein!" rief Berewiczy. „Ach, wären wir doch bloß nie auf diese schreckliche Insel gekommen!"

Da tauchte wie ein Gespenst aus dem Nebel die Sztaray auf.

„Habt ihr sie gefunden?" schrie sie, um sich verständlich zu machen.

„Keine Spur von ihr", schrie die Majlrath zurück.

„Der Sprachlehrer fehlt gleichfalls!" schrie der Baron dazwischen. „Bleiben wenigstens wir drei beisammen, und suchen wir sie gemeinsam!"

Der Sprachlehrer, von dem die Rede war, stolperte gerade in diesem Moment über etwas, das im Schnee lag, bückte sich und sah die schon halb zugewehte Kaiserin.

„Um Himmels willen", rief er erschrocken, hob Sissy auf und wankte mit seiner Last aufs Geratewohl in die Richtung, in welcher er die anderen vermutete.

Keuchend kämpfte er sich gegen den Sturmwind. Wieder fuhr ein Blitz vom Himmel, und dann sah er sie, und sie sahen ihn.

„Gottlob — er bringt sie! Er hat sie! Er hält sie in den Armen!" scholl es ihm entgegen.

Und Sissy erwachte. Erschrocken machte sie sich los, und er ließ sie sanft auf ihre eigenen Füße gleiten.

„Gottlob, Majestät! Es ist doch nichts passiert oder?" erkundigte sich der Baron besorgt. „Es muß eine Schäferhütte
in der Nähe sein, ich habe sie vorhin gesehen; dort wollen
wir uns aufwärmen, und vielleicht können wir auch etwas
kriegen, einen Schluck heißen Tee vielleicht."

„Was war nur mit mir?" stammelte Sissy, verwirrt von
einem zum anderen blickend.

„Ich fand Majestät bewußtlos im Schnee", erklärte der
Sprachlehrer respektvoll.

„Wir haben einander im Schneesturm verloren und Sie
fieberhaft gesucht", ergänzte der Baron sichtlich erleichtert.
„Doch nun sind Majestät wieder da, und es ist nichts geschehen… Hoffentlich hat dieses Abenteuer keine nachteili-
gen Folgen für Euer Majestät Befinden. Schnell, machen
wir, daß wir in die Hütte kommen. Der Sturm scheint nach-
zulassen, aber er kann jeden Augenblick wieder heftiger
werden. Ich bin erst beruhigt, wenn wir ein halbwegs dichtes
Dach über unseren Köpfen haben!"

Damit hatte er freilich recht. Sissy sträubte sich auch gar
nicht, als sich Berewiczy in Bewegung setzte in die Richtung,
in welcher ihm der Blitzstrahl vorhin ein armseliges Bau-
werk aus Brettern gezeigt hatte, das ihm jedoch wie ein
fürstliches Obdach erschien.

Alle folgten ihm, Sissy gestützt von dem Sprachlehrer
und der besorgten Gräfin Sztaray. Sissy schien der Gräfin
seltsam abwesend; es war, als ginge sie wie im Traume zwischen ihnen und sei in Gedanken ganz anderswo.

So war es auch. Sissy erinnerte sich jetzt wieder ganz
deutlich an das phantomhafte Bild, das sie im Schneetreiben
wahrgenommen hatte.

„Rudolf", murmelte sie, „du warst es — was wolltest du
von mir? Was hatte es zu bedeuten, daß du dich mir vorhin
gezeigt hast?"

Die anderen sahen kaum, daß sie die Lippen bewegte, geschweige denn verstanden sie ein Wort. Aber Sissy war im Innersten aufgewühlt; man hätte es ihr anmerken können, wäre nicht ein jeder so sehr mit sich selbst beschäftigt gewesen. Und bemüht, sich gegen den Sturmwind durchzukämpfen, der ihnen immer noch eisige Nadeln schmerzend in die Gesichter blies.

Endlich war die Hütte erreicht, und man atmete erleichtert auf; doch auf das heftige Klopfen des Barons und des Griechischlehrers antworte niemand. Schließlich entschloß sich der Baron, die Tür einfach aufzumachen. Sie war bloß durch einen Holzriegel geschlossen.

Beinahe allerdings hätte ihm der Sturmwind die Tür aus der Hand gerissen, die sich fast selbständig gemacht hätte; der Sturm drohte, sie aus ihren Angeln zu reißen. Noch während der Baron mit Wind und Tür kämpfte, drängten die anderen die Kaiserin und sich selbst in die Hütte; schließlich folgte der Baron nach und schloß die Tür hinter sich zu. Die Gesellschaft fand sich in einem mehr als primitiven Unterschlupf, der wohl gelegentlich Schäfern für die rauhen Nächte als Obdach dienen mochte, wenn die Herde in ihrer Nähe weidete.

„Besser als nichts", fand Sarolta aufatmend. „Ich glaubte fast, ich käme um."

„Ich muß euch alle um Entschuldigung bitten", meinte Sissy, „daß ich euch zu diesem Ausflug verleitet habe. Ich glaube, das Vernünftigste wird sein, unseren Aufenthalt auf Korsika bald abzubrechen. Der Greif wird uns nach Korfu bringen, wo wir uns in wärmerer Umgebung von diesen Strapazen erholen können."

Diese Ankündigung erregte allgemeine Zustimmung.

„Bis Korfu ist es aber weit, und ich hätte schon jetzt gern was Wärmeres im Magen", brummte Berewiczy. „Kein

Mensch hier, der uns mit irgendwas laben könnte — nicht einmal mit Schnaps. Gegen einen ordentlichen Schnaps hätte ich nichts einzuwenden!"

Es gab aber keinen. Es gab überhaupt nichts in der Hütte als eine Strohschippe, welche vermutlich als Nachtlager diente. Niemand hatte Lust, sich darauf niederzulassen. So blieb man denn frierend und zähneklappernd dicht beisammengedrängt stehen und wartete in trübseliger Stimmung das Ende des Unwetters ab.

Es kam so plötzlich, wie es begonnen hatte. Der Wind vertrieb die letzten Wolkenfetzen. Als die Sztaray vorsichtig die Türe öffnete, lag vor ihnen eine sonnenüberflutete Hügelkette, der man freilich die Spuren des Unwetters noch deutlich genug anmerkte.

„Da kommt ja jemand!" rief die Sztaray.

Tatsächlich wankte eine vermummte Gestalt von verwegenem Aussehen heran. Es war der Hirt, dem diese Hütte gehörte. Ihm folgte in einiger Entfernung seine Schafherde. Leicht belustigt vernahm er vom Sprachlehrer, was passiert war, entfernte dann die Strohschippe und brachte darunter eine Grube zum Vorschein, die mit allerhand Vorräten gefüllt war. Es gab Schafmilch, Schafkäse und auch den ersehnten Schnaps, und gastfreundlich teilte der Mann an alle aus. Er verteilte seine Gaben, ohne zu ahnen, daß er eine Kaiserin und Königin bewirtete.

„Belohnen Sie den Mann", wandte sich Sissy unauffällig an die Sztaray, die wie immer die Reisekasse führte.

Gehorsam griff die Sztaray in ihre Geldtasche, die sie stets bei sich führen mußte und um die sie gelegentlich — besonders bei Wanderungen durch obskure Gegenden — heillose Ängste ausstand. Sie holte einige Münzen hervor und wollte sie dem Hirten geben. Doch der stolze Korse wies diesen Dank entrüstet ab.

Die Sztaray und der Baron schüttelten darüber den Kopf. Sarolta und Sissy aber wechselten einen Blick anerkennender Bewunderung, der dem Korsen nicht entging; er dankte mit einem breiten Lächeln.

Als sich alle halbwegs erholt hatten, brachen sie auf, nicht ohne daß sich Sissy noch mit ein paar freundlichen französischen Worten bei dem Hirten bedankte. Er verstand sie offenbar recht gut, wenngleich er in einem schauderhaften Dialekt antwortete, der wohl hier auf der Insel gesprochen wurde.

Erleichtert kam man in Ajaccio an. Nun strahlte die Sonne in abendlichem Glanz, und niemand hätte vermuten können, daß es noch vor wenigen Stunden so ein entsetzliches Wetter gegeben hatte.

Sissy aber machte ihr Versprechen wahr. Man ging noch am selben Abend zurück an Bord. Mit der Flut lichtete der Greif die Anker und dampfte auf das Tyrrhenische Meer hinaus, seinem neuen Ziel entgegen. Allzuviel hatten sie von Korsika nicht gesehen, doch immerhin hatte man Napoleons Geburtshaus besucht, ein langgestrecktes, eher schmuckloses Gebäude, das aber in Ehren gehalten wurde; auch die Möbel waren noch jene, welche seine Familie benutzt hatte.

„Mein Mann hatte recht; dies war nicht die richtige Jahreszeit, um Korsika zu besuchen", gestand sich Sissy ein, als sie sich mit der Sztaray über das Abenteuer unterhielt, das auch weniger glimpflich verlaufen hätte können.

Bald kam man in wärmere und mildere Gewässer. Die Fahrt nach Korfu verlief ohne jeden Zwischenfall. Als die wunderschöne Insel, auf der sich Sissy ihr Achilleion hatte erbauen lassen, in Sicht kam, waren alle wieder gut gelaunt. Denn nun durfte man ja einen längeren Landaufenthalt erwarten, und das war den meisten lieber als der schwankende Schiffsboden unter den Füßen.

206

Als der Greif an der langen Mole anlegte, wurde Sissy von der Dienerschaft und dem Verwalter begrüßt. Dann brachten die Männer des Greif die kostbare Ladung aus dem Schiffsbau an Land, um sie zum Schloß zu schaffen. Darunter war auch das nun endlich fertiggestellte Denkmal von Kronprinz Rudolf, das Sissy im Park des Achilleion aufstellen lassen wollte.

Der Aufstellung des Standbildes war eine weihevolle Stunde gewidmet. Als die Hüllen fielen und Sissy ihren Sohn auf dem Sockel erblickte, stumm, starr und, wie ihr schien, traurigen Blicks, verlor sie die Fassung und schluchzte haltlos. Es war ihr, als hätte sie ihn jetzt, in diesem Augenblick, ein zweitesmal verloren. In strenges Schwarz gekleidet, tief gebeugt und schmerzgeschüttelt bot sie einen mitleiderregenden Anblick.

Sissy rang nach Fassung. Man kehrte ins Haus zurück. Doch als es dunkelte, ging sie noch einmal allein hinaus in den Park, zu Rudolf, und starrte ihn an, während das unbewegliche Standbild allmählich im Mondlicht geheimnisvolles Leben zu gewinnen schien.

„Kannst du mir — kannst du deinen Eltern verzeihen?" fragte sie zitternd.

Die Statue gab keine Antwort. Nur die Brandung rauschte gleichmäßig gegen die Insel. Schweigsam und traurig kehrte Sissy ins Haus zurück. Lange lag sie in dieser Nacht wach, ohne Schlaf zu finden.

6. In der Lagunenstadt

Die Tage auf Korfu waren ruhig und erholsam. Anfangs verbrachte Sissy immer wieder einige Zeit vor Rudolfs Denkmal; doch auch dort vermochte sie keine Antwort auf die Fragen zu finden, die sie bewegten. So promenierte sie auch wieder zu „ihrem" Heine, streifte auf der Insel umher oder ruhte sich aus.

Die anderen erholten sich sichtlich. Sissy aber fühlte sich nicht so wohl; sie kränkelte, ohne daß man zu sagen gewußt hätte, woran. Der Doktor tippte auf rheumatische Beschwerden, die sich eben mit den Jahren einstellten. Er riet zu einer Kur in einem Heilbad. Das hätte er besser nicht tun sollen; denn damit weckte er wieder Sissys Wanderlust, die nach wie vor in ihr schlummerte.

Zur Auswahl standen viele Bäder; doch Sissy wollte in eines, das sie noch nicht kannte. Sie sehnte sich wieder einmal nach anderer Umgebung und wollte andere Gesichter sehen. Es wurde ihr schon wieder langweilig im Achilleion, die Schwalbe bereitete sich schon wieder zum Flug.

Die anderen sahen und hörten es mit Mißvergnügen. Der Baron beschwor Sissy, doch aus Rücksicht auf ihren Gesundheitszustand noch ein wenig auf Korfu zu bleiben und der Ruhe zu pflegen. Doch damit weckte er nur ihren Widerspruchsgeist. So stand denn wieder einmal die Abreise vor der Tür, und alle mußten ans Packen denken. Und der an der Mole vor Anker liegende Greif wurde seeklar gemacht.

Ein kurzer Brief noch an Franzl, um ihm ihre Rückkehr aufs Festland anzukündigen. Ein letzter Besuch noch bei Rudolf und Heinrich Heine; dann eilte sie hinab zur Landungsmole; es glich fast einer Flucht, und in der Tat spürte sie ein merkwürdiges Grauen. Es lief ihr kalt über den Rükken, wenn sie auf das Denkmal ihres Sohnes zurückblickte, das nie ein Wort von sich geben würde.

Gehorsam hatte sich Sissys Gefolge auf dem Greif eingeschifft. Nun war es auch in Wien schon Frühling, das Osterfest war vorüber. Franzl hatte — wie jedes Jahr — die Zeremonie der Fußwaschung vollziehen müssen. Anfangs hatte ihn diese symbolträchtige Handlung ergriffen, nämlich vor den Greisen aus dem Volk die Knie beugen und seine christliche Demut bekunden zu können. Nun aber, nach so vielen Jahren, wurde es auch für ihn zur Routine, zu einer von vielen Pflichten, welche das Herrscheramt mit sich brachte und die er erfüllen mußte.

Dann war es soweit. Der Greif ankerte in Venedig, der Lagunenstadt. Alles schien hier beim alten zu sein. Von Abfällen getrübtes Wasser plätscherte in den Kanälen zwischen den Häuserzeilen, die Fassaden der alten Palazzi zerfielen wie eh und je, und die Gondolieri lenkten ihre Boote, besetzt mit Touristen, durch den Canale Grande, so wie sie es getan hatten, als Venedig noch Österreichs Perle an der Adria gewesen war und die Monarchie noch viel für Venedig getan hatte.

Jetzt weinten manche Venezianer der österreichischen Herrschaft nach; und doch — Venedig war nun italienisch, und die meisten fühlten sich als stolze Italiener. Die Freiheit schmeckte ihnen süß, da vergaß man manch unliebsamen Beigeschmack.

Als Sissy zum erstenmal dort gewesen war, offiziell und an der Seite ihres Gatten, hatten die Venezianer dem jungen Kaiserpaar ihre Abneigung offen bekundet. Die schweigende Mauer, ja die Pfiffe, die hie und da zu hören gewesen waren, die geschlossenen Fenster und ostentativ gehißten Fahnen und Fähnchen in den Farben des Hauses Savoyen — sie waren ein Schlag in Franzls und ihr Gesicht, als sie in der offenen Prunkgondel durch den Canale Grande gerudert wurden. Venedig war nicht bereit gewesen, diesen Herrschern zu huldigen.

Und dann änderte sich schlagartig die Stimmung, nämlich als Mama Ludovica ihnen auf dem roten Teppich zum

Portal des Gotteshauses die Kinder entgegenbrachte — die kleine Gisela und Rudi. „Viva la Mama", so schrie es plötzlich von allen Ecken und Enden, als Sissy unter Tränen ihre Kinder in die Arme schloß, als wolle sie sie vor einer feindseligen Menge schützen.

Sie und die Kinder brachen das Eis, und Franzls Zorn schmolz dahin. Das ereignete sich im November 1856, und ein trister Herbsthauch lag über der Stadt. Das war fast vierzig Jahre her, und Sissy — damals 19 Jahre alt — erinnerte sich deutlich an diese Tage voller Aufregungen und knisternder Spannung. Franzl hatte sogar mit einem Attentat gerechnet, und man war froh, heil wieder nachher in Wien zu sein.

Damals, in Venedig, war Franzl auf seine „Kaiserliche Gemahlin" richtig stolz gewesen. Mit ihrem Liebreiz hatte die junge Mutter einen Sieg davongetragen, einen unblutigen Sieg für Österreich und die Dynastie. Was Franzls Heere nicht zuwege brachten, vermochte ihr bloßer Anblick.

Das alles war lange her, wurde doch wieder in ihr lebendig, als sie in ihrem Hotel eine durch einen königlichen Läufer überbrachte Einladung in den Dogenpalast erhielt. Es war Sissys Mißgeschick, daß ausgerechnet jetzt König Victor Emanuel dort residierte. Und das Königspaar und Sissy mußten — ob sie nun wollten oder nicht — einander Reverenz erweisen. Die „Pflichten", wie Franzl zu sagen pflegte, hatten Sissy eingeholt, diesmal gab es kein Entkommen. Nicht in dem, wie immer ein wenig gespannten Verhältnis zwischen Österreich-Ungarn und Italien.

In diesem Fall hätte Franzl ihr eine Absage nie verziehen. Sie sah ihn vor sich, wie er ihr befahl, sich zusammenzureißen. Ganz Italien hätte es als Affront empfunden!

Sie machte also gute Miene zum bösen Spiel und erlitt die Demütigung, in den selben Gemächern empfangen zu werden, in denen sie und Franzl einst in Venedig Hof gehalten hatten. Alles erkannte sie wieder; nichts hatte sich seitdem in diesen Räumen verändert, nur der Doppeladler fehlte, und statt dessen zierte das Wappen der Savoyer die Stirnwand des Saales.

Dies übersah Sissy geflissentlich; man wechselte Höflichkeiten und Worte, die nichts besagten, und Gast wie Gastgeber waren offensichtlich froh, als der Form Genüge getan war.

Sicherlich hatte Sissy ihren Besuch nicht über Gebühr ausgedehnt. Und sie entfernte sich hocherhobenen Hauptes, ein Lächeln auf den Lippen, fast wie eine Siegerin. Es war eine heimliche Ironie des Schicksals, daß im Hotel ein Brief von Franzl lag, in dem er ihr schrieb, Herr Steiner habe ganze Arbeit geleistet; schon im Mai werde ,Venedig in Wien' eröffnet werden.

Ein Venedig ohne italienischen König! Ein Venedig, nach wie vor unterm Doppeladler. Die Perle der Adria, verlegt an den Donaustrand... Fast war sie Herrn Gabor Steiner dafür dankbar.

Die feuchten Dünste Venedigs taten Sissys körperlichem Befinden nicht gut. Sie konsultierte Ärzte, besuchte zwischendurch Kirchen und Museen und entschloß sich zur Abreise, als sich ihre Gesundheit nicht besserte. Schlechtwetter war im Anzug, als sie mit der Sztaray und der Majlrath noch einen kleinen Einkaufsbummel machte.

Die Frauen gingen durch eine schmale Gasse, in der es einige Antiquitätenläden gab, in denen Sissy hübsche mundgeblasene Gläser zu finden hoffte. Ein echtes mundgeblasenes Glas war durch eine kleine, kaum merkliche Erhöhung erkennbar, ein Tröpfchen erkalteter Glasmasse genau dort, wo der Glasbläser die flüssige Masse von dem fertigen Trinkgefäßrand getrennt hatte.

Der Gehsteig führte neben einem Kanal, in dem das Wasser übel roch. In bestimmten Abständen waren Löcher in das Pflaster gebohrt, und Sissy sah, wie Bedienstete der Stadt in diese Löcher Eisenstäbe versenkten, die durch eine Laufkette miteinander verbunden waren.

„Es kommt Sturm auf", erklärte sie ihren Begleiterinnen. „Auf diese Weise entsteht eine Art Geländer. Die Bora bläst hier manchmal so stark, daß Passanten womöglich in den Kanal geschleudert werden könnten, wenn sie sich nicht an den Ketten festklammern. Kommt, wir müssen uns beeilen und ins Hotel zurückkehren, bevor das Unwetter losgeht. Es ist in Venedig ebensowenig ein Vergnügen wie auf Korsika."

Dennoch kaufte sie in einem schummrigen, kleinen Laden die gewünschten Gläser, die für die Hermesvilla gedacht waren, als Schmuck für eine Vitrine. Auch suchte sie noch ein passendes Geschenk für Franzl und fand einen kleinen Markuslöwen, gleichfalls aus farbigem Glas.

„Mein Löwe kriegt einen Löwen", lachte sie vergnügt, als alles gut verpackt war und sie befohlen hatte, die Sachen ins Hotel zu schicken.

Dann machte man sich auf den Heimweg; die ersten Tropfen fielen schon, und kurze Windstöße fegten über das Wasser des Kanals.

Sissy spürte jetzt heftige Schmerzen in den Beinen; sie drohten ihren Dienst zu versagen, ein ganz ungewohntes Gefühl für sie, die so viel und gern zu Fuß unterwegs war.

Die beiden Hofdamen mußten sie stützen. Man kam nur langsam voran, und weit und breit war keine Gondel in Sicht. Man mußte also laufen.

Auf halbem Weg wurde das Wetter unerträglich, und die drei suchten Zuflucht in einem kleinen Café, wo sie das Ärgste abwarten wollten. Man bestellte erleichtert heißen

Tee, und die Sztaray schleppte einige Zeitungen herbei, um die Zeit zu vertreiben.

NICHTE DER ÖSTERREICHISCHEN
KAISERIN HEIRATET WIEDER

Sissys Blick fiel auf die Überschrift einer kleinen Notiz. Es waren nur wenige Zeilen, und die waren eher in gehäßigem als sachlichem Ton gehalten: Daraus ging hervor, daß ihre Nichte Marie Louise, die ehemalige Gräfin Larisch-Wallersee, den Münchner Opernsänger Otto Brucks geheiratet hatte. Und daß sie damit eine Bürgerliche geworden war.

Marie war Rudolfs Kusine, ihr Vater bayrischer Herzog, ein Bruder Sissys. Doch sie entstammte einer „unebenbürtigen" Verbindung, war das uneheliche Kind einer Schauspielerin. Sie war schon zwei Jahre alt gewesen, als ihr Vater sie anerkannte. Das Wissen darum mußte sie wohl zeitlebens bedrückt haben. Als sie dann jenes unglückselige Stelldichein zwischen Rudolf und Mary Vetsera in Mayerling vermittelt hatte, mußte sie aufgrund dessen die Monarchie verlassen. Und ihr seinerzeitiger Gatte, Graf Larisch, hatte sich von ihr getrennt; er empfand seinen Namen als befleckt. Der königliche bayrische Opernsänger Brucks dachte da offensichtlich anders. Er war nicht mehr der Jüngste und nicht mehr auf der Höhe seiner Laufbahn. Vielleicht versprach er sich durch diese spektakuläre Heirat mit der Verfemten eine Reklame, die seiner Karriere neuen Auftrieb geben könne.

Das Unwetter ging vorbei. Die nassen Kuppeln und Dächer Venedigs glänzten wieder in der Frühlingssonne.

„Gehen wir", meinte Sissy, froh, ins Hotel zu kommen. „Ich glaube, ich muß mich ein wenig hinlegen. Ich fühle mich heute gar nicht besonders wohl!"

Die Sztaray beglich die Rechnung. Das Pflaster draußen war naß, und der Kanal noch schmutziger als vorher, denn der Regen hatte eine Menge Abfälle von den Gehsteigen in die Kanäle geschwemmt.

„Hoffentlich ist das Wiener Venedig ein wenig sauberer", meinte Sissy und trippelte tapfer drauflos.

„Um ganz ehrlich zu sein", meinte die Sztaray, „ich weiß gar nicht recht, was so viele Leute an Venedig finden. Hat man es einmal bestaunt, hat man auch schon genug. Leben möchte ich hier keinesfalls; es muß ziemlich ungemütlich sein, in so einem alten, feuchten Palazzo zu hausen."

„Da habe ich schon ein bißchen mehr Sinn für Romantik", verteidigte Sissy die Stadt. „Ich glaube, jeder dieser alten Steine könnte ganze Romane erzählen. Nein, Sztaray, tun Sie Venedig nicht unrecht. Aber in einem Punkt haben Sie wohl recht: meiner Gesundheit scheint es nicht gut zu tun."

Im Hotel angekommen, schrieb sie an Franzl, daß sie bald kommen werde. Die Hermesvilla würde ihre Herrin bald begrüßen können. Und sie, Sissy, sei ein von Rheuma geplagter Engel, worüber der gute Franzl nicht erschrecken möge. Und von Marie Larischs Heirat habe sie in der Zeitung gelesen...

Herr von Berewiczy war stets auf Ankünfte und Abreisen vorbereitet. Der Hofzug war längst aus Wien herbeitelegrafiert worden und bereit, Sissy und ihr Gefolge heimzubringen.

7. Bewegte Tage

Wie immer nach solchen Reisen holte Franzl Sissy mit kleinem Gefolge vom Südbahnhof ab. In Wien herrschte schönstes, warmes Frühlingswetter; die Kastanien blühten, die Springbrunnen in der Parkanlage nahe dem Bahnhof rauschten, und die Stadt erstrahlte im hoffnungsvollen Glanz eines jungen Jahres.

Doch die Zeitungen brachten die betrübliche Nachricht vom Tod des Operettenfürsten Franz von Suppé, der mit der „Schönen Galathee" und mit „Boccaccio" noch im vergangenen Winter Triumphe gefeiert hatte. Alle liebten seine Melodien, schmissig, frech, voll von Wiener Charme und Pariser Esprit; mit ihm hatten die Wiener Operettenbühnen, die führenden Premierenhäuser der ganzen Welt, einen Erfolgskomponisten verloren.

Sissy erfuhr auf dem Weg in die Wiener Hofburg den ganzen neuen Wiener Gesellschaftstratsch. Franzl zeigte sich auffallend gut unterrichtet. Er hatte auch eine erstklassige Informantin: seine Freundin Kathi.

„Ich komm' g'rad aus Venedig und bin schon neugierig auf das in Wien", gestand Sissy.

„Das mußt du dir auch anschauen! Der Steiner hat wirklich alle Stückerln g'spielt, das muß man ihm lassen. Man könnt' glauben, es ist eine echte Stadt, und die Gondolieri sind auch echt, richtige Venezianer! Ich hab' eigentlich nicht viel übrig für solch einen Rummel — aber da muß ich schon sagen: es ist sehr schön und macht einem eine richtige Freud'!"

Sissy lachte, als Franzl so seine stereotype Formel parodierte, die er aufzusagen pflegte, wenn er sich nach einem offiziellen Erscheinen von Honoratioren verabschieden mußte. Schmunzelnd erzählte er von der Schau, die ihn tatsächlich beeindruckt hatte.

Das war kein Wunder; „Venedig in Wien" übertraf alle Erwartungen, und die Wiener strömten hin in hellen Scharen — und nicht nur die Wiener. Es sah also durchaus danach aus, als würde dieser Magnet im Prater den Budapester Festlichkeiten im nächsten Frühling ein wirksames Gegengewicht sein.

„Und dein Grundstück samt Pavillon?" wollte Sissy wissen.

„Ich hab's dem Steiner um 500.000 Gulden verkauft."

„Und es gibt echte Kanäle?"

„Ganz echt! Und in den Straßen gibt's auch echte Geschäfte, Kaffeehäuser, Gasthäuser, Tanzlokale! Und sogar die Markuskirche hat man verkleinert nachgebaut. Aber es gibt keine Messen d'rin, der hohe Klerus will sie nicht weihen, aber ich hab' selbst g'seh'n, wie die Leut' da d'rin beten — in einer Kirche, die doch eigentlich nur eine Kulisse ist."

„Ja, hat denn der Steiner wirklich geglaubt —?"

„Offenbar, Sissy! Er hat richtige Werkstätten, in denen gearbeitet wird — eine venezianische Glasbläserei, Strohflechterinnen, ein Atelier für Mosaiken — die Leut' kaufen das als Souvenier, und das beste G'schäft machen die Juweliere mit ihren kleinen venezianischen Ringerln und Ketterln aus Gold. Die Kavaliere, die ihre Damen abends nach ‚Venedig' ausführen, die zahlen…"

„Führst du mich auch aus, Franzl?"

„Das tät' ich liebend gern, mein Engel, aber ich fürcht', das gäb' zu viel Aufsehen."

„Dann wird eben die Gräfin Hohenembs tief verschleiert und unerkannt in Begleitung zweier Damen dieses Wunder inspizieren müssen", meinte Sissy halb belustigt, halb in ehrlichem Bedauern. „Ach, Franzl, daß wir nie wie andere Ehepaare einfach ein bisserl Zeit für uns selbst haben dürfen! Nur bei Festivitäten wie dem Millennium müssen wir uns gemeinsam zur Schau stellen!"

Und in Erinnerung daran stieß auch Franzl einen Seufzer

aus... Das Sekretariat der Kaiserin hatte für die nächsten Tage eine Menge Audienzen vorgemerkt. Vereinsvorstände, Komitees, Hilfsorganisationen für Bedürftige und Kranke begehrten die Hilfe der Kaiserin. Das mußte durchgestanden werden.

Dazwischen fielen auch ärztliche Konsultationen. Der Leibarzt empfahl eine Rheumakur in dem Karpaten-Kurort Bártfa. Sissy wollte diese Kur durchmachen, um für das Millennium gerüstet zu sein.

Als dies alles überstanden war, übersiedelte Sissy erleichtert in die Hermesvilla. Draußen, im Lainzer Tiergarten, grünte und blühte es. Die Tiere waren unruhig; der Frühling berauschte sie, für sie alle war die Zeit der Paarung gekommen. Nachts, wenn das Mondlicht durch die Vorhänge fiel, drangen seltsame Laute durch die Fenster der schloßartigen Villa. Und schon am frühen Morgen weckten tausendfältige Vogelstimmen Sissy aus ihrem Schlafe.

So nahe der Stadt war man in Lainz doch einsam und wie in unberührter Natur. Franz Joseph, der wußte, daß Sissy, in ihrem heimatlichen Possenhofen unter ähnlichen Verhältnissen aufgewachsen, immer die Natur liebte, hatte ihr die Hermesvilla aus diesem Grunde hierher gebaut, wo sie, nahe der Residenzstadt, doch ganz abgeschieden und im Grünen leben konnten. Doch seine Hoffnung, damit ihren Wandertrieb zu mäßigen und sie fest an sich zu binden, hatte sich nicht erfüllt. Auch die Hermesvilla vermochte sie nicht — all ihren Reizen zum Trotz — seßhaft zu machen.

Auch jetzt diente die Hermesvilla nur als Zwischenstation. Sissy wollte in die Karpaten zur Kur und dann den Sommer in Ischl verbringen. Dort wenigstens würde sie mit Franzl für ein paar Wochen wieder zusammen sein.

Sie schrieb nach Rumänien an die dichtende Königin Carmen Sylva und teilte ihr diese Pläne mit. Schon lange war ein Treffen zwischen den beiden geplant, und im Vorjahr hatte es fast schon so ausgesehen, als ob es diesmal klappen könne.

Diesmal aber sagte die Königin in ihrem Antwortschreiben verbindlich zu. Im August wollte man sich in Ischl treffen. Sissy freute sich und teilte die Nachricht sofort Franzl mit, der freilich weniger begeistert war; denn dann würde sicher Carmen Sylva seine Sissy in Beschlag nehmen, und für das familiäre Beisammensein blieben vielleicht nur ein paar karge Tage übrig.

„Nun, ich bin ja Kummer gewöhnt", meinte Franzl pessimistisch. „Und nicht nur mit dir, mein Engel. Jetzt auch wieder mit Franz Ferdinand. Im Sommer wird er offiziell zum Thronfolger ernannt. Doch er zeigt keine Spur von Einsehen in bezug auf dieses böhmische Mädchen. Er kann sich nicht vorstellen, was seine Sophie auf sich nehmen muß, sollte sie tatsächlich die unebenbürtige Gemahlin eines Kaisers werden. Denk doch bloß an die protokollarischen Probleme. So wie du an meiner Seite beim Millennium könnte sie sich nirgendwo und bei keinem Anlaß blicken lassen. Sie dürfte beim Empfang eines Monarchen nicht einmal neben ihrem Gatten stehen oder sitzen."

„Aber sie lieben einander, Franzl! Sie sind willens, das durchzustehen."

„Willens, sicher! Aber ob sie es auch durchstehen können? Denke doch an Franz Ferdinands cholerisches Temperament. Ich sehe ihn jetzt schon aus der Haut fahren. Die beiden denken sich das sicher leichter, als es ist! Aber des Menschen Wille ist sein Himmelreich…"

Eines Tages entschloß sich Sissy zu der beabsichtigten Besichtigung von „Venedig in Wien". Sie fuhr in Begleitung von Sarolta und Irma in den frühlingshaften Prater. Schon am Praterstern fing das Gedränge der Wagen und Schaulustigen an. Und dann gelangte man tatsächlich in eine andere Welt; Sissy glaubte sich wahrhaftig nach Venedig versetzt, und auch Irma Sztaray kam aus dem Staunen nicht heraus.

„Würden die Leute hier nicht Wienerisch reden, könnte man tatsächlich glauben, in Italien zu sein", fand auch Sarolta.

Aber häufig genug trafen auch italienische Laute die Ohren der drei, denen sich übrigens — kaum, daß sie ihrer Kutsche entstiegen waren —, etliche unauffällige Herren in Zivil an die Fersen hefteten. Die Damen suchten ihnen zu entkommen, doch waren die „Geheimen" in der Aufgabe, ihre Schützlinge in dem Gedränge nicht aus den Augen zu verlieren, Routiniers. Die dicht verschleierte „Gräfin Hohenembs" und ihre Begleiterinnen hatten keine Chance, ihnen zu entfliehen.

Viele der hier beschäftigten Handwerker, Kaufleute, Kellner und in den Kaffeehäusern auftretenden Künstler waren tatsächlich Italiener. Und natürlich vor allem die Gondolieri, die auf echten venezianischen Gondeln ihre Passagiere durch die künstliche Lagunenstadt ruderten und dazu ihre Lieder sangen. Ganz so, als ob sie unter südlichem Himmel wären — und dabei kassierten sie fünfzehn Kreuzer pro Person!

Sissy stellte sich wie alle anderen Besucher bei der Eingangskasse an. Irma Sztaray zahlte für jeden dreißig Kreuzer Eintritt, obwohl die Veranstalter die Kaiserin gerne als Ehrengast begrüßt hätten. Doch Sissy wollte unerkannt bleiben; um zehn Kreuzer bekam die Sztaray auch noch ein Programm, aus dem zu ersehen war, was wo geboten wurde — und das war eine ganze Menge. Im zweihundert Zuschauer fassenden Römersaal, den der bekannte Gastronom Stalehner gepachtet hatte, traten eine italienische Sängertruppe auf sowie der Sohn des Dichters Gabriele d'Annunzio als Mandolinenvirtuose. Schon jetzt waren für den 18. August — den Tag, an dem Franzl Geburtstag hatte — ein Festzug, ein Riesenfeuerwerk und andere Attraktionen angekündigt. Sissy tat es fast leid, daß sie beide zu diesem Fest — wie jedes Jahr — in Ischl sein würden.

Das Schönwetter trug zweifellos dazu bei, daß in den Straßen des künstlichen Venedigs die Menge wogte. Trotz der frühen Stunde waren auch die Cafés und Restaurants überfüllt. Ein Lokal schien eine besondere Anziehungskraft auszuüben, weil sich die Menge dort förmlich staute, obgleich man hier nur Sandwiches, Mehlspeisen, Bier, Fruchtsäfte und Kaffee in Bechern bekommen konnte. Das Interessante daran war allerdings, daß man all diese Herrlichkeiten nach Einwurf von Geldmünzen aus Automaten geliefert bekam. Die Flüssigkeiten sprudelten aus Hähnen und füllten die Becher, die aufgestapelt waren und deren man sich selbst bedienen mußte.

Damit hatte Herr Steiner das erste Automatenbuffet nach amerikanischem Muster in Wien aufgestellt. Hier hatte man dergleichen noch nie gesehen, man fand es einfach sensationell.

Die Häuser waren im venezianischen Stil gebaut, teils massiv, teils waren sie bloß Attrappen. Im übrigen baute man noch immer — Herrn Steiners Lagunenstadt sollte offenbar nicht nur ein Ereignis dieses und des nächsten Jahres werden, sondern den Wiener Prater für längere Zeit bereichern. Im Augenblick wurde ein Zirkusgebäude errichtet, die Verlängerung eines „Canale" aufgegraben, und der dazugehörige venezianische Straßenzug gebaut. Dieser Teil war abgesperrt. Polizisten hielten die Neugierigen fern, wie überhaupt reichlich Polizei zu sehen war — denn „Venedig in Wien" hatte sich zum Eldorado für Taschendiebe entwickelt.

Frau von Sztaray drückte denn auch besorgt ihr Täschchen an sich, in dem sie die „Kasse" aufbewahrte, für den Fall, daß Sissy wieder irgendwelche Einkäufe tätigen wollte. Doch sooft sich die drei Damen verdächtigen Elementen gegenübersahen, schoben sich auch schon prompt die „Geheimen" dazwischen; und zum Unterschied von Sissy war die Gräfin für deren diskrete Gegenwart ausgesprochen dankbar.

Natürlich wurde auch eine Gondelfahrt unternommen; der Gondoliere sang aus vollem Halse mit echt italienischem Schmelz „O sole mio", so daß Sarolta förmlich ergriffen aufseufzte.

„Haben Majestät bemerkt, was er für Muskeln hat?" fragte Sarolta errötend.

„Solche Muskel haben Gondolieri eben", meinte Sissy. „Das bringt der Beruf so mit sich. Man hat mir gesagt, daß diese Leute wirklich aus Venedig kommen und gegen gutes Geld hierher nach Wien engagiert sind."

„Abends muß es hier romantisch sein", meinte Sztaray. „Der Baron hat mir berichtet, daß es Lampionbeleuchtung und besondere Illuminationen gibt, so daß alles richtig feenhaft wirkt. Und es gibt Koriandolischlachten und Serpentinenreigen durch die ganze künstliche Stadt — wie beim Venezianer Karneval."

„Alles ist recht hübsch gemacht", fand Sissy anerkennend, „eben eine richtige, überdimensionale Theaterdekoration von Herrn Hoftheatermaler Briosi und Herrn Ferdinand Moser. — Ah, Militärmusik! Ich glaube gar, dort musiziert der Ziehrer mit der Deutschmeisterkapelle. Nein, sowas! Das ist doch wahrhaftig unser Neffe Franz Ferdinand!"

Er und Erzherzog Eugen unternahmen tatsächlich einen Bummel durch die Ausstellung — keineswegs inkognito und inoffiziell, wie das Komitee bewies, das die beiden Mitglieder des Kaiserhauses zu allen Attraktionen lotste.

Sissy war drauf und dran, ihr Inkognito preiszugeben. Sie wollte die unerwartete Gelegenheit ergreifen, um mit Franz Ferdinand zu sprechen. Die Andeutungen, die Franzl neulich gemacht hatte, als er von einer schweren künftigen Belastung Sophies bei einem „Leben nach dem Protokoll" gesprochen hatte, waren nicht ohne Eindruck auf sie geblieben und gaben ihr zu denken.

Sie hatte gar nicht gewußt, daß Franz Ferdinand in Wien war, sondern gedacht, er sei in einer ungarischen Garnison. Schon wollte Sissy der Sztaray ein Zeichen geben, um die Gondel anhalten zu lassen, als einer der dienstfreien Komiteeherren zu der auf einer erhöhten Plattform konzertierenden Deutschmeisterkapelle lief und den dirigierenden Operettenkomponisten auf das Nahen der beiden Erzherzöge aufmerksam machte.

Ziehrer brach sofort ab und intonierte die Hymne. Eine ehrfürchtige Gasse tat sich vor dem designierten Thronfolger und seiner Begleitung auf. Franz Ferdinand grüßte gelassen nach allen Seiten.

„Es ist unmöglich, Majestät", zischte die Sztaray. „Nicht hier... Majestät sollten ihn in die Hermesvilla kommen lassen. Majestät würden jetzt unweigerlich erkannt werden. Bedenken Majestät das Aufsehen — der einzige, der sich darüber freuen würde, wäre Herr Gabor Steiner!"

So glitt denn die Gondel an der jubelnden Menge vorbei; alle Aufmerksamkeit konzentrierte sich auf Franz Ferdinand, und Sissy blieb unbemerkt. Die Sztaray hatte recht: es war besser so.

In einem der vielen Restaurants, in dem es schmackhafte italienische Gerichte, aber auch Wiener und internationale Küche gab, wollte Sissy nicht zu Mittag essen. Sie war schon

müde, obgleich es noch vieles zu sehen gegeben hätte. Dieses
Venedig in Wien war wirklich eine Reise wert — und für die
meisten Wiener auch ganz bequem mit dem Fiaker oder der
Straßenbahn zu erreichen. Nun duftete es allenthalben nach
den Spezialitäten aller Kronländer und der übrigen Welt.

„Fahren wir heim, essen", entschied Sissy.

8. Ein Sommer der Kaiserin

Doch es kam nicht zu der beabsichtigten Begegnung zwischen Sissy und Franz Ferdinand. Der designierte Thronfolger reiste noch am gleichen Abend in seine Garnison zurück. Er war nur zu einer „Berichterstattung" zum Kaiser
befohlen worden.

Sissy bedauerte dies sehr, sie hätte gern mit ihm gesprochen. Auch ihre verabschiedete Hofdame, Frau von Mikes,
war nicht in Wien. Offenbar hatte sie verärgert die Residenzstadt verlassen; Sissy erhielt jedoch einen Brief von ihr,
in dem Frau von Mikes aufrichtig bedauerte, auf Wunsch
des Kaisers aus dem Dienst scheiden zu müssen; doch habe
sie ihrer Meinung nach nur ihre Pflicht getan und im übrigen jetzt die angenehme Aussicht, sich ganz ihrer Familie
widmen zu können.

Die treue Seele, dachte Sissy, das hat sie nun davon, daß
sie sich auf meinen Wunsch hin für die beiden Liebesleute
Franz Ferdinand und Sophie so eingesetzt hat. Aber, wie
schon Franzl andeutete, würde sie wohl eines Tages die
Früchte ernten dürfen — sie und vielleicht auch ihr Mann;
denn Franz Ferdinand war nicht der Mann, eine ihm erwie-
sene gute Tat zu vergessen. Ebensowenig, wie er offenbar
auch verzeihen konnte — in dieser Hinsicht, sagte man von
ihm, besäße er das Gedächtnis eines Elefanten.

223

Auffallend an dem Brief der Mikes war der Umstand, daß er keinen Absender trug. Auf dem Poststempel konnte man Vöcklabruck entziffern; doch mochte die Mikes vielleicht den Brief unterwegs auf der Bahnstation eingeworfen haben. Allem Anschein nach wollte sie ihren gegenwärtigen Aufenthaltsort nicht bekanntgeben. Vielleicht fürchtete sie sogar Repressalien.

Dazu war doch Franzl wohl nicht fähig — oder? Aber es gab ja auch noch andere im Lande, die mächtig waren und vorgaben, im Interesse des Kaisers zu handeln, während sie in Wirklichkeit nur ihre eigenen Machtinteressen wahrnahmen. Diese Leute waren zu fürchten. Wie schon so oft, dachte Sissy wieder an den toten Rudolf und an die kleine Baronesse Vetsera, die das Pech hatte, eine Nacht in Mayerling zu verbringen. Eine Nacht, von der vielleicht bestimmte Leute angenommen hatten, daß Rudi allein in dem Jagdschloß sein werde.

Es gab so viele Geheimnisse im Schatten der Krone! Dunkle, unheimliche Geheimnisse. Franzl wunderte sich, wenn sie ihm auf seine Bedenken hinsichtlich ihrer vielen Auslandsreisen sagte, daß sie sich dort wohl und sicher fühle. Sicher zumindest vor den dunklen Mächten im eigenen Land.

Sissy reiste ins Karpatenland, um im Kurort Bártfa etwas gegen ihr Rheuma zu unternehmen. Sie haßte Rheuma — nicht so sehr der damit verbundenen Beschwerden wegen, als vielmehr, weil es sie an ihr Alter erinnerte. Rheuma — das sei etwas für Großmütter, meinte sie, und sie fühlte sich keineswegs als solche.

Bártfa war langweilig, wie überhaupt die ganze Kur. Das einzige Interessante während ihres Aufenthaltes war eine unglaubwürdige Zeitungsmeldung aus Berlin — vielleicht eine Ente. Da sollte es doch tatsächlich einem Mann namens

Röntgen gelungen sein, einen Apparat zu erfinden, der es mit Hilfe von seltsamen Strahlen möglich machte, in das Innere eines Menschen hineinzusehen, und das ganz ohne Hilfe eines Skalpells! Herr Röntgen wäre imstande, das Knochengerüst einer lebenden Person und den Schlag ihres Herzens zu beobachten!

Kopfschüttelnd legte Sissy das Blatt beiseite. Man merkte, daß die „Sauregurkenzeit" nahe war. Die Zeitungsschreiber wußten offenbar schon wirklich nicht mehr, womit sie ihre Leser bei der Stange halten sollten, und erfanden die tollsten und abenteuerlichsten Geschichten...

Im Juli traf Sissy in Ischl ein. Sie bezog die Kaiservilla und erwartete die anderen Mitglieder der Kaiserlichen Familie. Der letzte, der ankam, war für gewöhnlich der Kaiser selbst, weil er nicht früher von seinen Geschäften in Wien wegkommen konnte. Doch zu seinem Geburtstag am 18. August waren sicher alle versammelt.

Auch Kathi, die die Villa Felicitas bewohnte, war noch nicht eingetroffen. Kein Wunder, wenn doch Franzl noch nicht da ist, sagte sich Sissy in einem Anflug von Eifersucht. Wahrscheinlich war die Baronin jetzt in Monte Carlo und verspielte Franzls Geld; Sissy war es nicht verborgen geblieben, daß ihr lieber Gatte so manche Rechnung der Freundin bezahlte.

Aber das war nun einmal eine logische Folge davon, daß Sissy die beiden zusammengebracht hatte. Sie wußte, die Baronin bedeutete ihrem Manne viel, vor allem während Sissys Abwesenheit. Aber schließlich brauchte er ja irgend jemanden, dem er sein Herz ausschütten und mit dem er von Mensch zu Mensch reden konnte. Die gelben Mauern von Schloß Schönbrunn geben ja keine Antwort.

Franzl kam diesmal schon früher als gewohnt; denn am 6. August traf Carmen Sylva mit ihrem Gatten, dem König von Rumänien, zu dem angekündigten Besuch in Bad Ischl ein. Die beiden Herren mochten politisieren und die Gelegenheit des inoffiziellen Zusammentreffens zu Gesprächen über die Lage am Balkan benutzen; die Frauen hatten einander anderes zu sagen. Carmen Sylva brachte Kostproben neuer Gedichte mit, die sie geschrieben hatte und die demnächst verlegt werden sollten. Sissy mochte Carmens Art, zu schreiben.

„Und du?" erkundigte sich diese bei Sissy, „was hast du inzwischen verfaßt, Elisabeth?"

„Nichts", mußte Sissy eingestehen, „seit meines Sohnes Tod habe ich die Feder nicht mehr angerührt, um ein Gedicht zu schreiben."

„Aber du tust sehr Unrecht daran", meinte Carmen Sylva vorwurfsvoll. „Du bist begabt; Gott gibt uns unsere Talente nicht, damit wir sıe brachliegen lassen."

„Ach, ich bin nur eine Gelegenheitsdichterin", fand Sissy.

„Dazu warst du zu fleißig und zu gut", bemerkte Carmen Sylva kopfschüttelnd. „Nein, im Ernst: ich habe mich schon sehr auf deine neuen Gedichte gefreut und kam hierher in der Hoffnung, sie aus deinem eigenen Munde zu hören. Und nun diese Enttäuschung!"

„Du wirst sie überwinden!" lachte Sissy. „Doch was ist mit deinen Gedichten? Geschwind, ich will eines hören!"

Sie saßen, während sie plauderten, auf einer Bank im Garten der Villa, hörten in der Ferne den Springbrunnen plätschern und sonnten sich.

Drinnen im Rauchsalon besprachen Franzl und König Carol weniger friedliche Dinge, während sich der Salon allmählich mit dem Rauch ihrer Zigarren einzunebeln begann.

„Rußland schürt die Unzufriedenheit unter den Bauern", meinte eben Carol I. mißmutig. „Sie schicken Agenten; wir haben einige von ihnen verhaftet. Und dies trotz unseres

226

Bündnisses mit ihnen. Sie haben zwei Gesichter. Wie gut, daß wir auch mit Österreich-Ungarn und Deutschland einen Beistandspakt haben. Ich fürchte, ohne diesen Vertrag wäre die Lage für Rumänien gefährlich: die Türken, die Russen und die Serben — eine Nachbarschaft, um die mich niemand zu beneiden braucht. Und dazu meine Frau; seit sechsundzwanzig Jahren bin ich nun verheiratet, und von Tag zu Tag verstehe ich sie weniger. Sie tut viel Gutes und ist beim Volk beliebt. Und verschwindet plötzlich spurlos — zieht sich in ihre Holzhütte im Urwald zurück und schreibt Romane und Gedichte, die sie auch noch drucken läßt! Eine Königin! Ist es nicht eine Schande?!"

Franzl lachte: „Aber meine Sissy ist ganz begeistert von ihr. Und schreibt auch — oder hat wenigstens geschrieben; in letzter Zeit ist sie davon abgekommen. Drucken läßt sie ihre Gedichte auch — in unserer Staatsdruckerei in Wien. Aber von jedem Gedicht nur ein einziges Exemplar. Die Setzer und Drucker mußten sich zum Schweigen verpflichten. Und Sissy sperrt ihre Gedichte in eine eiserne Kassette: sie möchte, daß sie erst nach ihrem Tod veröffentlicht werden!"

„Ja, ja, die Frauen!" seufzte der König und labte sich sorgenvoll an seinem Glas Rotwein, das ein Lakai vor ihn hingestellt hatte. „Nicht genug, daß es Sorgen gibt mit der leidigen Politik, machen die Weiber auch noch solche Faxen. Meine Mutter hat keine einzige Zeile gedichtet, und ich wüßte gar nicht, wie man das anfängt! Und habe auch keine Zeit dazu, muß mich um wichtigere Dinge kümmern. Ich bin froh, wenn ich Romane und Gedichte nicht zu lesen brauche; mir graute schon als Kind vor Büchern und mußte dann ausgerechnet eine Frau heiraten, die schreibt!"

Die immer noch attraktive Blondine, von der hier in so abfälliger Weise die Rede war, hatte unterdessen ein kleines

Notizbuch gezückt und las der gespannt lauschenden Sissy ihr neuestes Gedicht „Der Philosoph" vor.

Nichts leichter, als Philosophie zu lernen!
Von selber kommt es jeden an,
Ob er sich quält mit Weisheitskernen,
Ob er im Leben nichts ersann,
Ob er ein Held, ein Bettler, König,
Ob er ein Schuft, ob ein Genie,
Ein Maler, Sänger, wundertönig —
Er kommt dazu, weiß selbst nicht, wie.
Die hochgefeiertste Kokette,
Die nie Gedanken sich gemacht —
Man wird es in dem schmalen Bette,
Das man mit Nägeln schließen macht.
Da liegt der Mensch und lächelt heiter
Ob dieser Welt und ihrem Tand;
In eis'ger Ruhe denkt er: Weiter
War's nichts? Ach, hätt' ich's gleich erkannt!

„Das ist hübsch", fand Sissy. „Doch seit wann stehlen sich Gedanken über den Tod in deine Gedichte?"

„Nun, es sind keine traurigen Gedanken", meinte die Königin lächelnd. „Ich stelle mir unter dem Tod nichts Schreckliches vor — nur ein Abschiednehmen von dieser gar nicht so großartigen und liebenswerten Gesellschaft. Ich glaube, ich werde so manchen nicht vermissen, der mir in diesem Leben auf die Nerven fiel. Ich hoffe auf ein besseres Leben. Nach dem Tode!"

„Du sprichst doch nicht etwa von deinem Gatten?" meinte Sissy.

„Natürlich rede ich von ihm", erklärte Carmen Sylva rundheraus. „Etwas Profaneres als ihn gibt's gar nicht.

Manchmal habe ich das Gefühl, daß er mit den Bauern, die er regiert, besser zurechtkommt als mit mir."

Sie seufzte. Sissy mußte lachen. Carmen Sylva — ihr richtiger Vorname war gleichfalls Elisabeth — war eine deutsche Fürstentochter. Wie so manche andere Prinzessin hatte sie in ein fernes Land geheiratet und war mit großen Hoffnungen und Plänen von zu Hause fort in die Fremde gezogen. Der gute Carol und seine Elisabeth hatten wenig Gemeinsames, wie sich bald herausstellte. Anfangs war der König über die Talente seiner Frau verblüfft, eine Zeitlang sogar stolz. Mit den Jahren aber erschienen sie ihm nur noch mühsam. Auch fühlte er sich seiner Frau von Zeit zu Zeit unterlegen, und das erregte seinen Zorn.

„Mach es wie ich", riet Sissy. „Verreise!"

„Du lieber Himmel!" rief Carmen Sylva kopfschüttelnd. „Nie dürfte ich meinem Carol mit einem solchen Vorschlag kommen. Ich verdrücke mich höchstens einmal im Jahr nach Berlin, zu meinem Verleger, und mache dann einen Abstecher nach Neuwied, in meine Heimat. Carol sagt, König und Königin von Rumänien gehören ins eigene Land. Und außerdem: wir sind nicht so begütert wie ihr Habsburger, wir müssen sparen."

„Du tust mir leid, du Arme", bedauerte sie Sissy.

Carmen Sylva aber wehrte ab: „Ich habe ja meinen Wald und mein Blockhaus darin, das du ja kennengelernt hast. Es genügt mir. Die Wälder Rumäniens liebe ich — sie sind herrlich, und ich werde nicht müde, sie zu erleben. Mein Hofstaat dort, das sind Bären, Füchse, Hirsch und Reh, die Bäume, Blumen und Vögel. Die sind mir lieber als die Höflinge auf Schloß Sinaia. Und ganz sicher sind sie auch ehrlicher…"

In den nächsten Tagen machten Sissy und Carmen Sylva kleine Ausflüge in die Umgebung von Ischl, in das schöne

Salzkammergut, das Carmen Sylvas helles Entzücken erweckte.

„Hier könnte ich mich auch wohl fühlen", gestand sie. „Hier geht einem richtig das Herz auf!"

Überall, wo sie hinkamen, wurden sie von der Bevölkerung freundlich begrüßt. Kinder umringten die Kutschen und brachten Blumen für die beiden Frauen, und manchmal gab es sogar einen improvisierten Empfang durch eine ganze Dorfschule, deren Kinder Lieder sangen, während der Herr Lehrer im Schweiße seines Angesichtes dirigierte.

Carmen Sylva hätte gern noch mehr gesehen, wäre begeistert hinauf in die Berge, die sie von ferne lockten, gewandert. Auch Sissy hätte das Spaß gemacht, doch der Besuch des Königspaares war nur für eine Woche geplant.

„Am Sonntag, nach einem feierlichen Hochamt in der Ischler Pfarrkirche, heißt es schon wieder Abschiednehmen", erklärte Franzl.

Der Hofzug, der das rumänische Königspaar wieder in seine ferne Heimat bringen sollte, war nach dem üblichen ‚großen Bahnhof' gerade abgedampft, als ein anderer Zug eintraf, dem eine Dame entstieg, der aus dem Gepäckwagen viele große Koffer auf den Bahnsteig folgten: die Baronin von Kiss, Franzls Freundin Kathi Schratt.

Sie kam nicht zu früh und nicht zu spät. Sissy hätte wenig Wert darauf gelegt, die Schauspielerin mit Carmen Sylva bekannt zu machen; andererseits freute sie sich, nach der Abreise der Königin eine andere Gesprächspartnerin zu haben — denn mit Kathi ließ sich's gut plaudern. Sicherlich würde sie nicht nur den Tratsch aus Monte Carlo, sondern auch eine Menge Neuigkeiten aus Wien mitbringen — jene vor allem, die nicht in den Zeitungen standen. Und die waren sicher die interessantesten.

Am Abend flammten denn auch richtig hinter den Fen-

stern der Villa Felicitas die Lichter auf. Es war unverkennbar, daß Kathi wieder in Ischl Einzug gehalten hatte, und
Franzl sandte auch gleich einen Boten hinüber, der Kathi
für den nächsten Nachmittag zur Jause bat.

9. Kaiserlicher Herbst

Wie alljährlich wurde der 18. August in Ischl groß gefeiert: es war ein richtiges Volksfest, wenn der Kaiser Geburtstag hatte. Die Kirchenglocken läuteten zu einem besonders
festlichen Hochamt, die Böller krachten, und Trachtenver-
eine marschierten auf. Der Bürgermeister hielt in seinem
besten Festtagsanzug eine Rede, in steter Furcht, den Faden
zu verlieren, und die Buben und Mädel, die ihre Gedichte
aufsagten und dem Kaiser Blumen überreichten, vergaßen
angesichts der vielköpfigen Menge ringsum und besonders
Aug' in Aug' mit Seiner Majestät den Text und blieben
hoffnungslos stecken, blutrot vor Verlegenheit.

„Macht nix, schön war's, und es hat mich wirklich
g'freut", pflegte dann Franzl zu schmunzeln, die Sträuß-
chen entgegenzunehmen und den braven Kleinen huldvoll
die Wangen zu tätscheln. Und alles ringsum brach darob in
hellen Jubel aus.

„Hoch! Hoch!" klang es aus vielen hundert Kehlen auf,
die Feuerwehrkapelle spielte — ein bißchen falsch, aber
herzlich — das „Gott erhalte, Gott beschütze", und eine
Ehrenkompanie der Landwehr feuerte den unvermeidli-
chen dreifachen Salut.

Und in der ganzen Monarchie, von Krakau bis Triest,
hatten die Kinder schulfrei. In den Schaufenstern der Geschäfte sah man bekränzte Bilder des Kaisers und oft auch
von Sissy. Es war ein festlicher Tag, und für gewöhnlich

herrschte auch „Kaiserwetter", so daß man hochgestimmt auf einen Korso ging und nach Herzenslust promenierte, um zu sehen und gesehen zu werden.

Aber der Herbst war nicht mehr fern, er schaute schon — wie die Bauersleute sagten — „übers Joch". Das spürte auch Sissy, trotz der durchgestandenen Kur in Bártfa, in den Knochen.

Sie verbrachte den September in diesem Jahr in der Schweiz, fuhr nach Genf und nach Territet, das sie mochte und wo sie sich wohl fühlte. Dort endlich erhielt sie einen Brief, auf den sie schon lang gewartet hatte.

Er kam aus Konopischt, von Franz Ferdinand! Der Erzherzog war nicht nach Ischl gekommen, wie sie heimlich gehofft hatte. Franzl äußerte sich dazu nicht, und so wußte Sissy nicht, ob sein Fernbleiben in dem gespannten Verhältnis zu seinem Onkel begründet oder er vielleicht durch seinen Militärdienst verhindert war. Franzl, stets der Meinung, daß der Dienst vor Privatangelegenheiten vorrangig sei, hätte hierfür vollstes Verständnis gehabt.

Nun erfuhr Sissy, daß sich Franz Ferdinand tatsächlich auf einer Inspektionsreise befunden und den Geburtstag des Kaisers in einem Offizierskasino einer weit entfernten Garnisonstadt im Osten gefeiert hatte. Doch dann, zurückgekehrt nach Böhmen und in sein Konopischt, um das ringsum noch tausende Rosen blühten und das, nach seinen Worten, „die geliebte Herrin erwartete", hatte er sich für die Anstrengungen seiner Dienstreise selbst belohnt: es war zu einem Treffen mit Sophie gekommen.

Offenbar hatte Franzl bereits aufgegeben, den starrsinnigen Thronfolger von seinen „unebenbürtigen" Heiratsplänen abzubringen. Und offenbar hatte auch Sophies Vater, Graf Chotek, nicht mehr so viel Einfluß auf seine Tochter — oder aber, die Liebe war ganz einfach zu mächtig.

232

Und dabei hatte Soph' noch immer den Kittel einer Krankenpflegerin getragen... Und trotz dieses schlichten Gewandes sei sie für ihn immer die Schönste von allen gewesen!

Schon lang nicht hatte sich Sissy so gefreut wie über diesen Brief. Franz Ferdinand war kein geschickter Schreiber so wie Rudolf. Was er zu Papier brachte, hatte stets den Anstrich von sachlicher Nüchternheit, doch diesmal leuchtete Poesie aus seinen Zeilen, unbeabsichtigt und gerade deshalb für Sissy doppelt schön.

Am selben Tag noch schrieb sie zurück. Frau von Sztaray überraschte sie dabei und sah Sissy lächelnd ihre Gedanken zu Papier bringen...

Draußen vor den Fenstern des Hotels, in dem man eine Etage gemietet hatte, fielen sacht die Blätter von den Bäumen, gelb und ausgelaugt vom Brand der Sonne. Es wurde allmählich Herbst — auch für die Kaiserin.

Der aber, an den sie schrieb, trug in sich die Zukunft, den Frühling einer neuen Generation. So sah es Sissy; daran dachte sie, und darum lächelte sie so unergründlich, daß Frau von Sztaray erstaunt und kopfschüttelnd ihren Schritt verhielt und mit der Anrede zögerte.

„Majestät, es wird Zeit, die Abreise nach Gödöllö vorzubereiten."

„Ach ja", sagte Sissy und beendete den Brief mit ihrer Unterschrift.

„Geben Sie das zur Post, Sztaray. Und Gödöllö — ja richtig, dort wartet wohl schon Madame Fuchs mit Ungeduld auf meine Anprobe. Das wird wieder eine Qual werden; aber was hilft's, ich muß es durchstehen. Na schön, melden Sie dem Sekretariat in Wien unsere Abreise und nach Gödöllö unser Kommen. Das Gepäck ist wohl schon vorbereitet?"

„Bis auf die letzten Kleinigkeiten, Majestät."

„Es ist gut, Sztaray. Ich danke Ihnen."

Warum konnte sie nicht wie andere Menschen an einem Ort Ruhe finden? Nun erging es Sissy gelegentlich schon so wie Franzl, der über ihre „ewige Reiserei" nie aufgehört hatte sich zu wundern. Ja, sie wunderte sich allmählich über sich selbst und ihre Ruhelosigkeit. Und sie merkte, daß sie anfing müde zu werden.

Die unermüdliche Gräfin Sztaray und der Baron trafen unterdessen zusammen mit Sarolta von Majlrath die letzten Reisevorbereitungen. Sissy würde sich nur noch — wie immer — in den Zug zu setzen brauchen. Anfangs schien ihr das sehr bequem und ganz wundervoll; nun begann es, langweilig zu werden. Gern hätte sie mitunter selbst Hand angelegt, doch die Etikette verbot es. Sie durfte nicht selbst ihre Koffer packen, selbst wenn sie es gewollt hätte.

Aber daß diese Herzensangelegenheit zwischen Franz Ferdinand und seiner Sophie allen Schwierigkeiten zum Trotz offenbar doch noch zu einem guten Ende zu kommen schien, stimmte sie während des bevorstehenden Aufbruchs froh. Die Hochstimmung hielt an. Die Kaiserin war guter Laune, das fand die ganze sie begleitende Suite, und Herr von Berewiczy, der dies fälschlicherweise auf seine eigene Geschicklichkeit im Arrangieren von Reisen zurückführte, trug seine Nase so hoch wie schon lange nicht.

„Sie werden noch stolpern, Baron", neckte ihn Sarolta deswegen, und sich ärgerlich nach ihr umsehend, rannte er auch schon gegen einen mächtigen Schrankkoffer.

„Verdammt", entfuhr es dem Baron, und Sarolta lachte.

„Aber, Herr von Berewiczy", tadelte sie spitz, „der Obersthofmeister Ihrer Majestät wird doch nicht die Contenance verlieren!"

„Bewahren Sie Ihre Haltung, Madame, wenn Sie sich

derart das Schienbein anhauen!" knurrte Berewiczy zornig und hinkte mit schmerzverzerrtem Gesicht davon.

Und dann saß man wieder im Zug, starrte durch die Fenster auf das von herbstlicher Sonne übergossene Land, und die Räder rollten in Richtung Ungarn.

In Wien machte man für zwei Tage Station. Sissy erledigte Arbeit, die in ihrem Sekretariat aufgehäuft war. Dicke Mappen mit Briefen warteten auf ihre Unterschrift. Dann wollte sie zu Franzl, um mit ihm den Tee einzunehmen. In einem der Korridore stieß sie auf den „Dicken", der offenbar eben von dort herkam, wo sie hinwollte. Prinz Coburg, einst einer der Freunde von Rudi und von diesem wegen seines Leibesumfanges mit dem Spitznamen „der Dicke" bedacht, war unverkennbar wütend. Als er Sissy sah, hellte sich seine Miene etwas auf; er blieb stehen, und sie bot ihm die Hand zum Kuß.

„Coburg, was ist mit Ihnen?" fragte sie teilnahmsvoll.

Der Dicke knurrte: „Nichts, Majestät. Unleidliche Privatangelegenheiten."

„Ach so — und wie geht es Louise?"

Sie erkundigte sich nach der Schwester ihrer Schwiegertochter, mit der Prinz Coburg verheiratet war. Wie Stephanie war sie eine Tochter des belgischen Königs Leopold. Diese verwandtschaftliche Bindung war auch in der Freundschaft zwischen den beiden Männern nicht ohne Bedeutung gewesen.

Doch Prinz Coburg war in seiner Ehe glücklicher als Rudolf — oder glaubte wenigstens anfangs, es zu sein. Louise war schön und verführerisch im Gegensatz zu Stephanie, die eher einen häuslichen Typ verkörperte. Was jedoch anfangs der Himmel in Coburgs Eheleben gewesen war, wurde ihm mit der Zeit zur Hölle. Louise zog immer und überall die Blicke der Männer auf sich. Sie hätte dagegen tun können, was immer sie gewollt hätte — es hätte nichts genützt. Doch sie versuchte gar nicht, dagegen etwas zu unternehmen! Und so litt denn der arme Dicke tagaus tagein Qualen der Eifersucht — noch dazu in dem Bewußtsein, keineswegs ein Adonis zu sein, wohingegen gutaussehende Männer seiner Louise den Hof machten, was sie sich gerne gefallen ließ.

Kein Zweifel, der Haussegen im Palais Coburg hing schief. Und wenig später erfuhr Sissy von Franzl beim Tee, daß die Wogen von Prinz Coburgs Eifersucht über die dicken Mauern der Coburg-Bastei hinausschlugen. Er, der Kaiser, wurde nun schon mit Beschwerden des Prinzen behelligt.

„Herzensangelegenheiten, wo man hinschaut", amüsierte sich Sissy und knabberte an ihrem Gebäck. „Erst Franz Ferdinand, und nun auch ‚der Dicke'. Er scheint seine Louise sehr zu lieben!"

„Unsinn", knurrte der Kaiser und goß eilig seinen Tee hinunter. „Er betrachtet sie als eine Art Dekorationsstück für sein Palais. Wie ein schönes Möbel; doch das Ding bleibt nicht stehen, wo er es hingestellt hat. Es macht sich selbständig."

„Ehrlich gesagt, ich möchte auch nicht mit dem ‚Dicken' verheiratet sein!" bekannte Sissy.

„Ach, er wäre nicht so übel", fand Franzl. „Aber er ist rasend vor Eifersucht, bei der geringsten Kleinigkeit, und das fällt Louise allmählich auf die Nerven. Vielleicht hatte er zunächst gar keinen Grund — doch nun macht sie's ihm zu Fleiß, um ihn zu bestrafen. Kannst du nicht ernsthaft mit ihr reden? Es fängt allmählich an peinlich zu werden."

„Ich soll mit Louise reden?" fragte Sissy verwundert. „Meinst du denn, daß dies etwas hilft?"

„Sprich mit ihr als Frau, meinetwegen auch als Kaiserin.

236

Immerhin war unser Rudi ihr Schwager, und sie ist ein Königskind. Man macht schon Witze über sie und ihren Mann. Er kann sich das einfach nicht bieten lassen. Und bei seinem Temperament könnte es womöglich noch eines Tages ein Unglück geben. Im Ernst, Sissy, ich bitte dich!"

„Also gut", seufzte Sissy, „ich werde Louise treffen und ihr zureden. Hat denn der Prinz einen konkreten Verdacht?"

„Diesmal glaubt er, einen zu haben", bekannte Franzl. „Deswegen war er bei mir. Der Galan, um den es geht, ist Graf und dem Rang nach bloß ein kleiner Leutnant. Der Prinz bat mich, ihn in eine auswärtige Garnison zu versetzen."

Sissy mußte herzlich lachen. Klirrend setzte Franzl seine Tasse ab und schaute sie strafend aus seinen stahlblauen Augen an. Unter diesem harten Blick verstummte sie. Es war ein Blick, den viele in der Familie fürchteten — nur Sissy nicht und Franz Ferdinand.

„Was gibt es da zu lachen?" fragte Franzl scharf.

„Der Einfall des Prinzen ist ja famos", erklärte Sissy. „Er denkt, wenn er den Grafen so mir nichts dir nichts ans andere Ende der Monarchie verschicken läßt, käme er der schönen Louise aus den Augen, und alles wäre bestens! — Denk doch an Ferdinand und Sophie, Franzl. Ist die Sache ernst, würde wohl auch das nichts nützen."

„Ach, zu einer ernsten Sache ist Louise gar nicht fähig", wehrte Franzl ab. „Ich halte sie dazu für viel zu oberflächlich. Die Galanterien der Männer schmeicheln bloß ihrer Eitelkeit."

„Aber das muß ja nicht immer so sein", meinte Sissy, „und bei der Art des ‚Dicken' wundert es mich fast, daß Louise es so lang neben ihm ausgehalten hat."

„Er ist an und für sich ein netter Kerl", beharrte Franzl

auf seiner Meinung, „und Rudi mochte ihn sehr gern. Bei Hofjagden ist er —"

„Im Gegensatz zu dir und unserem armen Rudi ist Louise Coburg ein weibliches Wesen", unterbrach ihn Sissy kopfschüttelnd. „Und sie pflegt wohl auch nicht auf Hirsche und Gemsen zu schießen. Was nicht unbedingt garantiert, daß sie ihrem Gatten nicht eines Tages doch Hörner aufsetzt."

„Daß sie ihn betrügt, willst du sagen. Das sollst du ja eben verhindern."

In Befolgung dieses Auftrags verschob Sissy ihre Abreise nach Gödöllö um einen Tag und bat die schöne Louise, die den Männern so sehr die Köpfe verdrehte, daß der arme Gatte keinen Schlaf mehr fand, zum Tee in die Hermesvilla.

Louise war tatsächlich eine attraktive Frau und so gut angezogen, daß dies allein schon auffallen mußte. Unwillkürlich erinnerte sie Sissy an ihre unglückliche Schwägerin Charlotte, die ehemalige Kaiserin von Mexiko, die jetzt in einem Schloß in Belgien in geistiger Umnachtung dahinvegetierte. Auch Charlotte, die Frau Maximilians — Franzls in Mexiko erschossenen Bruders —, war attraktiv und geltungssüchtig gewesen. Sie war die Schwester von Louises und Stephanies Mutter, der belgischen Königin Henriette. Trotz der strengen Erziehung der belgischen Königstöchter — oder vielleicht gerade deshalb — brach bei Louise jetzt ein ungezügelter Drang nach Freiheit durch, der vielleicht auch mit ein Grund für ihr Verhalten war, das ihrem Gatten Anlaß zu so heftiger Klage gab.

Louise verhielt sich anfangs reserviert; offenbar war sie sich bewußt, daß diese Einladung nicht bloß eine Höflichkeitsgeste unter Verwandten war. Nachdem man ein paar Worte über Stephanie gewechselt hatte, die in Laxenburg lebte und darauf wartete, eines Tages endlich ins Ausland gehen zu dürfen, lenkte Sissy das Gespräch auf Louise

238

selbst, die allem Anschein nach auch nicht gerade glücklich war.

„Er quält mich mit seiner ununterbrochenen Eifersucht", gestand Louise, „er läßt mich auf Schritt und Tritt von Detektiven beobachten. Es ist unerträglich; am liebsten ginge ich auf und davon, doch ich lebe ja wie eine Gefangene."

„Gibst du deinem Mann nicht auch Anlaß, Louise? Vielleicht würde es schon helfen, wenn du dich ein wenig dezenter kleidest."

Sie lachte verblüfft: „Aber er selbst ist es doch, der mir diesen Kram kauft und mir befiehlt, ihn zu tragen! Er will mich so und ärgert sich gleichzeitig darüber, daß ich darin auffalle! Wirklich, lange halte ich das nicht mehr aus. Er benimmt sich wie ein Pascha; doch ich bin keine Haremsdame, die man in einem Serail festhalten kann."

„Und der Graf?" fragte Sissy vorsichtig. „Der Mann, den er so gern ins Pfefferland versetzt sehen will?"

10. Geschichten und Geschichte

Prinz Philipp, seinem militärischen Rang nach Feldmarschalleutnant in der k.u.k. Armee, war ein Gesellschaftsmensch, und Franzl hatte nicht so unrecht, wenn er der Ansicht war, Louise sei für ihn so etwas wie ein Schmuckstück, das er gerne herzeigte, um seinen eigenen Glanz zu erhöhen. Louise hingegen war in erstaunlich strengen Verhältnissen aufgewachsen und wie ihre Schwester Stephanie wahrhaft spartanisch erzogen worden. Die Heirat nach Wien eröffnete ihr ein Tor in bisher unbekannte Freiheiten; sie wollte sie nutzen und endlich ihr junges Leben genießen. Doch nun war sie schon Mitte der Dreißig und mußte sich eingestehen, daß sie weniger davon gehabt hatte als erhofft.

War es vielleicht auch eine Art Torschlußpanik, die sie jetzt dieses Abenteuer suchen ließ, von dem sie Sissy erzählte, so, als ob es sich um eine völlig harmlose Zufallsbekanntschaft handle? Mit dem feinen Gespür einer Frau ahnte Sissy — wie auch der Prinz —, daß mehr dahinter steckte.

Sie hatten sich bei einem Ausritt in der Hauptallee kennengelernt, die Gattin des Feldmarschalleutnants und Prinzen zu Coburg-Gotha und der schlichte, gräfliche Leutnant aus Kroatien, Stefan Matacich. Doch der Leutnant saß fabelhaft zu Pferd und sah — zumindest für Louise — wie ein junger Gott aus. Auch er war von Louise beeindruckt, ohne zu ahnen, wer sie war, denn sie hatte ihm weder Stand noch Namen genannt.

Sie suchten und fanden einander wieder — zur gleichen Stunde, Tag für Tag, in der herbstlichen Hauptallee. Sie ritten Seite an Seite und unterhielten sich bestens.

„Ich würde es lieber bleiben lassen", warnte Sissy. „Louise, gehen Sie nicht zu weit."

„In aller Öffentlichkeit — wie könnte ich das?" lachte die Prinzessin. „Jeder kann uns sehen; wir begegnen uns, reden miteinander und verabschieden uns. Zwei Reiter — Sportskameraden! Daran kann ich wahrhaftig nichts finden. Warum darf ich nicht mit einem Mann reden, der mich so blendend unterhält? Muß ich mich wirklich mit jenen langweiligen Menschen begnügen, die mein Mann für mich aussucht? Der Graf und ich haben keinen Grund zu irgendwelcher Heimlichkeit. Auch mein Mann trifft sich mit Freunden. Und ich weiß genau, daß nicht alle davon Männer sind. Also — weshalb soll ich mir Zwang auferlegen bei einer Bekanntschaft, die mir angenehm und völlig harmlos ist?"

„Ich würde es trotzdem bleiben lassen", warnte Sissy neuerlich. „Es führt doch zu nichts und stiftet nur neuen Unfrieden. Auch ist zu bedenken, daß der Prinz über seinen

240

Einfluß auf den Kaiser, ja sogar aus eigener Macht dem Grafen schaden kann."

Louise lachte rundheraus: „Weil der Graf ein paarmal sich erlaubt hat, an meiner Seite durch die Hauptallee zu reiten? Das ist doch Unsinn! Der Graf kann reiten, wo und mit wem er will. Wer will ihm das verbieten?"

„Ich würde es besser bleiben lassen; man soll die Dinge nicht auf die Spitze treiben. Der Graf könnte — zum Beispiel — in eine entlegene Garnison versetzt werden. Auch das kann seinen Vorgesetzten niemand verbieten, und ich weiß nicht, ob ihm das recht und ob es seiner Karriere förderlich wäre."

Louise verstummte und sah Sissy groß an.

„Im Ernst?" fragte sie. „Zu einer solchen Gemeinheit sollte mein Mann fähig sein?"

„Männer sind zu mancherlei fähig", meinte Sissy. „Und Frauen leider auch."

Louise ging nachdenklich. Sissy blickte ihr zweifelnd nach; sie sah sie vom Fenster aus in ihrem eleganten Gespann davonfahren. Ihr wagenradgroßer Hut verschwand im herbstlichen Dämmerlicht.

Als sie mit Franzl beim Abendessen beisammen saß, meinte sie: „Ich hoffe, es hat gewirkt. Aber sicher bin ich nicht; sie ist eine eigenwillige und stolze Frau."

„Nun, wer nicht hören will, muß fühlen", brummte Franzl. „Einen neuen Skandal am Wiener Hof können wir uns nicht leisten. — Du fährst morgen nach Gödöllö?"

„Die Fuchs erwartet mich, ich muß das ganze Geschirr anprobieren. Es bleibt ja nicht mehr viel Zeit bis zu den Tagen, an denen ich es schleppen muß."

„Das stimmt", nickte Franzl. „Und obwohl es für uns ganz schön anstrengend werden wird: du stehst wieder einmal — endlich! — an meiner Seite, und darauf freue ich mich! Denk immer daran: es sind deine lieben Ungarn, die dich sehen und bewundern wollen!"

Diese Worte klangen ihr noch im Ohr, als sie wieder im Hofzug saß, unterwegs nach Gödöllö. An Louise und ihr Problem dachte sie nicht mehr. Eines Tages aber sollte sie — sehr lebhaft — wieder daran erinnert werden. Denn Louise und der „kleine Leutnant" Matacich lösten eine Affäre aus, welche nicht nur in Österreich die Gemüter erhitzen und den Zeitungen Schlagzeilen liefern sollte.

Madame Fuchs hatte nur auf Sissys Ankunft in Gödöllö gewartet; offenbar verfügte sie über einen Nachrichtendienst, der in Geschick und Findigkeit der k.u.k. Geheimpolizei in nichts nachstand. Denn noch ehe Sissy ihr mitteilte, daß sie zur Anprobe der Millenniumsgarderobe bereit sei, erschien ein Bote der Madame im Schloß und fragte — „angesichts der Dringlichkeit und der alleruntertänigsten Erfüllung von Hochdero Ihrer Majestät besonderen Wünschen" — ob es Sissy „gnädigst beliebe", Madame und ihre Schneider-Crew „gütigst zu empfangen".

Sissy, die derlei geschraubte Höflichkeitsphrasen nicht ausstehen konnte, wünschte sich denn auch gleich wieder zurück in die Schweiz, wo derlei nicht üblich war.

„Wenn die Leute nur endlich begreifen würden, wie widerlich mir das ist", ärgerte sie sich, gab aber dennoch die Erlaubnis. Es war ja unvermeidlich.

In den folgenden Tagen regierte Madame Fuchs nicht nur in ihrem „k.u.k. Hoflieferanten-Atelier des Hautes Modes", sondern auch im Schloß Gödöllö. Sissy wurde an- und ausgezogen, mit Nadeln gepickt und bekam vom vielen Stehen einen Wadenkrampf.

Sarolta erbarmte sich der Armen und las ihr aus einer Zeitung, die aus Budapest täglich nach Gödöllö kam, vor, was es in der Welt Neues gab.

242

Schnitzler hatte in Wien ein neues Theaterstück herausgebracht, es hieß „Liebelei" und behandelte die unglückliche Liebe eines Mädchens aus niederem Stande zu einem Offizier von Adel. Dieser Arthur Schnitzler war auch einer, der sich gegen die althergebrachten Normen wandte; und deshalb verriß man das Stück vorsichtshalber nach Strich und Faden. Sissy hätte es gerne gesehen und sich darüber Gedanken gemacht.

In dem berühmten Varieté „Wintergarten" in Berlin hatte ein Mann namens Skladanovsky mit einem selbstgebauten Apparat Fotografien auf eine weiße Wand projiziert, die sich auf dieser bewegten. Er konnte dies, sooft er wollte, wiederholen, und tat es auch.

„Was halten Sie davon, Majestät — Fotos, die sich bewegen? Wie kann das nur möglich sein?" staunte Sarolta.

„Die Leute werden es noch so weit mit ihren Erfindungen treiben, daß alles kaputtgeht, Majestät", ereiferte sich Madame Fuchs. „Auf meinem Nachtkästchen steht die Fotografie meines verstorbenen Mannes. Wenn ich nachts aufwachen würde und sehen müßte, daß sie sich bewegt, ich glaube, mich würde der Schlag treffen!"

Das Jahr 1896 stand vor der Tür, doch in den folgenden Tagen brachten die Zeitungen keine erfreulichen Meldungen. In Paris schloß der Dichter der „Kameliendame", Dumas' Sohn, seine Augen für immer. Und dann langte eine Hofdepesche in Gödöllö ein. Österreich-Ungarns langjähriger Ministerpräsident und Franzls Jugendfreund, Graf Eduard Taaffe, war gestorben.

Dieser Trauerfall unterbrach die Vorbereitungen für das Millenniumsfest. Da half auch nicht, daß Madame Fuchs Tränen vergoß — wenn auch nicht wegen des Ablebens des Grafen Taaffe.

„Es ist ja noch Zeit bis zum Frühjahr", meinte Sissy tröstend.

„Dies nennen Majestät ‚Zeit'?" rief die Fuchs händeringend. „Bei der Kompliziertheit von Hochdero Festtoilette überwältigt mich die Verantwortung! Man wird sagen: die Fuchs ist schuld, wenn dies oder jenes nicht sitzt, wie es sollte!"

Madame war offenbar der Ansicht, die Toiletten und nicht deren Trägerin wären die Hauptsache. Und sie war untröstlich, hören zu müssen, Sissy führe nun zurück nach Wien und wäre über Weihnachten auch heuer nicht in Gödöllö.

Man begrub den Grafen Taaffe mit allen Ehren. Franzl trug es sichtlich schwer. Zu Weihnachten wollte keine rechte Stimmung aufkommen, obwohl Sissy und Franzl nach langen Jahren wieder das Fest gemeinsam feierten; ähnlich verlief auch die Sylvesternacht, die beide in der Hermesvilla verbrachten.

Über den Dächern von Wien krachte das Neujahrsfeuerwerk des Jahrs 1896. Niemand wußte, was dieses Jahr bringen würde — nur eines war sicher: es brachte das Millennium.

Das Jahr begann nicht gut. Gleich zu Beginn starb Erzherzog Karl Ludwig. Er war Franz Ferdinands Vater; und nach seinem Tod lebte nur noch ein Bruder von Franzl: Ludwig Viktor. Der Tod des Erzherzogs war eine hochrangige Familienangelegenheit. Und gerade jetzt herrschte in der Reichskanzlei Hochspannung.

In Afrika griffen die Buren, holländische Ansiedler, zu den Waffen und bekämpften die Engländer. Der deutsche Kaiser Wilhelm, der auch Kolonien auf dem Schwarzen Kontinent besitzen wollte, drohte einzugreifen. Er wandte sich mit einer Depesche an die englische Königin, in welcher er seine Interessen für gefährdet erklärte.

„Aber was geht das uns an?" fragte Sissy den sorgenvollen Franzl.

„Das kann Krieg bedeuten", erklärte dieser düster.

„Krieg — für uns? Aber wieso denn? Was geht uns Afrika an? Wir haben doch gar keine Kolonien!"

„Aber einen Bündnisvertrag mit Wilhelm, Sissy."

„Aber der gilt doch nicht für Afrika! Es ist ein Pakt zur Wahrung des Friedens in Europa — so nennt er sich doch, oder?"

„Stimmt, so nennt er sich. Doch man kann so einen Pakt verschieden auslegen. Wilhelm kann behaupten, daß er für den Frieden in Europa nur garantieren kann, wenn die Engländer in Afrika nicht seinen Machtinteressen in die Quere kommen."

„Und ich dachte, Afrika wäre weit weg", meinte Sissy, „weit weg von unseren politischen Interessen!"

„Das sagst du, die ‚Reiserin'? — Nein, man muß Wilhelm vor einem unüberlegten Schritt zurückhalten, sonst sehe ich für das Millenniumsjahr Düsteres voraus."

„Das hätte uns gerade noch gefehlt", fing Sissy an, seine Besorgnisse zu teilen. „Kann denn niemals Friede in der Welt sein?"

„Kaum hat man irgendwo einen Brand gelöscht, Sissy, fängt es woanders zu rauchen an", knurrte Franzl. „Die Menschheit wird niemals klug aus all dem Leid, mein Engel, das sie sich selbst zufügt. Der Grund ist die Gier nach Reichtum und Macht, ist der Egoismus. Und Wilhelm ist ein Egoist, ich kenne ihn. Er könnte wahrhaftig auf unser Bündnis pochen."

„Er hätte den alten Bismarck behalten sollen", meinte Sissy.

„Nun, ich bin froh, daß er ihn nicht mehr hat", widersprach Franzl. „Bismarck war es doch, der zugunsten der Hohenzollern die Anti-Habsburg-Politik betrieben hat."

„Auch in Abessinien herrscht Krieg", sagte Sissy. „Die

Italiener kämpfen dort, wollen das Land erobern und den Negus vertreiben."

„So ist es. Doch Abessinien kümmert uns nicht so sehr; aber die Sache mit den Buren erfordert unser diplomatisches Geschick. Wir werden uns auf nichts gegen England einlassen."

Bei Karl Ludwigs Beisetzung sah Sissy Franz Ferdinand und seine beiden Brüder Otto und Ferdinand Karl wieder. Otto hatte lange Zeit als Favorit in der Thronfolge gegolten; der leichtsinnige Spaßmacher wäre vielen Menschen am Hofe ein leicht lenkbarer Monarch gewesen. Ferdinand Karl hatte keinerlei derartige Ambitionen und als Jüngster der drei Brüder auch keine große Aussicht auf einen Thron, den er sichtlich nicht wollte. Franz Ferdinand aber wollte ihn; als ältestem Erzherzog-Sohn stand er ihm auch zu. Doch sein von der Mutter ererbtes Lungenleiden ließ es lange Zeit hindurch als unwahrscheinlich erscheinen, daß er ihn je würde besteigen können.

Nun war das Wunder geschehen: Franz Ferdinand war geheilt. Und dieses „Wunder" ging ganz offensichtlich weniger auf das Konto seines Leibarztes Dr. Eisenmenger. Es war vielmehr der „böhmischen Komtesse" zu verdanken.

Es gab einige Tage danach ein Familiendiner in der Hofburg. Die drei Brüder saßen an dem Tisch des Kaisers.

„Ihr macht mir Sorgen, meine Herren Neffen", gestand ihnen Franzl ernst. „Otto mit seinem Leichtsinn, Ferdinand Karl mit seinen musischen Ambitionen und Franz Ferdinand mit seinen Heiratsabsichten. Ferdinand Karl tanzt aus der Reihe. Er will den Soldatenrock nicht und möchte statt dessen Intendant der Hoftheater werden. Der Neffe des Kaisers als Theaterdirektor! Es ist einfach unmöglich! Und was meinen Franz Ferdinand betrifft, so ist ihm doch wohl klar, daß — selbst für den Fall, daß es meinen Juristen ge-

246

lingt, eine Möglichkeit einer Heirat des Thronfolgers mit der Komtesse zu finden — diese Frau niemals dem regierenden Haus angehören würde. Die Kinder aus einer solchen Ehe können keinerlei Thronansprüche oder sonstige Rechte aus einer Zugehörigkeit zum Erzhaus ableiten!

Franz Ferdinand nickte bleich und stumm. Auch die beiden anderen Erzherzöge schwiegen betreten.

„Mein Herr Neffe Otto", redete der Kaiser förmlich, „wird bei einem unveränderten Lebenswandel einmal kein gutes Ende nehmen. Und Ferdinand Karl täte besser daran, das Theater bloß aus dem Blickwinkel der Hofloge zu betrachten."

Die eisige Atmosphäre dieses „Familiendiners", das eher einer Maßregelung glich, bei der niemand ein Wort des Widerspruchs wagte, spürte Sissy noch, als sie sich von Franzl auf dem Bahnhof verabschiedete.

„Es geht manchmal nicht anders", erklärte er ihr. „Ein Kaiser muß ein Herz aus Stein haben — und nur zu oft Menschen gegenüber, die ihm nahe stehen. Meine Mutter hat es mir oft gepredigt, ich habe sie nicht verstanden. Dann aber ist es mit den Jahren von selbst so gekommen. Es tut mir oft mehr weh als jenen, denen ich Schmerz bereiten muß. Doch allmählich tritt nur noch die Pflicht in den Vordergrund."

„Du denkst immer an deine Pflicht, Franzl", sagte sie vorwurfsvoll.

„Grüß mir dein Achilleion", verabschiedete er sich.

„Im Frühjahr sehen wir uns wieder, Franzl. Zum Millennium."

„Zum Millennium, mein Engel. Gott sei mit dir!"

Sie küßten einander, und Sissy bestieg den Zug, der bald darauf aus der Halle dampfte.

11. Der Königsthron

Den Frühling des Millennium-Jahres verbrachte Sissy in ihrer gewohnten Gesellschaft auf Korfu. Sie fürchtete die Rückkehr in die Monarchie; dem Fest, das auf sie zukam, konnte sie infolge all der Anstrengungen, die es mit sich bringen würde, wenig Geschmack abgewinnen. Doch als die Osterglocken läuteten, war es höchste Zeit; die Heimreise ließ sich nicht länger verzögern.

Diesmal nahm sie ungern vom Achilleion Abschied. Es erschien ihr wie ein rettender Hafen, ein sicherer Hort, den sie nun verlassen mußte, um sich, wie sie sagte, „der Menge in den Rachen zu werfen".

Das Wiener „Venedig" war, wie sie aus Briefen wußte, inzwischen fertiggebaut und hatte seine erste echte Sensation: Um 18.000 Franc hatte sich Herr Steiner aus Paris einen „Original-Lumière-Kinematographen" kommen lassen und führte in einem der Säle „Lebende Fotografien" vor. Die Wiener standen Schlange, wie es die Pariser schon zu Weihnachten vor dem Grand Café getan hatten, wo die Lumières von früh bis abends ihre neue Erfindung präsentierten.

Es gab Leute, die die Sache sittenwidrig und skandalös fanden, denn — von den gezeigten Bildern abgesehen — mußten Frauen und Männer im Dunkeln nebeneinander sitzen, weil sonst auf der weißen Wand, auf welche man projizierte, nichts zu sehen war.

Franzl meinte, die Sache habe Zukunft, und es täte ihm leid, daß er seinerzeit dem Freiherrn von Uchatius, der an der gleichen Erfindung arbeitete, den Rat gab, sich lieber um seine militärischen Aufgaben statt um solche „Spielereien" zu kümmern.

Die Kriegsgefahr schien noch nicht gebannt; auf afrikanischem Boden wurde heftig gekämpft, ein Ende war vorerst nicht abzusehen.

Doch die Hotels in Budapest waren ausgebucht, und Madame Fuchs war entschlossen, Sissy nach Wien entgegenzureisen, um für eventuelle Ausbesserungen noch Zeit zu gewinnen. Auch diese Nachricht erfüllte Sissy mit Mißvergnügen.

Auf der Seefahrt fühlte sie sich zum erstenmal richtig elend. Leibarzt Dr. Widerhofer war bereits unterwegs nach Miramar, um Sissy gleich nach der Ankunft gründlich zu untersuchen.

„Das Versprechen hinterm Herd" hieß das neue Stück, das man jetzt mit der Schratt im Burgtheater aufführte und das Franzl unbedingt mit Sissy sehen wollte. Noch vor der gemeinsamen Abreise nach Budapest!

Und Franz Ferdinand und seine Soph' — wie stand es mit diesen beiden...?

Sissy kräftigte sich während der Seefahrt ein wenig; und durch gütliches Zureden von Frau von Sztaray und Sarolta von Majlrath aß sie auch ein wenig mehr von dem, was der Schiffskoch auf den Tisch brachte. In Miramar angekommen, erwartete Doktor Widerhofer bereits besorgt seine Patientin.

„Allgemeine Schwäche", bemerkte er nach eingehender Untersuchung. „Majestät müssen vernünftig essen!"

„Aber ich wiege bereits fünfzig Kilo und vierzig Dekagramm; ich glaube, daß meine Beschwerden von dieser Zunahme herrühren!" widersprach Sissy heftig.

„Ganz im Gegenteil, Majestät. Natürlich — es ist schon möglich, der Magen ist gleichfalls durchaus geschwächt und verträgt vielleicht jetzt keine größeren Portionen. Majestät müssen mehrmals im Tag kleine Mahlzeiten zu sich nehmen. Majestät werden in Budapest Kräfte brauchen!"

„Dann stimmen womöglich die Maße für meine Taille nicht", ärgerte sich Sissy, „und Madame Fuchs trifft der Schlag. Oder ich werde in meinem Korsett ersticken."

Widerhofer schüttelte erst den Kopf: „Majestät müssen essen. Das sage ich mit meiner Autorität als Arzt. Die Waden und die Fußknöchel von Majestät zeigen noch immer das Ödem. Es könnte wieder schlimmer werden."

Sissy war ziemlich verzweifelt. Doch auf der Fahrt nach Wien befolgte sie Widerhofers Rat. Sie wollte auf keinen Fall Franzl in Budapest Schande machen.

Zu einem Besuch des Kinematographen im Prater kam man nicht; immerhin konnten sie sich die Aufführung im Burgtheater mit Kathi ansehen. Sissy fand das Stück langweilig, und Kathi, die noch molliger geworden war, spielte zerstreut und schlecht. Franzl jedoch amüsierte sich.

In der Pause erschien Erzherzog Ludwig Viktor und machte Sissy auf die Loge der Coburg aufmerksam; dort saßen Louise, Stephanie und der Prinz.

Ludwig Victor erging sich in Andeutungen, die er Sissy halb ins Ohr flüsterte.

„Das wird noch schlimm", meinte er. „Louise war für zwei Wochen in Abbazia. Und rein zufällig war ein gewisser Leutnant auch dort. Auf Genesungsurlaub. Wegen eines Sumpffiebers, das er sich in Galizien geholt hatte. Sie wohnten im gleichen Hotel wie die Fürstin Fugger. Philipp war währenddessen auf Jagd in den Karpaten."

„Zufall!" meinte Sissy. „Reiner Zufall!"

„Dann war es wohl auch Zufall, daß er nachts von ihrem Balkon weg auf den der Fugger kletterte und von dort noch zwei Balkone weiter, bis er auf diesem Weg zu seinem Zimmer gelangte?"

„Warum hat er denn nicht den Korridor benutzt?" zischte Sissy zurück.

„Weil er vom Zimmerpersonal nicht gesehen werden und Louise nicht kompromittieren wollte."

„Das hat die Fugger erzählt?"

„Sie hat es beobachtet. Doch Philipp weiß nichts; behalte es für dich."

In diesem Augenblick erschien der Mann, von dem die Rede war — „der Dicke". Er hatte mit seiner Frau und seiner Schwägerin in der Loge gesessen und kam nun, um Franzl und Sissy seine Aufwartung zu machen. Der Erzherzog grinste spöttisch, sagte aber kein Wort. Der Coburger und der Kaiser plauderten harmlos über die „charmante Schratt", während Sissy wie auf Nadeln saß, denn sie befürchtete jeden Augenblick einen Eklat seitens des Erzherzogs. Doch dieser verriet mit keinem Wort, was er über den gehörnten Ehemann dachte.

Als der Saal verdunkelt wurde, kehrte der Coburger in seine Loge zurück.

Während der kurzen Heimfahrt in die Hofburg, wo Franzl und Sissy diesmal übernachteten, um schon am nächsten Morgen den Hofzug nach Budapest zu besteigen, fragte Franzl wie beiläufig: „Wie findest du unsere Freundin in ihrer neuen Rolle?"

„Mäßig", gestand Sissy. „Und der Applaus war dementsprechend schwach."

„Ich kenne den Grund", nickte Franzl. „Sie ist zerstreut. Sie war zu Ostern wieder in Monte Carlo und hat viel Geld verspielt. Diesmal habe ich ihr aber erklärt, daß ich ihr nichts mehr gebe, wenn sie sich nicht beherrschen kann. Das macht ihr Sorgen."

„Ihr seid doch nicht etwa aufeinander bös'?" staunte Sissy.

„Sowas ähnliches", nickte Franzl bekümmert. „Aber anders ist ihr Spielteufel nicht auszutreiben."

„Und die Affäre, die den Prinzen Coburg bei meinem letzten Aufenthalt in Wien so beunruhigt hat, ist wohl im Sande verlaufen?" klopfte Sissy vorsichtig auf den Busch.

„Es scheint so", nickte Franzl. „Ich habe mir berichten lassen. Dieser Graf Matacich ist nicht ganz gesund. Er hat sich während seiner Dienstzeit in Galizien ein Leiden zugezogen und jetzt ein Jahr Genesungsurlaub bekommen, das er auf seinen Gütern in Kroatien verbringen will, um sich auszukurieren."

Hoffentlich hält Ludwig Victor dicht, und hoffentlich macht diese Klatschbase, die alte Fürstin Fugger, von ihrem Wissen nicht noch weiteren Gebrauch, dachte Sissy. Und vielleicht reist Matacich wirklich nach Kroatien, und das Abenteuer in Abbazia war nur eine Art Abschied. Louise täte gut daran, meine Warnung zu befolgen, sonst wird wirklich noch ein Skandal daraus!

„Und Franz Ferdinand?" fragte sie weiter.

„Er ist dabei, sich eine Kanzlei einzurichten. Als nunmehr offizieller Thronfolger hat er Anspruch auf einen eigenen Hofstaat und alles, was dazugehört. Vor allem aber interessiert ihn die Militärverwaltung. Er wird Reformen durchführen und sich Feinde machen."

In ihrem Schlafzimmer kniete Sissy vor dem Zubettgehen vor dem weißen Marmoraltar, dem sie so lange ferngeblieben war und auf dem nun wieder ein Lichtlein brannte.

Die Dinge, die sie zu hören bekommen hatte, waren alle nicht dazu angetan, sie froh zu stimmen. Franzl hatte Krach mit Kathi. Franz Ferdinand war drauf und dran, sich wieder einmal selbst Schwierigkeiten einzuhandeln. Louise hatte nicht auf sie gehört; und bei der Tratschsucht der Fugger braute sich ein Gewitter zusammen, auch wenn der Matacich sich nun wirklich nach Kroatien verabschiedete. Bei den herrschenden Ehrbegriffen innerhalb der Armee konnte es ein Duell auf Leben und Tod geben, wenn Louises Abenteuer in Abbazia publik wurde!

Dagegen waren die Sorgen von Madame harmlos, die am Nachmittag in der Hermesvilla aufgekreuzt war und ihre ganze Crew aus Budapest mitgebracht hatte. In zwei Tagen hätte sie dasselbe auch in Gödöllö haben können; aber natürlich, wenn Madame samt Gefolge extra nach Wien fahren mußte, um die Kaiserin zu bedienen, dann durften die Rechnungen auch entsprechend höher ausfallen.

Müde schlief Sissy ein, träumte unruhig. Mitten in der Nacht wachte sie auf, als vor ihrer Schlafzimmertür die Garde abgelöst wurde; und sie schlief nur schwer wieder ein.

Am nächsten Morgen begleiteten österreichische und ungarische Garden die Wagen auf der Fahrt zum Ostbahnhof. Eine dichte Menschenmenge stand Spalier und winkte Sissy und Franzl zu, gleichsam als eine Art Vorgeschmack, was sie in Budapest erwartete. Der Bahnhof selbst war mit den österreichischen und den ungarischen Fahnen und Wappen dekoriert, die Musik spielte, und die Ungarn in ihrer malerischen Tracht schossen Salut.

Ihr König war auf dem Weg in seine Residenz. Ihr König kehrte heim nach Budapest, wo er eigentlich hingehörte — und mit ihm kam Erzsébet, die geliebte Königin . . .

Franzl und Sissy wußten genau, wie diese Ausreise aus Wien in den Augen der stolzen Ungarn aussah, die es nie so recht verwinden konnten, daß die Wiener Hofburg, das Schloß Schönbrunn und nicht die Burg zu Buda das eigentliche Zentrum des Reiches waren.

Doch nun wartete der Goldene Thron von Budapest zur Feier seiner tausendjährigen Geschichte auf das Herrscherpaar.

Sissy dachte an seinerzeit, an die Tage der Krönung. Sie

hatte damals angesichts der Magnaten den Krönungsmantel, den Franzl tragen sollte, eigenhändig ausbessern müssen; das hatten alle Königinnen Ungarns seit tausend Jahren
so getan, als die Frauen ihrer Männer, und diesen so wie
dem Reiche untertan. Welch ein Glück, daß Mama Ludovica ihrer Tochter beigebracht hatte, mit Nadel und Zwirn
umzugehen! Es war ganz glatt und unter allgemeinem,
wohlwollendem Lächeln der Herren vonstatten gegangen.
Sie hatte diese „Prüfung" ihrer hausfraulichen Tugenden
bestanden. Und von einer guten Königin erwartete man das.

In Budapest säumte eine tausendköpfige Menschenmenge den Platz vor dem Hauptbahnhof. Die Spitzen der
Reichsregierung, der Bürgermeister, zahllose Potentaten
aus Stadt und Land waren zur Begrüßung erschienen, und
Kanonen donnerten den Salut in den Frühlingshimmel.

Und dann sah Sissy sie wieder: den Krönungsmantel, die
Reichsinsignien und die Krone des Heiligen Stephan, die
dieser von Papst Sylvester II. erhalten hatte.

In den Wirren des Ungarnaufstandes von 1848 drohten
Krone und Insignien verlorenzugehen. Der Kommissar der
Krone war über die Grenze in die Türkei geflüchtet. Man
vermutete, er hätte die ihm anvertrauten Reichskleinode
mitgenommen und in Sicherheit gebracht. Doch dem war
nicht so. Die Krone durfte Ungarn nicht verlassen; und
deshalb hatte sie der Kommissar nahe der Grenze in einer
Eisentruhe am 22. August 1849 in einem Weidendickicht
am Donauufer versteckt. Erst nach vier Jahren, am 8. September 1853 wurde sie wiedergefunden — unversehrt in der
außen völlig verrosteten Truhe. Das Schwert war verrostet
und der Krönungsmantel befallen vom Schimmelpilz.

Vordem war die Krone durch viele Hände gegangen und
auf mancherlei Häupter gedrückt worden. Sie symbolisierte
die Macht über Ungarn; ihr Träger war — den ungarischen

Gesetzen zufolge — nur berechtigt, sie in ihrem Namen auszuüben. Das war anders als in Österreich, wo der Kaiser der Herrscher von Gottes Gnaden war und die Krone das sichtbare Zeichen seiner Macht.

Anderntags wohnten sie der Messe bei, die stundenlang dauerte und von den höchsten kirchlichen Würdenträgern zelebriert wurde. Danach sollte im Thronsaal der Burg die Huldigung der Reichsstände folgen. Doch Franzl würde auf dem Thron nicht sitzen dürfen. Er mußte sich stehend die Reden anhören — und Sissy in ihrem schweren, festlichen, aber schwarzen Gewand hatte rechts von ihm zu stehen. Sie würde nachher zum Umfallen müde sein.

Die Fahrt in der offenen Kutsche war vom Jubel der Menge umbraust. Wieder donnerten Kanonen den Salut, und nachts würde es das Krachen der Feuerwerkskörper sein, die den Himmel über der ungarischen Donaumetropole erhellen würden. Die Stadt gebärdete sich wie in einem Taumel.

Sissys Herz klopfte, als sie in einem kleinen Salon noch einmal für den „großen Auftritt" an Franzls Seite zurechtgemacht wurde. Er war schon hinausgegangen, in den Korridor, in dem der Zeremoniär und das Gefolge warteten.

Da fiel ihr Blick auf einen schmalen Brief, den Franzl hier offenbar vergessen hatte; er hatte ihn eben noch in seinen behandschuhten Händen gehalten und dann zornig zerknüllt.

Der Poststempel war der von München, es klebten bayrische Marken darauf. Ein Absender stand nicht auf dem Umschlag, doch sie glaubte die Handschrift zu kennen.

Mit zitternden Händen glättete sie das nur wenige Zeilen enthaltende Schreiben. Es kam von Marie, ihrer Nichte, die mit dem Grafen Larisch verheiratet gewesen war und nun, nach ihrer Verbannung aus der Monarchie, als Gattin eines königlich bayrischen Sängers lebte.

Eure Majestät, mein hochmögender Herr Onkel!

Ich lebe in einer Hölle. Mein Mann trinkt und schlägt mich. Ich kann dieses Leben nicht weiterführen, stehe in schwerer Enttäuschung am Rande eines Selbstmords.

Ich will die Scheidung und meinen Mann verlassen. Doch ich weiß, daß ich von ihm keinen roten Heller zu erwarten habe, denn er hat nichts.

Nun habe ich das Angebot von Illustrierten, meine Erinnerungen, den Tod meines Cousins, des Kronprinzen, betreffend, gegen Geld zu Papier zu bringen. In Wahrung von Eurer Majestät Interessen schrecke ich davor zurück — muß es aber tun, wenn nicht finanzielle Hilfe —

Sissy hörte, daß sie gerufen wurde. Sie knüllte den Brief wieder zusammen und verbarg ihn in ihrem Täschchen.

„Majestät! Eure Majestät!"

„Ja, ich komme schon", antwortete sie.

Draußen stand Franzl mit unbewegtem Gesicht. Dann traten sie vor die Flügeltür, der Zeremoniär kündigte sie an. Ihre Erregung niederkämpfend, schritt sie an Franzls Seite dem Thron entgegen.

ENDE

Leseprobe zu Band VII:

„Sissy — Krone und Rebellen"

Sissy lief erregt auf und ab. Vor der Kaiservilla dämmerte ein grauer Morgen. Nebelschwaden hingen über den Bergen um Ischl. In der Villa Felicitas schlief man noch, Kathi war noch nicht wach. Doch der Kaiser und die Kaiserin fanden keine Ruhe. Sissy wandte sich jäh um und blickte in das Gesicht Franz Josephs, das ihr in der schwachen Beleuchtung aschfahl erschien.

„Sissy", bat Franzl, „wir müssen der Sache ruhig und gefaßt ins Auge sehen. Und überlegen, was zu tun ist. Wir müssen jeden Skandal vermeiden. Sie ist zu allem fähig."

„Am liebsten führe ich hin", rief Sissy voll ohnmächtigen Zorns, „und brächte sie auf irgendeine Weise zum Schweigen."

Er schüttelte den Kopf.

„Selbst wenn du sie eigenhändig umbrächtest, hätte das keinen Zweck. Sie schreibt doch, daß sie ihre Aufzeichnungen an einem sicheren Ort hinterlegt hat und, falls ihr irgendetwas zustößt, ihre Veröffentlichung durch dritte Personen erfolgen würde."

„Ich hätte sie nie für so hinterhältig und gemein gehalten", stieß Sissy hervor.

Tränen schossen ihr in die Augen. Sie fuhr mit dem Taschentuch an ihre Wimpern und ließ sich schließlich schluchzend in einen Sessel fallen.

„Daß uns auch das noch passieren muß, Franzl", stieß sie zornbebend hervor. „Daß uns Gott auch so strafen muß. Haben wir es verdient, Franzl?"

Er schwieg, blickte zu Boden.

„Sag mir, ob wir es verdient haben?" stieß sie hervor und bohrte ihren Blick in den seinen. „So rede doch endlich: inwieweit sind wir wirklich schuld an Rudis Tod? Was weiß sie, was kann sie wissen?"

Er schüttelte den Kopf und streckte abwehrend die Hände von sich.

„Auf was für Gedanken du nur kommst", meinte er gepreßt. „Weder du noch ich sind schuldig. Du am allerwenigsten."

„Und wieso stand er mir dann plötzlich gegenüber — im Schneesturm, auf Korsika? Rudis Geist war es, ich bin sicher, ich habe ihn genau erkannt. Es war keine Einbildung."

„Doch, es war eine", beharrte er, „wir haben hundertmal darüber gesprochen. Deine erregte Phantasie —"

„Nein, ich bin nicht krank, wie so manche Wittelsbacher es wurden. Ich bin ganz normal, Franzl. Und ich habe es gesehen — plötzlich stand es vor mir, dieses schemenhafte Wesen. Es war Rudi. Ich habe ihn oft und oft gerufen, doch nie kam eine Antwort. Und damals, während des Schneesturms auf Korsika, als mich alle anderen verlassen hatten und ich mutterseelenallein stand, da tauchte er plötzlich auf, starrte mich schweigend an und verschwand wieder. Ich werde diesen Blick nie vergessen, Franzl. Es war ein Blick der Trauer und des Vorwurfs, und er traf mich, seine Mutter, mitten ins Herz!"

Franzl zündete sich mit zitternden Fingern eine Beruhigungszigarre an. Er versuchte äußerlich ruhig zu erscheinen, doch Sissy merkte, wie schlecht es ihm diesmal gelang. Ihm, der sich sonst so perfekt zu beherrschen wußte!

„Hirngespinste! Du hattest Angst, deine nervösen Zustände. Es war eine Extremsituation, in der du dich befandest, und damit ist alles erklärt. — Aber die Briefe aus München, von deiner lieben Nichte Marie, die sind keine Phantasie, sie sind Wirklichkeit!"

„Daß du denn gar nichts gegen sie unternehmen kannst! Du, ein Kaiser!"

„Wie denn? Was denn? Sie hat mir ja die Hände gebunden. Ich könnte sie durch die bayrische Polizei verhaften lassen. Ich könnte auch Agenten schicken; in jedem Fall gäbe es wohl einen Skandal, und wer garantiert uns, daß dann ihre Aufzeichnungen nicht doch durch einen Unbekannten veröffentlicht werden?"

„Man kann sie beschlagnahmen lassen!"

„Gewiß! Doch wir wissen ja, wie das funktioniert. Bevor die Behörde einschreiten kann, ist es zu spät. Sie schreibt, verschiedenen ausländischen Zeitungen gingen Exemplare zu. Welchen Zeitungen? Blättern in Frankreich, England, Amerika? Und natürlich Deutschland! Und Italien. Nein, mein Engel, da können wir gar nichts verhindern. Und wer weiß, was sie schreibt! Man würde bedenkenlos die gemeinsten Lügen abdrucken."

„Also mußt du tatsächlich zahlen —?"

„Es sieht danach aus", knurrte er wütend, „daß ich ihren nicht gerade bescheidenen Forderungen nachgeben muß."

Sie schüttelte nur den Kopf. Vermochte es nicht zu fassen. Doch es war bittere Wahrheit: sie wurden erpreßt! Sie wußte es seit Budapest. Hatte es nicht glauben, nicht wahrhaben wollen. Und mußte es nun doch zur Kenntnis nehmen. Es stimmte!

Das Zimmer begann sich allmählich mit dem beißenden Rauch aus Franzls billiger Zigarre zu füllen.

„Du leistest dir nicht einmal ein besseres Kraut", bemerkte Sissy kopfschüttelnd, „und sie verlangt hunderttausend Gulden!"

„Jeder Sparer findet einen Zehrer", brummte er.

„Und wer garantiert uns, daß sie dann Ruhe gibt? Daß sie es nicht immer wieder und wieder versucht? Dich wie eine Zitrone auszupressen beginnt?"

„Niemand", antwortete er knapp, „wir müssen es darauf ankommen lassen. Und auf eine günstige Gelegenheit warten. Vielleicht gelingt es uns doch noch, ihr eines Tages das Handwerk zu legen."

„Oder es wird die Vorsehung sein, die sie zum Schweigen bringt", versetzte Sissy gläubig. „Gott wird sie strafen. Das Schicksal zahlt es jedem heim. Auch —"

Fast hätte sie gesagt: auch uns. Doch sie unterbrach sich rechtzeitig. Franzl erriet jedoch, was sie hatte sagen wollen.

„Sissy", preßte er hervor, „ich schwöre dir: Von dem, was in Mayerling geschah, habe ich nichts gewußt. Meine Hände sind rein. Rudi war mein Sohn, unser Kind. Ich setzte alle meine Hoffnungen auf ihn. Er war ja unsere Zukunft!"

„Aber du hast an diese Zukunft nicht mehr geglaubt", stellte sie fest. „Krank, wie er war — Und ihr habt euch zudem nie verstanden. Doch, wie jetzt Franz Ferdinand, beanspruchte er nur das Vorrecht der Jugend, verändern, verbessern zu wollen, was ihm veraltet und nicht mehr zeitgemäß erschien. Und deshalb wurde er vielen gefährlich. Deine engsten Anhänger zählten zum Kreis jener, die ihn am meisten fürchteten. Nach jener Jagd bei Petronell, als eine Kugel aus seinem Gewehr so knapp neben dir vorbeifuhr und einen Mann verletzte, seit jener unglückseligen Jagd, die du nur wie durch ein Wunder überlebt hast, war es für diese Männer wohl eine beschlossene Sache —"

„Unsinn", unterbrach er sie schroff. „Es war ein Mißgeschick, ein Unfall. Rudi verließ im Jagdeifer seinen Stand —"

260

Sie lachte; es klang unheimlich.

„Franzl", sagte sie, und es klang fast wie Hohn, „das war gegen jede Vorschrift und Regel. Du selbst hast, wie immer, den Standort eines jeden Schützen bestimmt. Rudi hätte dich gar nicht treffen können —"

„Hör auf damit", sprang er auf. „Es ist genug. Rudi ist tot. Ich will nichts mehr von der ganzen Sache hören. Nichts vermag unseren Sohn wieder lebendig zu machen, und damit, daß du bis an dein Lebensende Trauer um ihn trägst und dich mit Hirngespinsten quälst, machst du ihn auch nicht wieder lebendig. Du verdirbst uns nur die paar Jahre, die uns vielleicht noch gegönnt sind. Und das solltest du nicht, mein Engel. Du weißt, wie sehr ich dich liebe..."

Draußen wurde es hell. Die Sonne kämpfte mit den Nebelschwaden. Franzl trat zu einem der Fenster und riß es auf. Kalte Morgenluft wehte ins Zimmer.

„Du möchtest die Gespenster vertreiben", lächelte Sissy und trat hinter ihn, legte ihre Hände auf seine Schultern und preßte ihren Kopf auf seine Uniform.

„Wenn ich das bloß könnte", murmelte er, wandte sich um und zog sie fest an sich. „Wenn ich das doch bloß könnte, mein Engel — wie viel gäbe ich dafür!"

Irgendwo krähte ein Hahn.

Sissy schob Franzl von sich. Ein bitterer Zug stahl sich um ihre Lippen.

„Die ‚Freundin' ist wohl schon auf", bemerkte sie mit leichter Ironie, „und bereitet dir das Frühstück. Hast du nicht endlich genug von ihrem ewigen überzuckerten Guglhupf?"

„Komm mit", sagte er einfach. „Komm heute mit, Sissy!"

Sie machte sich frei von seiner Umarmung.

„Ich muß auf meine Figur achten", erklärte sie. „Die Bäckereien deiner Freundin sind Gift für mich..."

Was weiter geschieht, lesen Sie in unserem nächsten und letzten Band:

SISSY — KRONE UND REBELLEN

INHALT

Erster Teil

Zweiter Teil

Dritter Teil

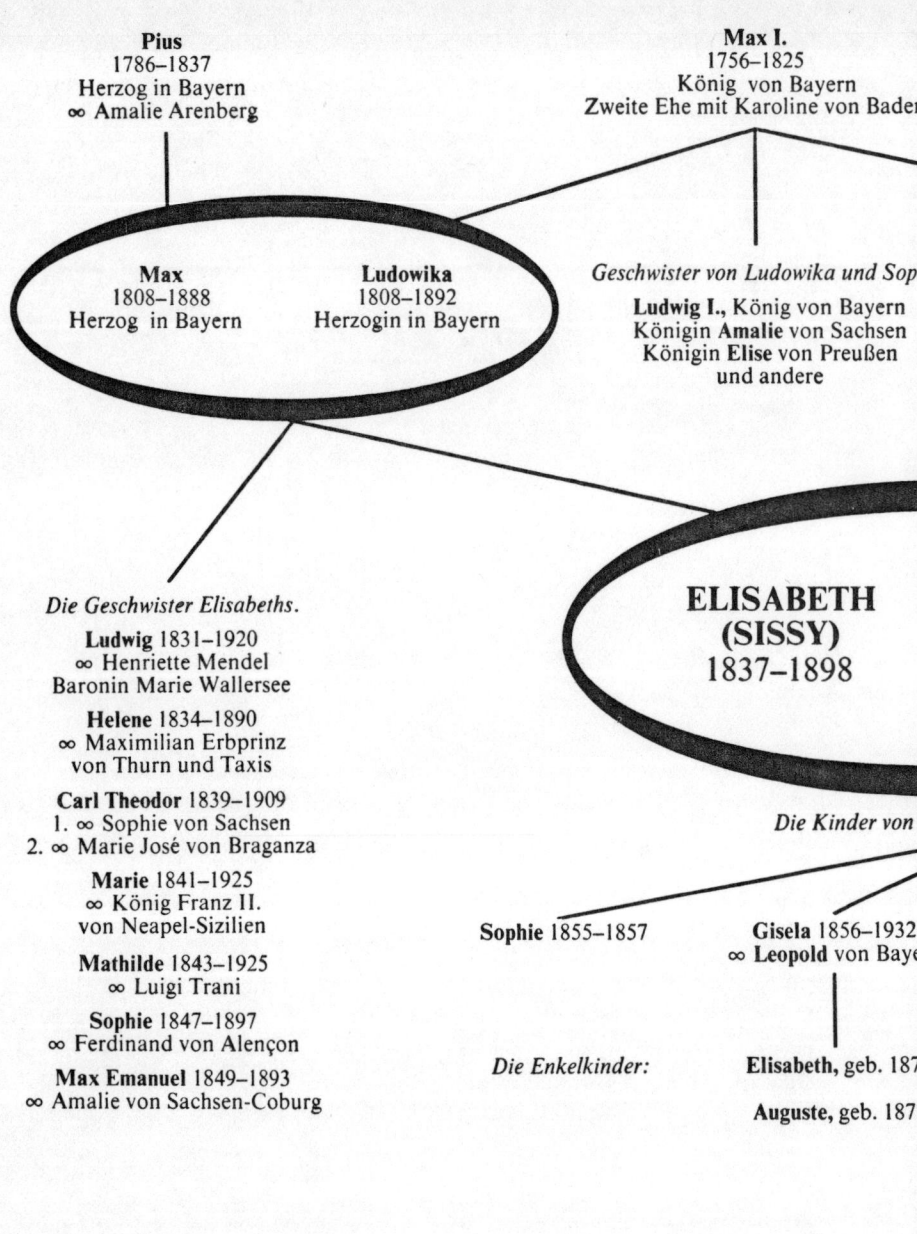

Pius
1786–1837
Herzog in Bayern
∞ Amalie Arenberg

Max I.
1756–1825
König von Bayern
Zweite Ehe mit Karoline von Baden

Max
1808–1888
Herzog in Bayern

Ludowika
1808–1892
Herzogin in Bayern

Geschwister von Ludowika und Soph

Ludwig I., König von Bayern
Königin **Amalie** von Sachsen
Königin **Elise** von Preußen
und andere

Die Geschwister Elisabeths.

Ludwig 1831–1920
∞ Henriette Mendel
Baronin Marie Wallersee

Helene 1834–1890
∞ Maximilian Erbprinz
von Thurn und Taxis

Carl Theodor 1839–1909
1. ∞ Sophie von Sachsen
2. ∞ Marie José von Braganza

Marie 1841–1925
∞ König Franz II.
von Neapel-Sizilien

Mathilde 1843–1925
∞ Luigi Trani

Sophie 1847–1897
∞ Ferdinand von Alençon

Max Emanuel 1849–1893
∞ Amalie von Sachsen-Coburg

**ELISABETH
(SISSY)
1837–1898**

Die Kinder von S

Sophie 1855–1857

Gisela 1856–1932
∞ **Leopold** von Bayer

Die Enkelkinder:

Elisabeth, geb. 1874

Auguste, geb. 1875

Franz II. (I.)
1768–1835
Kaiser von Österreich
Zweite Ehe: M. Therese von Bourbon-Neapel

Sophie
1805–1872
Erzherzogin

Franz Karl
1802–1878
Erzherzog von Österreich

Ferdinand I.
1793–1875
Kaiser von Österreich

Marie Luise
1791–1847
∞ Napoleon I

FRANZ JOSEPH I.
1830–1916
Kaiser von Österreich

Maximilian
1832–1867
Kaiser von Mexiko

Karl Ludwig
1833–1886
Erzherzog von Österreich
Zweite Ehe: Maria Annunziata
von Bourbon-Neapel

Franz Ferdinand
1863–1914
Thronfolger
∞ Sophie Gräfin Chotek

Franz Joseph:

Rudolf 1858–1889
∞ **Stephanie** von Belgien

Marie Valerie 1868–1924
∞ Erzherzog Franz Salvator

Elisabeth (Erzsi), geb. 1883

Elisabeth (Ella), geb. 1892

Franz Carl, geb. 1893

Hubert, geb. 1894

Hedwig, geb. 1896

Theodor, geb. 1899

Gertrud, geb. 1900

Marie, geb. 1901

Klemens, geb. 1904

Mathilde, geb. 1906

Sissy

Ein Mädchen
wird Kaiserin

„Ein Roman aus der vergangenen österreichischen
Monarchie. Die historische Kulisse und die
Personen sind der geschichtlichen Wirklichkeit
entnommen und spiegeln eine wundersame
Tatsachenwelt wider: den Aufstieg eines
Mädchens zur Kaiserin! – Unter dem gleichen
Titel wurde auch ein Film gedreht, der diesem
Buch vollinhaltlich entspricht. Ein schöner
Geschichtsroman, gefühlvoll und seltsam
subtil-aufregend. Zwischen den Zeilen liegt das
Fluidum einer früheren Welt, voll satter Farben
und dem verblaßten Prunk des gewesenen Reiches.
Liebe und Glück gaben dem Ganzen einen
ergreifenden Inhalt. Sehnsüchte, in Träume
verpackt, wurden Wirklichkeit. Das ist der rote
Faden des Buches!“

MARIELUISE VON INGENHEIM

Sissy

Ein Mädchen wird Kaiserin

Sissy

Ein Herz und eine Krone

In dem Buch »Sissy – Ein Mädchen wird
Kaiserin« ist nur ein kleiner Teil des bewegten
Lebens der jungen Kaiserin geschildert worden.
Aufgrund der zahlreichen Leserbriefe stellen wir
nun der begeisterten Leserschaft den neuen
Sissy-Band vor: **»SISSY – Ein Herz und eine
Krone«**, ein Buch voller Dramatik und Spannung,
voll Humor und Herz. Das Buch will kein
trockenes, historisches Sachbuch sein, sondern
präsentiert sich bewußt als richtiges Lesevergnügen
für jung und alt.
Der Heldin dieses Buches, Sissy – der Rose vom
Bayernland –, fliegen gewiß die Herzen der Leser
zu.
Sie begleiten Sissy zu den großen
Staatsempfängen, sie sind bei den Ausritten auf
»Avolo« dabei, und sie zittern mit ihr im Sturm vor
Korfu auf der Jacht »Miramare«. – Wer will da
nicht die junge Kaiserin und Mutter auch
weiterhin durch ihr facettenreiches Leben
begleiten?

Sissy

Aus dem Tagebuch einer Kaiserin

Noch immer ist Sissy jugendlich-schön und
begehrenswert, und Franz Joseph liebt sie über
alles. Doch da brechen schwere Schicksalsschläge
über sie herein. In Bayern kommt ihr Cousin,
König Ludwig II., auf ungeklärte Weise ums
Leben, und der geheimnisvolle Tod ihres Sohnes,
des Kronprinzen Rudolf, erschüttert die
Monarchie in ihren Grundfesten. Nur ihre Liebe
und ihr Glauben aneinander läßt Sissy und Franz
Joseph diese schwere Prüfung überstehen.

MARIELUISE VON INGENHEIM

Sissy

Aus dem Tagebuch einer Kaiserin

BREITSCHOPF

Sissy

Im Schloß der Träume

Man schreibt das Frühjahr 1889. Noch immer steht
Österreich, steht das Kaiserhaus im Bann der
Tragödie von Mayerling. Aufgewühlt und voller
Zweifel an der offiziellen Version versucht Sissy,
die Wahrheit über den Tod ihres Sohnes, des
Kronprinzen Rudolf, herauszufinden. Doch sie
stößt gegen eine Mauer der Ablehnung und des
Schweigens. Was sie dennoch in Erfahrung bringen
kann, ist schockierend genug. Heimlich bringt sie es
zu Papier und vertraut es einer Kassette an, die erst
lange nach ihrem Tod geöffnet werden soll.
Währenddessen entsteht fern, auf der Insel Korfu,
das Achilleion, ihre Zufluchtsstätte, wo sie inmitten
einer paradiesischen Natur Ruhe und inneren
Frieden wiederzugewinnen hofft. Franz Joseph, der
sie liebt, fürchtet, sie für lange Zeit zu verlieren.

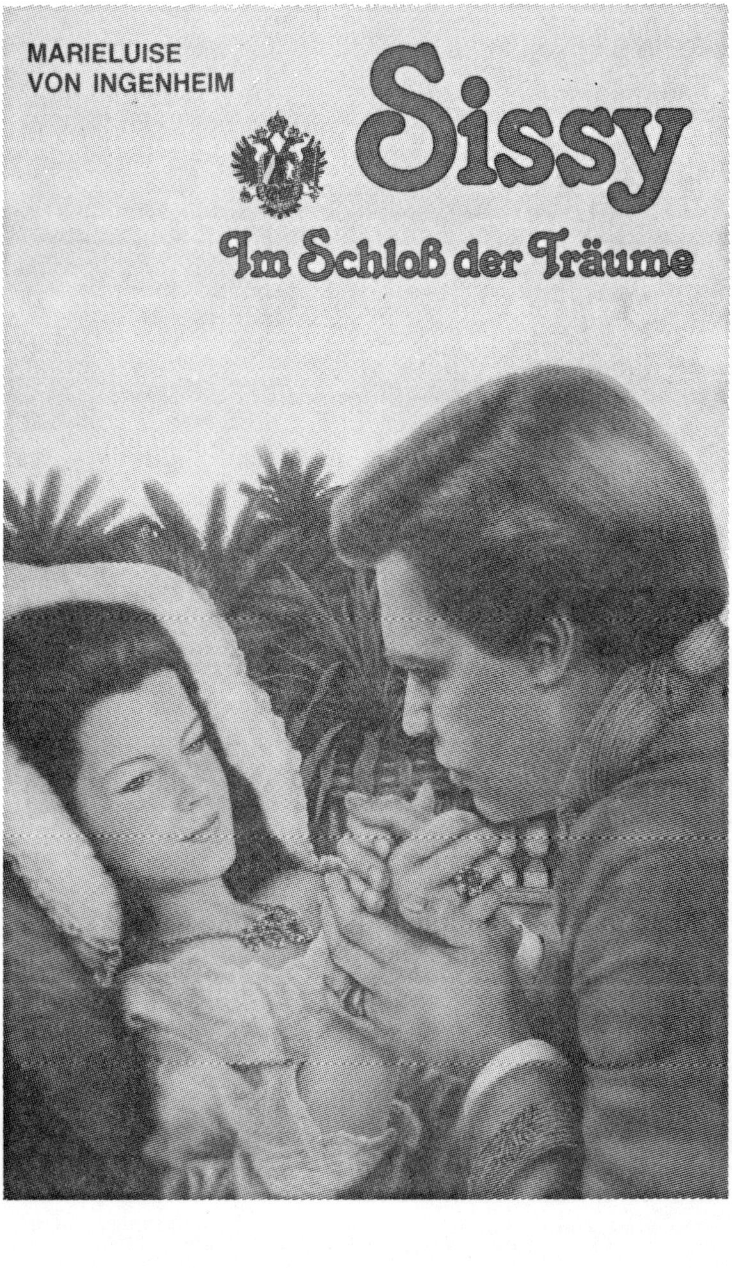

MARIELUISE
VON INGENHEIM

Sissy

Im Schloß der Träume

Sissy

Ein Walzer in Schönbrunn

Wieder erlebt der Leser einen weiteren Lebensabschnitt
im ereignisreichen Dasein der Kaiserin Elisabeth von
Österreich am prunkvollen Wiener Hof, den sie so gar
nicht liebt. Immer wieder versucht sie zu fliehen, reist
in Begleitung ihrer Hofdamen und des alten, getreuen
Barons Nopsca in fremde Länder. Doch wieder heimgekehrt, erfährt sie, daß sich der junge, neue Thronfolger Erzherzog Franz Ferdinand weit unter seinem
Stand in eine einfache Komtesse aus böhmischem Adel
verliebt hat. Die Hausgesetze der Habsburger und der
auf die Tradition seines Erzhauses bedachte Kaiser
Franz Joseph scheinen eine Verbindung unmöglich zu
machen. In seiner Not wendet sich Franz Ferdinand an
die einzige, der er vertraut — an seine Tante Sissy. Sie
versteht ihn und will ihm helfen. Doch sie liebt auch
ihren Mann, mit dem sie ein ganzes Leben hindurch
Glück und Unglück geteilt hat.

MARIELUISE
VON INGENHEIM

Sissy
Ein Walzer in Schönbrunn